Coleção
TEMAS DE DIREITO ADMINISTRATIVO

O TOMBAMENTO À LUZ DA CONSTITUIÇÃO FEDERAL DE 1988

Coleção
TEMAS DE DIREITO ADMINISTRATIVO

Publicada sob os auspícios do
INSTITUTO DE DIREITO ADMINISTRATIVO PAULISTA
e sob a Direção de
CELSO ANTÔNIO BANDEIRA DE MELLO

1. *Da Convalidação e da Invalidação dos Atos Administrativos* – WEIDA ZANCANER (3ª ed.)
2. *Concessão de Serviço Público no Regime da Lei 8.987/1995* – BENEDICTO PORTO NETO
3. *Obrigações do Estado Derivadas de Contratos Inválidos* – JACINTHO DE ARRUDA CÂMARA
4. *Sanções Administrativas* – DANIEL FERREIRA
5. *Revogação do Ato Administrativo* – DANIELE COUTINHO TALAMINI
6. *O Serviço Público e a Constituição Brasileira de 1988* – DINORÁ ADELAIDE MUSETTI GROTTI
7. *Terceiro Setor* – SÍLVIO LUÍS FERREIRA DA ROCHA (2ª ed.)
8. *A Sanção no Direito Administrativo* – HERALDO GARCIA VITTA
9. *Licitação na Modalidade de Pregão* – VERA SCARPINELLA (2ª ed.)
10. *O Processo Administrativo e a Invalidação de Atos Viciados* – MÔNICA MARTINS TOSCANO SIMÕES
11. *Remuneração dos Serviços Públicos* – JOANA PAULA BATISTA
12. *As Agências Reguladoras* – MARCELO FIGUEIREDO
13. *Agências Reguladoras* – ALEXANDRE MAZZA
14. *Função Social da Propriedade Pública* – SÍLVIO LUÍS FERREIRA DA ROCHA
15. *Desapropriação de Bens Públicos (À Luz do Princípio Federativo)* – LETÍCIA QUEIROZ DE ANDRADE
16. *Os Princípios da Razoabilidade e da Proporcionalidade no Direito Administrativo Brasileiro* – JOSÉ ROBERTO PIMENTA OLIVEIRA
17. *Princípios Constitucionais de Direito Administrativo Sancionador* – RAFAEL MUNHOZ DE MELLO
18. *Estrutura e Motivação do Ato Administrativo* – VLADIMIR DA ROCHA FRANÇA
19. *Efeitos dos Vícios do Ato Administrativo* – RICARDO MARCONDES MARTINS
20. *Manutenção e Retirada dos Contratos Administrativos Inválidos* – ANDRÉ LUIZ FREIRE
21. *Da Intervenção do Estado no Domínio Social* – CAROLINA ZANCANER ZOCKUN
22. *As Competências do Poder Legislativo e as Comissões Parlamentares* – GABRIELA ZANCANER
23. *O Princípio da Segurança Jurídica no Direito Administrativo Brasileiro* – RAFAEL VALIM
24. *Poder de Polícia* – HERALDO GARCIA VITTA
25. *Responsabilidade Patrimonial do Estado* – MAURÍCIO ZOCKUN
26. *Regime Jurídico dos Processos Administrativos Ampliativos e Restritivos de Direito* – ANGÉLICA PETIAN
27. *Atos Administrativos Ampliativos de Direitos – Revogação e Invalidação* – BRUNO AURÉLIO
28. *Soberania do Estado e Poder de Polícia* – HERALDO GARCIA VITTA
29. *Regulação Administrativa à Luz da Constituição Federal* – RICARDO MARCONDES MARTINS
30. *O Tombamento à Luz da Constituição Federal de 1988* – ADRIANA ZANDONADE
31. *A Revisão na Concessão Comum de Serviço Público* – KARINA HOUAT HARB
32. *Aspectos Fundamentais do Serviço Público no Direito Brasileiro* – AUGUSTO DAL POZZO

ADRIANA ZANDONADE

O TOMBAMENTO À LUZ DA CONSTITUIÇÃO FEDERAL DE 1988

O TOMBAMENTO À LUZ DA CONSTITUIÇÃO FEDERAL DE 1988

© Adriana Zandonade

ISBN: 978-85-392-0136-5

Direitos reservados desta edição por
MALHEIROS EDITORES LTDA.
Rua Paes de Araújo, 29, conjunto 171
CEP 04531-940 — São Paulo — SP
Tel.: (11) 3078-7205
Fax: (11) 3168-5495
URL: www.malheiroseditores.com.br
e-mail: malheiroseditores@terra.com.br

Composição
Acqua Estúdio Gráfico Ltda.

Capa
Criação: Nadia Basso
Arte: PC Editorial Ltda.

Impresso no Brasil
Printed in Brazil
06.2012

PREFÁCIO

Esta foi a bem-sucedida tese de doutoramento defendida na Faculdade de Direito da PUC-SP pela Procuradora da Fazenda Nacional ADRIANA ZANDONADE; tão bem-sucedida, que recebeu dos seus examinadores, a nota máxima: dez. Como isto bem o revela, trata-se de um trabalho de méritos incomuns e até mesmo marcado por uma certa ousadia da autora. Com efeito, ela nem ao menos se arreceou de desafiar o ponto de vista doutrinariamente expressado a respeito da natureza do tombamento por boa parte da doutrina – e inclusive por seu orientador de tese, em obra teórica na qual este, até então, sustentara que a índole deste ato era de uma servidão administrativa. Foi forçado a rever tal posicionamento no curso da orientação, rendido pela argumentação da orientanda, conforme declarou na 27ª edição de seu *Curso de Direito Administrativo*.

A obra que vem de ser editada, e que está seguramente fadada a ter grande sucesso por sua completude, erudição e rigor científico, virtudes involucradas por um excelente senso didático expositivo, marca-se pela amplitude do enfoque que deu ao tema versado.

O livro da Dra. ADRIANA demonstra que a partir da Constituição de 1988 houve profunda transformação na forma como foi encarado o tema da tutela da cultura no direito brasileiro e que o decreto-lei regulador do tombamento, obviamente, também ele, ficou seriamente afetado pelos novos termos disciplinadores.

Com efeito, a competente doutrinadora, começa por apresentar um histórico do tombamento em nosso direito e registra, como se vê na própria sequência dos tópicos arrolados no índice, os fundamentos constitucionais da tutela da cultura e sua evolução, isto é, antes e depois da Lei Magna de 1988, a retratar concepções bastante distintas, hoje muito mais amplas e declaradamente comprometidas com preocupações democráticas.

Debruçando-se diretamente sobre seu tema central, o tombamento propriamente dito, a monografista põe em pauta seu enquadramento na intimidade das diversas manifestações do Estado em prol da cultura, quando, então, analisa a compostura jurídica que lhe corresponde dentro do panorama das figuras concernentes às intervenções do Estado na propriedade. Coteja diferentes posições doutrinárias, depois de examinar as questões nucleares que lhe são correlatas, isto é, os efeitos jurídicos do tombamento e em particular o dever de indenizar. Isto feito, a autora ingressa no exame do próprio ato jurídico do tombamento, a saber, seus elementos e requisitos e finaliza seu estudo, antes de formular suas conclusões, esmiuçando o processo administrativo que lhe é próprio. Nesta apresentação, praticamente nos resumimos a indicar os capítulos de que se compõe a obra, pois a própria sucessão deles revela um plano de trabalho metódico, inteligente e que conduz o leitor pedagogicamente à verificação de tudo aquilo que é necessário para uma perfeita compreensão do instituto.

Formalmente fui o orientador desta tese, mas a honestidade intelectual me obriga a dizer que não tive necessidade de qualquer trabalho ou empenho nisto, dado que a Dra. ADRIANA já veio com um esquema organizador da matéria extremamente bem feito, com excelente encadeamento lógico e já possuía um profundo domínio do tema a ser versado, com idéias perfeitamente claras sobre o que pretendia fazer e fez. Resta-me apenas, em confirmação à avaliação efetuada por todos os membros da banca examinadora, afiançar este estudo e recomendá-lo enfaticamente aos leitores, os quais nele, sem a menor dúvida, encontrarão grande proveito intelectual.

CELSO ANTÔNIO BANDEIRA DE MELLO

Para DANIEL, ISABEL, YASMIN, ERIK, MARIA JÚLIA
e para aqueles que hão de vir.

(...) a cultura dá ao homem a capacidade de refletir sobre si mesmo. É ela que faz de nós seres especificamente humanos, racionais, críticos, e eticamente comprometidos. Através dela discernimos os valores e efetuamos opções. Através dela o homem se expressa, toma consciência de si mesmo, se reconhece como um projeto inacabado, põe em questão as próprias realizações, procura incansavelmente novas significações e cria obras que o transcendem.
(*Declaração do México*)

Agradeço
ao professor Celso Antônio Bandeira de Mello,
pela acolhida, pela disponibilidade e pelas inestimáveis lições;
aos professores Dinorá Adelaide Musetti Grotti,
Sílvio Luís Ferreira da Rocha,
Sérgio Ferraz, Paulo Roberto Ferreira Motta e Márcio Cammarosano,
pelas oportunas e valiosas ponderações;
à Dra. Dirce Toshie Toma, pelo apoio preciso e sempre gentil;
aos Colegas da Procuradoria da Fazenda Nacional no Espírito Santo,
pelas palavras de estímulo e pelo diálogo enriquecedor;
à Eliana Zandonade, ao Elias de Oliveira, à Márcia Amaral Freitas,
ao Eliseu de Oliveira, à Guiomari Garson Dacosta Garcia,
à Cristianne Fortes Miller, à Maria José Oliveira Lima Roque,
ao Udno Zandonade, à Juliana Carlesso Lozer,
à Larissa Beatriz Lamêgo, à Soraya Paiva, à Lavínia Mensah
e à Maria Hortência Queiroz Cabral,
pela presença, pela amizade e pela decisiva contribuição de cada um;
aos meus queridos PAIS e FAMILIARES, pelo constante e desprendido incentivo,
pelo conforto nas inquietudes, pela graça e pela alegria de compartilharmos a vida.

SUMÁRIO

Prefácio do Prof. CELSO ANTÔNIO BANDEIRA DE MELLO 5
Introdução 15

2. DOS ANTECEDENTES HISTÓRICOS DO TOMBAMENTO À SUA INTRODUÇÃO NO DIREITO BRASILEIRO 19
2.1 A proteção jurídica de monumentos e objetos de interesse histórico ou artístico 19
2.2 A introdução do tombamento no Direito Brasileiro 29
    2.2.1 Tentativas frustradas de normatização 31
    2.2.2 Primeiros textos normativos voltados para a proteção do patrimônio cultural no Brasil 35
    2.2.3 O Decreto-lei 25/1937
        2.2.3.1 Elaboração e edição 37
        2.2.3.2 Recepção 40

3. FUNDAMENTOS DA TUTELA DA CULTURA NA CONSTITUIÇÃO DA REPÚBLICA FEDERATIVA DO BRASIL DE 1988 46
3.1 Cultura 48
3.2 Direitos culturais 52
3.3 Patrimônio cultural brasileiro 60

4. DIRETRIZES CONSTITUCIONAIS DA ATUAÇÃO DO ESTADO NA TUTELA DA CULTURA 72
4.1 Princípios retores da atuação estatal 73
    4.1.1 Igualdade e liberdade 75
    4.1.2 Planejamento e participação popular 80

4.2 Competências 94
    4.2.1 Competências materiais 95
    4.2.2 Competências legislativas 97
        4.2.2.1 A legislação regente do tombamento 102
4.3 Situação do tombamento no quadro dos instrumentos de promoção e proteção jurídica da cultura 104

5. O INSTITUTO DO TOMBAMENTO 109
    5.1 Instrumento de ação administrativa do Estado 112
    5.2 Análise da definição do tombamento como instrumento de intervenção administrativa na propriedade 118
    5.3 Instrumento de proteção do patrimônio cultural 125

6. EFEITOS JURÍDICOS DO TOMBAMENTO 128
    6.1 Efeitos principais 129
        6.1.1 Proibição de danificar 130
        6.1.2 Dever de preservar 132
        6.1.3 Restrições à alienação 138
        6.1.4 Proibição de tolher a visibilidade dos imóveis tombados 146
        6.1.5 Proibição de exportar bens móveis tombados 152
    6.2 Efeitos instrumentais 153
        6.2.1 Registro do tombamento 154
        6.2.2 Vigilância sobre os bens tombados e competências correlatas 158
        6.2.3 Outros deveres instrumentais de fazer e não fazer ... 160

7. TOMBAMENTO E DEVER DE INDENIZAR 161
    7.1 O direito de propriedade no ordenamento jurídico brasileiro 163
    7.2 A classificação do tombamento no quadro das formas de intervenção estatal na propriedade, segundo a doutrina brasileira: análise e crítica 172
        7.2.1 A classificação do tombamento como limitação administrativa 173

7.2.2 *A classificação do tombamento como servidão administrativa* 180
7.3 A reformulação do quadro teórico das formas de intervenção estatal na propriedade e a classificação do tombamento 188
7.3.1 *A definição do direito de propriedade e as intervenções sobre seu conteúdo* 189
7.3.1.1 *Limitações à propriedade* 190
7.3.1.2 *Sacrifícios de direito* 194
7.3.2 *A classificação do tombamento como espécie de sacrifício de direito* 196
7.4 O dever de indenizar como consequência jurídica do tombamento 198

8. A APLICAÇÃO DO TOMBAMENTO 202
8.1 O ato administrativo de tombamento 202
8.1.1 *Elementos e requisitos* 204
8.1.1.1 *Forma e conteúdo* 205
8.1.1.2 *Objeto* 208
8.1.1.3 *Sujeito* 213
8.1.1.4 *Motivos e requisitos procedimentais* 214
8.1.1.5 *Finalidade* 216
8.1.1.6 *Causa* 217
8.1.1.7 *Formalização e ato material de tombamento* ... 218
8.1.2 *Vinculação e discricionariedade* 220
8.2 O processo administrativo de tombamento 224
8.2.1 *Tombamento de ofício* 225
8.2.2 *Ritos para a aplicação do tombamento na instância federal* 227

9. SÍNTESE E CONCLUSÃO 237

REFERÊNCIAS BIBLIOGRÁFICAS 249
LEGISLAÇÃO 259

1
INTRODUÇÃO

O objeto do presente estudo é o *regime jurídico do tombamento*. Sua finalidade central reside na investigação da natureza jurídica do mencionado instituto, da extensão de seus efeitos e de sua aplicação, especialmente diante das inovações trazidas ao tema com o advento da Constituição da República Federativa do Brasil de 1988.

É indiscutível a importância da preservação do patrimônio cultural. Negligenciá-lo é condescender com a perda da identidade nacional e, assim, com o progressivo esfacelamento da própria cidadania. Por outro lado, quando se trata de promover a tutela de bens corpóreos portadores de valor cultural, que corresponde exatamente ao campo de aplicação do tombamento, a matéria envolve de modo direto a noção de propriedade, despertando conflitos, provocando as atividades normativa e administrativa do Estado e, consequentemente, exigindo a atuação do jurista.

O tombamento foi introduzido no Brasil pelo Decreto-lei 25, de 30.11.1937, gestado sob a égide da Constituição de 1934 mas promulgado já na vigência da Carta de 1937. Desde então, tal diploma normativo foi recepcionado pelas Cartas de 1946, 1967 (na sua redação original e com as alterações determinadas pela Emenda Constitucional 1/1969) e 1988. Assim, o tombamento perdura até os dias atuais com o perfil delineado pelo Decreto-lei 25/1937.

Todavia, o papel do tombamento no quadro dos instrumentos de proteção do patrimônio cultural não se manteve inalterado desde a sua instituição.

O Decreto-lei 25 cuidou de inaugurar no ordenamento jurídico brasileiro a organização do sistema de tutela de bens culturais. Nessa tarefa, situou o tombamento como instrumento principal – determinante, inclusive – para a definição dos bens merecedores da proteção estatal. O assunto não recebeu tratamento especial nas Constituições brasileiras até o advento da Carta de 1988, que passou a regular a cultura de modo pormenorizado, reestruturando o respectivo sistema de proteção em seus arts. 215 e 216. Deveras, a Constituição Federal de 1988 operou verdadeira mudança de paradigmas. Partiu da adoção de uma nova concepção de cultura para ampliar tanto o universo do objeto da tutela jurídica quanto o próprio conteúdo da ação do Estado nesse campo, aperfeiçoando, enfim, o quadro dos instrumentos voltados para a promoção e para a proteção da pluralidade dos bens culturais.

Nesse contexto, o tombamento deixou de constituir o eixo do sistema de tutela da cultura para assumir a posição de instrumento específico, ao lado de outras formas de proteção. É oportuno, pois, retomar e aprofundar o estudo do tombamento, a fim de identificar os reflexos da ordem constitucional vigente na disciplina instituída pelo Decreto-lei 25, de modo a se verificar se foi recepcionada na íntegra ou se sofreu derrogações.

Uma vez explicitada a relevância do tema, importa esclarecer que a análise do regime jurídico do tombamento à luz da Carta de 1988, que constitui o problema central do trabalho, se desdobra em cinco objetivos específicos, desenvolvidos conforme o plano a seguir detalhado.

Inicialmente, identifica-se o contexto em que foram editadas as primeiras normas voltadas para a proteção jurídica da cultura no Brasil, evidenciando-se os processos de elaboração, edição e recepção do Decreto-lei 25/1937 pelas ordens constitucionais que se lhe sucederam. Essa matéria foi abordada no Capítulo 2.

A ordem estabelecida na Carta de 1988 foi objeto de destacado estudo, uma vez que institui o segundo e atual marco do tratamento jurídico da cultura no Direito Brasileiro. Assim, destinam-se os Capítulos 3 e 4 à descrição e à interpretação da vigente ordenação constitucional da cultura: de um lado, foram analisados os novos parâmetros adotados na definição das noções fundamentais do sistema (cultura, direitos culturais e patrimônio cultural brasileiro); de outro, foram examinadas as diretrizes da ação estatal no referido âmbito, ou seja, os princípios que a regulam e as competências materiais e legislativas que presidem seu exercício, conferindo-se especial relevo ao *status* atual da legislação regente do tombamento e, também, do próprio instituto no quadro dos instrumentos de promoção e proteção jurídica da cultura.

Diante da multiplicidade dos meios de ação estatal quanto à matéria em foco, impõe-se individualizar o âmbito típico de aplicação do tombamento. Para tanto, o terceiro e o quarto objetivos específicos deste trabalho consistem, respectivamente, na identificação da natureza jurídica do instituto, versada no Capítulo 5, e no estudo de seus efeitos, cumprido nos Capítulos 6 e 7, inclusive do ponto de vista de sua repercussão sobre o direito de propriedade.

Foram examinados no Capítulo 8 os critérios que norteiam a aplicação do tombamento sob o ângulo dos meios de sua efetivação, isto é, do ato administrativo e do processo administrativo correspondentes.

As conclusões a que conduziram as reflexões desenvolvidas ao longo da tese foram, enfim, sintetizadas no Capítulo 9.

Para a consecução dos mencionados objetivos, buscou-se reconhecer e descrever o quadro normativo aplicável ao tombamento, desde uma perspectiva histórica do ordenamento jurídico brasileiro até a exposição dos princípios e regras atualmente em vigor. A tarefa se inicia, desse modo, no plano da dogmática analítica, consistindo na identificação do Direito aplicável ao problema em foco. Portanto, partiu-se de pesquisa legislativa, com o exame de todas as Constituições Federais brasileiras bem como do ordenamento infraconstitucional, no que diz respeito ao tema.

Ao plano da teoria da norma, associam-se as teorias da interpretação e da decisão. Na análise do regramento jurídico nacional pertinente à matéria, assim como na investigação dos conflitos nela envolvidos, o que está em jogo é, afinal, a aplicação do Direito. E a aplicação do Direito depende inexoravelmente de prévia interpretação, elaborada mediante o emprego sucessivo e coordenado dos métodos de interpretação jurídica de ampla difusão doutrinária (literal, histórico-evolutivo, lógico, teleológico e sistemático).

Nesse sentido, empreendeu-se pesquisa bibliográfica no âmbito da doutrina brasileira e estrangeira, procurando-se, de um lado, alcançar o entendimento já consolidado dos especialistas e, de outro, observar os diferentes ângulos de análise do assunto em discussão. O exame de artigos e pareceres publicados em revistas jurídicas, especialmente na

Revista de Direito Administrativo/RDA, permitiu acompanhar as questões suscitadas pela aplicação do tombamento no curso do tempo, desde os primeiros momentos da vigência do Decreto-lei 25/1937, assim como as discussões e as formas de solução propostas. No âmbito do Direito Comparado, investigaram-se sobretudo o processo de formação da tutela jurídica de bens culturais e as formas de preservação correlatas no ordenamento jurídico francês, já que nele foram inspiradas a configuração do instituto do tombamento e a estrutura administrativa encarregada de aplicá-lo, tal como adotado no Brasil.

Por fim, procedeu-se a um levantamento de decisões proferidas pelo STF, pelo STJ e pelos TRFs, de modo a possibilitar a identificação dos focos de conflito acerca da matéria, bem como a análise dos modos de solução empregados.

Em síntese, cabe notar que o problema proposto se situa claramente no âmbito da Ciência do Direito, no plano das teorias da norma, da interpretação e da decisão:[1] investigam-se as normas jurídicas que disciplinam o patrimônio cultural brasileiro e, de modo específico, o instituto do tombamento, com o propósito de prevenir a formação de conflitos e, quando inevitáveis, de colaborar com seu equacionamento, isto é, com a busca de soluções válidas e adequadas na moldura legal definida pelo ordenamento jurídico brasileiro em vigor.

---

1. Tércio Sampaio Ferraz Jr., *Introdução ao Estudo do Direito: Técnica, Decisão e Dominação*, 4ª ed., São Paulo, Atlas, 2003, pp. 83-92.

2
DOS ANTECEDENTES HISTÓRICOS DO TOMBAMENTO À SUA INTRODUÇÃO NO DIREITO BRASILEIRO

2.1 A proteção jurídica de monumentos e objetos de interesse histórico ou artístico. 2.2 A introdução do tombamento no Direito Brasileiro: 2.2.1 Tentativas frustradas de normatização – 2.2.2 Primeiros textos normativos voltados para a proteção do patrimônio cultural no Brasil – 2.2.3 O Decreto-lei 25/1937: 2.2.3.1 Elaboração e edição – 2.2.3.2 Recepção.

Como se sabe, o tombamento é o primeiro instrumento jurídico de proteção do patrimônio cultural instituído no Brasil. Porém, a trama de direitos e obrigações que o caracterizam não é criação genuína do Direito pátrio, tendo sido aqui institucionalizada como repercussão de uma tendência que se consolidou a partir da Revolução Francesa e da Revolução Industrial.

Assim, é importante retomar inicialmente o panorama histórico no qual se insere a gênese do tombamento no Direito Brasileiro, a fim de assentar as bases para o estudo de seu regime jurídico, tal como se encontra em vigor diante da Constituição da República Federativa do Brasil de 1988.

2.1 A proteção jurídica de monumentos e objetos de interesse histórico ou artístico

O Direito é, por excelência, um fenômeno social. Como conjunto de normas voltado para a regulação do comportamento humano, estabelece-se no seio de uma coletividade com o objetivo de proteger valores por ela considerados relevantes. Desse modo, o Direito revela o complexo dos valores que, resultando do jogo social de forças, são concebidos por essa sociedade como ideais. O Direito, pois, integra a cultura, considerada na ampla acepção para a qual convergem as ciências sociais, ou seja, no sentido de modo de vida global, característico de um grupo social.[1]

Entretanto, em dado momento, invertendo-se as posições, o Direito assumiu a cultura como objeto, nela reconhecendo um valor social importante e merecedor de proteção.[2] Da inicial edição de leis destinadas apenas à preservação de manifestações culturais específicas – como as materializadas em documentos e em bens móveis e imóveis –, com o passar do tempo, a cultura foi elevada à condição de direito fundamental, digno de tratamento constitucional. Consequentemente, também se expandiram os instrumentos de proteção, que, atualmente, tutelam inclusive o chamado *patrimônio imaterial*.

O tombamento é instituto que alcança bens materiais determinados. Portanto, nos limites do presente trabalho, importa examinar com especial atenção os momentos iniciais da sistematização da proteção jurídica da cultura, eis que nessa fase é que se estabeleceu a preocupação com a salvaguarda do chamado *patrimônio monumental*, além de bens móveis considerados valiosos do ponto de vista histórico ou artístico.

Desde tempos remotos há registros de iniciativas esparsas em matéria de preservação de elementos culturais.[3] Contudo, a institucionalização de uma política de proteção da cultura no plano do Direito iniciou-se na trilha de dois dos movimentos mais decisivos da história

1. Raymond Williams, *Cultura*, 2ª ed., trad. de Lólio Lourenço de Oliveira, Rio de Janeiro, Paz e Terra, 1992, p. 13.
2. Desde o século XIX a Antropologia e a Sociologia vêm investigando os efeitos nocivos da desestruturação dos padrões culturais em dada sociedade. Do etnocentrismo exacerbado à apatia social, demonstrou-se que as consequências da agressão aos padrões culturais de uma sociedade atingem não só o grupo, como também o próprio indivíduo (cf.: Denys Cuche, *A Noção de Cultura nas Ciências Sociais*, 2ª ed., trad. de Viviane Ribeiro, Bauru, EDUSC, 2002, pp. 137-139; Roque de Barros Laraia, *Cultura: um Conceito Antropológico*, 19ª ed., Rio de Janeiro, Jorge Zahar Editor, 2006, pp. 67-83).
3. Cf. Jean-Pierre Bady, *Les Monuments Historiques en France*, Paris, Presses Universitaires de France/PUF, 1985, pp. 7-13; Françoise Choay, *A Alegoria do Patrimônio*, trad. de Luciano Vieira Machado, São Paulo, UNESP, 2001, pp. 31-94.

ocidental da Humanidade – a Revolução Francesa e a Revolução Industrial –, nos quais fatores de ordem ideológica e econômica levaram da destruição à preservação.

Na França, em novembro/1789 – poucos meses, portanto, depois do início da Revolução Francesa –, a Assembleia Constituinte colocou os bens do Clero à disposição da Nação, estendendo a medida, sucessivamente, aos bens dos nobres emigrados e da Coroa. Converteu tais bens no que denominou "patrimônio nacional", a eles se referindo como "herança" da Nação Francesa. Ao mesmo tempo, estruturou o órgão denominado Comissão dos Monumentos, incumbindo-o da descrição e do inventário desses bens, a fim de lhes dar adequada destinação.

As referidas medidas foram impulsionadas sobretudo por motivos financeiros. A França, no período que antecedeu a Revolução, enfrentava profunda crise econômica, resultante de problemas nos setores agrícola, industrial e financeiro.[4] Carecendo de recursos, os revolucionários confiscaram tais bens com o objetivo de convertê-los em moeda corrente. Assim, emitiram títulos do Tesouro, garantidos pelos bens a partir de então integrantes do patrimônio nacional (denominados, por isso, "bens nacionais"). O valor obtido, porém, não foi suficiente para quitar a dívida pública, de modo que logo foram emitidos novos títulos, que rapidamente perderam seu valor. Em pouco tempo, muitos bens antes pertencentes ao Clero, aos nobres emigrados e ao Rei se tornaram propriedade da burguesia e de alguns camponeses. E vários desses bens, especialmente imóveis, embora portadores de valor cultural, não escaparam da destruição inspirada pelo interesse de obter terrenos para loteamento ou materiais para construção.[5]

Os bens nacionais não transmitidos a particulares foram aproveitados segundo as necessidades dos revolucionários: muitos foram depredados para utilização como equipamentos militares, enquanto outros tantos receberam novas destinações, nem sempre compatíveis com sua adequada preservação. A historiadora Françoise Choay[6] registra que em 1791 o Estado Revolucionário determinou a "fundição das pratarias e dos relicários", assim como a transformação de arma-

---

4. André Alba, Jules Isaac, Jean Michaud e Charles H. Pouthas, *L'Histoire: les Révolutions – 1789-1848*, Paris, Librairie Hachette, 1960, pp. 25-33 e 48-49.
  5. Françoise Choay, *A Alegoria do Patrimônio*, cit., p. 106.
  6. Idem, pp. 106-107.

ções dos telhados de catedrais (Amiens, Beauvais, Chartres, Estrasburgo) e igrejas (Saint-Sulpice e Saint-Louis-des-Invalides, em Paris) em peças de artilharia. Esses templos religiosos em seguida foram convertidos "em depósitos de munição, de salitre ou de sal e, dependendo do caso, também em mercados, enquanto os conventos e abadias eram transformados em prisões, como Fontevrault, ou em casernas".[7]

Conquanto a destruição tenha originalmente resultado da busca de uma solução para problemas financeiros, razões ideológicas também levaram à depredação de muitos bens, caso do clássico episódio da *tomada da Bastilha*, símbolo do poder real e, por extensão, do Antigo Regime.[8]

Objetos ou monumentos constitutivos de referências culturais essenciais de um povo sempre foram alvo de aniquilação por motivos ideológicos. Com a destruição do símbolo tem-se em mira aquilo que o mesmo representa. Disso a História oferece fartos exemplos, como é o caso do Coliseu, um dos símbolos da importância da cidade de Roma na Idade Antiga, que foi barbaramente atacado na invasão dos Visigodos, em 410.[9]

Assim, na Revolução Francesa, além dos roubos e pilhagens comuns durante movimentos de convulsão social, a devastação também foi claramente deliberada pelo Estado Revolucionário, que em 1792 ordenou a eliminação de objetos e monumentos ligados à Monarquia e ao Feudalismo encontrados em "jardins, parques, recintos e edifícios" da cidade de Paris. Desse modo, o próprio Estado promoveu um bem-calculado processo de destruição, como observa Françoise Choay:[10]

7. Idem, p. 105.
8. Max Gallo narra que nas primeiras horas do dia 14.7.1789 os revolucionários se dirigiram à Bastilha em busca de "pólvora e munição". De todo modo, não obstante essa finalidade imediata, é inegável o caráter fortemente simbólico que marcou a destruição da antiga fortaleza, na qual o Rei mandava fossem encarcerados seus opositores. Nesse sentido, conclui o historiador francês: "Ela *[a Bastilha]* representava, em Paris, o rosto ameaçador da ordem e da força monárquica. Deve ser destruída, pedra a pedra" (Max Gallo, *Revolução Francesa: o Povo e o Rei – 1774-1793*, trad. de Júlia da Rosa Simões, Porto Alegre, L&PM, 2009, p. 128).
9. Na atualidade o fenômeno se repetiu na destruição do *World Trade Center*, ícone do poderio econômico dos Estados Unidos da América, ocorrida em 11.9.2001, e, paralelamente, na depredação da estátua de Saddam Hussein, no Iraque invadido, em abril/2003.
10. Françoise Choay, *A Alegoria do Patrimônio*, cit., p. 108.

Os monumentos demolidos, danificados ou desfigurados sob as ordens ou com o consentimento dos comitês revolucionários o são na medida em que simbolizam poderes e valores execrados, encarnados pelo Clero, pela Monarquia e pelos senhores feudais: manifestação de repúdio a um conjunto de bens cuja incorporação conspurcaria o patrimônio nacional, impingindo-lhe emblemas de uma ordem finda.

É, pois, notável a contradição que marcou a Revolução Francesa: rompendo com o modo de vida do Antigo Regime, o Estado Revolucionário chamou a si a tarefa de conservar a "herança" da Nação mas, perante razões tanto financeiras quanto ideológicas, comandou a destruição em larga escala de bens móveis e imóveis que haviam sido transferidos ao patrimônio nacional.

Algumas vozes se levantaram contra a destruição indiscriminada, ora ainda por motivos puramente econômicos (isso ocorria, por exemplo, quando o custo da demolição fosse igual ou superior ao dos materiais aproveitáveis), ora em razão do valor cultural de determinados bens. Todavia, somente em caráter excepcional é que o Estado Revolucionário chegou a adotar medidas de preservação.[11]

De todo modo, além de legar os rudimentos de uma estrutura administrativa no âmbito do Estado, à qual, mais tarde, foi especialmente atribuída a atividade de proteção de bens culturais, a Revolução Francesa impulsionou a formação de uma concepção favorável à preservação do patrimônio material. Pouco a pouco se fortaleceu a tese de que certos bens móveis e imóveis seriam portadores do mesmo valor "nacional" responsável pela afirmação da ideia recém-construída de "Nação". Além disso, também se vislumbrava em tais bens um valor cognitivo (ou informativo) e um valor artístico, isto é, propugnava-se que tais bens conduziriam ao conhecimento da História e desempenhavam um "papel pedagógico na formação dos artistas".[12]

11. Por exemplo, para a conservação dos bens móveis confiscados, determinou-se a organização de depósitos abertos ao público, denominados *museus*, a serem situados em todo o território francês. Porém, à exceção do *Louvre*, não se conseguiu implementar o projeto, em razão dos "acontecimentos políticos, [d]a penúria financeira, [d]a inexperiência e imaturidade em matéria museológica" (Françoise Choay, *A Alegoria do Patrimônio*, cit., p. 101).
12. Françoise Choay, *A Alegoria do Patrimônio*, cit., p. 118. É importante observar que no reconhecimento de tais valores é que se encontra a origem de expressões como "patrimônio histórico e artístico nacional", nomenclatura até hoje utilizada, inclusive no texto da legislação brasileira.

A consciência da importância da preservação, despertada pela Revolução Francesa, ampliou-se nos tempos que se seguiram à eclosão do movimento, sobretudo diante dos avanços produzidos pela industrialização.

De fato, como desempenhou papel relevante no processo de deterioração de referências culturais, a chamada Revolução Industrial também suscitou forte reação. A mecanização e a padronização simplificaram o acesso aos mais diversos materiais, facilitando demolições e reconstruções. Consequentemente, o solo passou a valer mais que a edificação nele erguida, cuja conservação se tornou objeto de negligência e cedeu espaço à especulação imobiliária.

No plano das ideias, o impacto das transformações resultantes da era industrial repercutiu no próprio modo de se perceber o curso do tempo. Françoise Choay refere que desde o Renascimento, por mais antigas que fossem, as obras de arte eram em geral assimiladas como contemporâneas. Era comum, inclusive, a produção de cópias das obras clássicas. Com o advento da industrialização, tais bens passam a ser percebidos como parte de um tempo remoto, por tudo diferente do modo de vida que se instalou desde então. Logo, passaram a ser considerados insubstituíveis; e sua perda, irreparável.[13] Victor Hugo bem traduziu esse sentimento ao afirmar que a indústria havia tomado o lugar da arte: "Nous avons plus le génie de ces siècles. L'industrie a remplacé l'art".[14]

Assim, novas vozes se somaram em prol da preservação desses bens materiais. No primeiro de dois artigos intitulados "Guerra aos demolidores!", publicado em 1825, depois de relacionar uma série de monumentos franceses em ruína, Victor Hugo exigiu a edição de uma *lei* para impedir a devastação. Vale transcrever a admoestação final do autor:[15]

---

13. Françoise Choay, *A Alegoria do Patrimônio*, cit., p. 136.
14. Victor Hugo, "Guerre aux démolisseurs!", in *Notre-Dame de Paris*, Paris, Gallimard, 2002, p. 650. "Não temos mais o gênio desses séculos. A indústria substituiu a arte" (tradução livre).
15. Victor Hugo, "Guerre aux démolisseurs!", cit., in *Notre-Dame de Paris*, p. 650 : "É chegado o tempo de pôr um fim a essas desordens, a respeito das quais chamamos a atenção do País. Mesmo empobrecida pelos devastadores revolucionários, pelos especuladores mercantis e sobretudo pelos restauradores clássicos, a França ainda é rica em monumentos franceses. É preciso deter o martelo que mutila a face do País. Uma lei seria suficiente; que seja feita. Quaisquer que sejam os direi-

Il serait temps enfin de mettre un terme à ces désordres, sur lesquels nous appelons l'attention du Pays. Quoique appauvrie par les dévastateurs révolutionnaires, par les spéculateurs mercantiles et surtout par les restaurateurs classiques, la France est riche encore en monuments français. Il faut arrêter le marteau qui mutile la face du Pays. Une loi suffirait; qu'on la fasse. Quels que soient les droits de la propriété, la destruction d'un édifice historique et monumental ne doit pas être permise à ces ignobles spéculateurs (...). Il y a deux choses dans un édifice: son usage et sa beauté. Son usage appartient au propriétaire, sa beauté à tout le monde; c'est donc dépasser son droit que de le détruire.

Na mesma linha, em 1830, o historiador François Guizot, na condição de Ministro do Interior da França, encaminhou ao Rei Louis-Philippe um relatório no qual sustentava que a civilização francesa era admirada na Europa em razão da riqueza dos monumentos que cobriam seu território, destacando sua importância para a História e para a Arte. Desse modo, alcançou a criação do cargo de Inspetor dos Monumentos Históricos, ao qual cabiam as atribuições de percorrer o território francês, identificar os monumentos portadores de valor histórico e artístico, recolher informações a propósito de suas origens, descrever seu estado de conservação, esclarecer seus proprietários ou detentores sobre o interesse na sua preservação e, finalmente, articular a atuação dos agentes competentes em todas as circunscrições do País (Departamentos e Municipalidades).[16]

Isto significa, de um lado, que, sobre as bases da estrutura administrativa esboçada na Revolução Francesa, se redefiniu um complexo de órgãos estatais encarregados da proteção do patrimônio cultural. De outro lado, porém, a atuação do Estado se limitava à identificação do chamado patrimônio histórico e artístico, chegando, no máximo, ao estímulo de sua conservação, por meio do esclarecimento da respectiva importância. Ou seja: o Estado ainda não dispunha de instrumentos adequados para impedir efetivamente a destruição, contra a vontade do proprietário do bem.

tos da propriedade, a destruição de um edifício histórico e monumental não deve ser permitida a esses especuladores ignóbeis, (...). Há duas coisas num edifício, seu uso e sua beleza. Seu uso pertence a seu proprietário, sua beleza a todo o mundo. Portanto, destruí-lo é ultrapassar os limites desse direito" (tradução livre).
16. François Guizot, "Rapport au Roi", in Françoise Choay, *A Alegoria do Patrimônio*, trad. de Luciano Vieira Machado, São Paulo, UNESP, 2001, pp. 259-262.

Desprovida de força coercitiva, nesse período, a atuação do Estado na proteção da cultura não foi suficiente para alcançar seus declarados propósitos. E tanto isto é verdade que Victor Hugo voltou à carga, em 1832, no seu segundo artigo publicado sob o título "Guerra aos demolidores!". De forma ainda mais enfática, insistiu na edição de *lei* para impedir a demolição dos monumentos situados no território francês. E ao desprezo então devotado ao tema respondeu, com a força de sua ironia:[17]

> Est-ce que les Chambres ont le temps? – Une loi pour si peu de chose!
> (...).
> On fait des lois sur tout, pour tout, contre tout, à propos de tout. Pour transporter les cartons de tel Ministère d'un côté de la rue de Grenelle à l'autre, on fait une loi. Et une loi pour les monuments, une loi pour l'art, une loi pour la nationalité de la France, une loi pour les souvenirs, une loi pour les cathédrales, une loi pour les plus grands produits de l'intelligence humaine, une loi pour l'oeuvre collective de nos pères, une loi pour l'Histoire, une loi pour l'irréparable qu'on détruit, une loi pour ce qu'une Nation a de plus sacré après l'avenir, une loi pour le passé, cette loi juste, bonne, excellente, sainte, utile, nécessaire, indispensable, urgente, on n'a pas le temps, on ne la fera pas!
> Risible! Risible! Risible!

Não obstante, apenas cerca de 50 anos depois é que foi finalmente editado o primeiro diploma legislativo voltado para a proteção de monumentos históricos na França: a Lei de 30.3.1887, regulamentada

---

17. Victor Hugo, "Guerre aux démolisseurs!", cit., in *Notre-Dame de Paris*, p. 661:
"Será que as Câmaras teriam tempo? Uma lei para tão pouco!
"(...).
"Fazem-se leis sobre tudo, para tudo, contra tudo, a propósito de tudo. Para transportar papéis de um Ministério de um lado da rua Grenelle para o outro lado, faz-se uma lei. E uma lei para os monumentos, uma lei para a arte, uma lei para a nacionalidade da França, uma lei para as recordações, uma lei para as catedrais, uma lei para os maiores produtos da inteligência humana, uma lei para a obra coletiva de nossos pais, uma lei para a História, uma lei para o irreparável que se destrói, uma lei para o que a Nação tem de mais sagrado depois do futuro, uma lei para o passado, essa lei justa, valiosa, excelente, virtuosa, útil, necessária, indispensável, urgente, não se tem tempo, não se fará!
"Ridículo! Ridículo! Ridículo!" (tradução livre).

em 1889. Com ela estabeleceu-se o instituto do *classement* ("classificação"), equivalente ao tombamento previsto no ordenamento brasileiro.

Entretanto, a proteção jurídica oferecida não era senão parcial, eis que o dever de conservação decorrente da configuração inicial do instituto, com as correspondentes restrições à destruição dos bens, poderia ser determinado pelo Estado somente em relação a bens pertencentes a pessoas jurídicas de direito público. Para alcançar bens particulares, dependia do consentimento dos respectivos proprietários. Como dificilmente se obtinha a referida anuência, a aplicação do *classement* quanto a bens particulares era, na prática, inviável.

Percebida a necessidade de aperfeiçoamento desse regime jurídico, a Lei de 30.3.1887 foi substituída pela Lei de 31.12.1913,[18] vigente na França até os dias atuais. A nova lei ampliou as formas de proteção, criando dois novos instrumentos: *instance de classement*[19] e *inscription à l'inventaire supplémentaire*.[20] Além disso, o já conhecido *classement* passou a ser aplicável à propriedade privada, com a previsão de impulso do procedimento pelo Estado mesmo diante da discordância do proprietário do bem.

Em síntese, a fase inicial do processo de institucionalização jurídica da proteção da cultura se desenvolveu a partir do modelo construído na França, apoiado em dois pilares, que se estabeleceram

18. França, *Lei de 31 de dezembro de 1913. Lei sobre Monumentos Históricos* (disponível em *http://www.legifrance.gouv.fr*, acesso em 21.11.2009).
19. Assim como o *classement*, a *instance de classement* ("processo de classificação") destina-se à proteção de bens móveis e imóveis que apresentem valor histórico ou artístico. Dele difere, entretanto, por exigir como pressuposto de fato a configuração de iminente ameaça de demolição ou de alteração grave no estado do bem. Além disso, não exige consulta prévia à Comissão Superior de Monumentos Históricos nem ao proprietário do bem, valendo pelo prazo de 12 meses, sem possibilidade de prorrogação. Ao fim do referido prazo, persistindo o interesse na preservação do bem, impõe-se à Administração promover sua classificação, observando o procedimento específico.
20. A *inscription à l'inventaire supplémentaire* ("inscrição em inventário suplementar") é providência mais branda que o *classement*. Consoante os arts. 2º e 24-*bis* da Lei de 31.12.1913, tal medida estabelece, para o proprietário do bem atingido, apenas o dever de dar ciência à Administração de qualquer obra que pretenda realizar, de deslocamento ou de alienação do bem. O silêncio da Administração durante os prazos fixados na mencionada legislação importa concordância tácita. Discordando da medida, deve a Administração proceder ao *classement* do bem.

na seguinte ordem: primeiro, a criação de órgãos públicos específicos; e, segundo, a instituição de instrumentos de proteção.

A criação de um conjunto de órgãos estatais específicos marca a inclusão da proteção da cultura dentre as atividades do Estado. Inicialmente a atuação estatal se resumia à gestão do patrimônio amealhado pela recém-criada Nação Francesa. A partir do amadurecimento da concepção que sustentava a importância da proteção de tais bens, estivessem ou não incluídos no patrimônio público, passo a passo, o papel do Estado nesse âmbito assumiu novas feições. Desse modo, a proteção dos bens representativos de valor cultural ou "nacional" (terminologia empregada à época) estabeleceu-se como conteúdo de atividade a ser desenvolvida pelo Estado.

A principal característica da organização administrativa concebida para a implementação das medidas de proteção reside na sua conformação a partir de um órgão central e colegiado. Na França sucederam-se na tarefa a Comissão dos Monumentos e a Comissão Provisória das Artes no período revolucionário, e, após, a Comissão de Monumentos Históricos, criada em 1837, todas com sede em Paris.

O modelo serviu de inspiração à organização administrativa adotada em outros Países europeus. Na Espanha foram criadas, em 1844, as Comissões Provinciais de Monumentos e, em 1854, a Comissão Central de Monumentos. Em 1877 a Inglaterra estabeleceu a *Society for the Protection of Ancient Buildings*[21] e Portugal instituiu, em 1882, a Comissão Nacional de Monumentos.[22] Já no século XX, o Brasil também aplicou a fórmula, como se verá adiante.

Quanto aos instrumentos jurídicos típicos dessa fase inicial, nota-se a adoção, como ponto de partida, de um sistema de catalogação de bens materiais portadores de relevância histórica ou artística. As primeiras regras jurídicas ordenavam apenas a identificação e a descrição minuciosa de tais bens, prescrevendo deveres e obrigações tão somente quando o objeto da relação envolvia bens de propriedade pública. Nesse sentido, determinavam, por exemplo, a conservação de certos imóveis públicos, a organização de arquivos, a remessa de objetos a depósitos e a formação de museus.

21. Françoise Choay, *A Alegoria do Patrimônio*, cit., p. 148.
22. José Casalta Nabais, *Introdução ao Direito do Património Cultural*, Coimbra, Livraria Almedina, 2004, pp. 73-74.

Em momento posterior a legislação passou a atribuir consequências jurídicas mais amplas a essa catalogação, estabelecendo proibições, deveres e faculdades para os proprietários dos bens alcançados – tanto públicos quanto particulares –, para o Estado e até mesmo para terceiros. Essa legislação também exerceu inquestionável influência em outros Países, como é o caso do Brasil, que definiu o regime jurídico do instituto do tombamento a partir das referidas bases.

Por fim, ainda é importante salientar que os aspectos escolhidos como parâmetros para a identificação dos bens a serem protegidos se resumiram, naqueles momentos iniciais, aos valores artístico e histórico. Buscava-se preservar bens portadores de relevância estética, capazes de tocar a sensibilidade artística (embora fossem assim considerados apenas os bens vinculados aos padrões renascentistas). Além deles, a proteção legal se estendia apenas aos bens que apresentassem valor informativo, a partir dos quais se pudesse desenvolver habilidades cognitivas – ou seja, aos bens de valor histórico. Assim, sobressaem claramente na legislação do período reflexos do ideário iluminista, já que a proteção jurídica se estendia unicamente a manifestações culturais de padrão erudito ou acadêmico, noção que é típica do denominado *Século das Luzes*.

Esse conjunto de valores que identificava os bens dignos de preservação ultrapassou as barreiras não só do espaço como também do tempo, repercutindo em leis até hoje vigentes em vários Países do mundo ocidental. As influências do período se fazem presentes na terminologia adotada em textos legais atuais, em que é ainda frequente o uso de expressões como "patrimônio nacional", "bens nacionais" e "patrimônio histórico e artístico".

Uma vez delineadas as bases da sistematização jurídica de órgãos e de instrumentos voltados para a salvaguarda de bens materiais de valor cultural, importa acompanhar sua evolução no direito positivo brasileiro, com o objetivo de desvendar o panorama no qual se instituiu o tombamento.

2.2 A introdução do tombamento no Direito Brasileiro

No Brasil as primeiras iniciativas voltadas para a proteção de bens materiais portadores de referências culturais se fizeram notar apenas a partir da terceira década do século XX.

Durante a fase colonial há um raro registro de preocupação dessa natureza, por parte de instâncias oficiais: a carta, datada de 5.4.1742, em que D. André de Melo Castro, Vice-Rei e Conde das Galveias, admoesta o Governador de Pernambuco a não converter o Palácio das Duas Torres em quartel. Nessa carta o signatário argumenta que, sendo obra de Maurício de Nassau, o Palácio simbolizava o sucesso de Portugal na repressão da invasão holandesa, e que a medida em questão, ao destruí-lo, arruinaria "também uma memória que mudamente estava recomendando à posteridade as ilustres e famosas ações que obraram os Portugueses na restauração dessa Capitania (...)".[23]

Na própria Metrópole Portuguesa o primeiro texto normativo sobre o tema data do início do século XVIII.[24] Porém, à parte iniciativas isoladas, em Portugal o movimento em prol da preservação do seu patrimônio imobiliário somente se fortaleceu nos últimos anos do século XIX, apoiado sobre o ideário[25] que inspirou o modelo francês, mas também construído a partir da adoção do inventário e da classificação como meios de tutela.

23. Secretaria do Patrimônio Histórico e Artístico Nacional (SPHAN)/Fundação Nacional Pró-Memória (Pró-Memória), *Proteção e Revitalização do Patrimônio Cultural no Brasil: uma Trajetória*, Brasília, 1980, pp. 31-32 (disponível em *http:// portal.iphan.gov.br/portal/montarDetalheConteudo.do?id=13129&sigla=Institucio nal&retorno=detalheInstitucional*, acesso em 21.11.2009).
24. Trata-se do decreto, expedido por D. João V em 14.8.1721, determinando à Academia Real de História – por ele criada no ano anterior – a realização do inventário e a conservação de edifícios situados em Portugal remanescentes da ocupação de seu território por fenícios, gregos, persas, romanos, godos e árabes. No referido alvará o Rei proibia desde a desfiguração até a destruição de tais bens imóveis, ordenando expressamente "que nenhuma pessoa de qualquer estado, qualidade, e condição que seja, desfaça, ou destrua em todo, nem em parte qualquer edifício, que mostre ser daqueles tempos (...)" (Portugal, *Decreto de 14 de agosto de 1721*, disponível em *http://www.ippar.pt/apresentacao/apresenta_legislacao_alvararegio.html*, acesso em 21.11.2009).
25. Carlos Adérito Teixeira bem explica a importância fundamental da ideia de "Nação" no mencionado processo: "Este circunstancialismo sociopolítico e cultural gera a ideia de *património* (*histórico e material*) como denominador de uma identidade étnica e cultural que testemunha a ligação de uma 'Nação' a um determinado território, o da localização dos vestígios históricos, representando, por isso mesmo, a fonte de permanência e de direito de um 'povo' a esse território. Ou seja, o património assume um carácter de justificação histórica na relação 'Nação-território' e sinal visível para certo género de reivindicações político-militares" (*Da Protecção do Património Cultural*, Lisboa, Centro de Estudos Judiciários, 1996, pp. 61-107 (disponível em *http://www. diramb.gov.pt/data/basedoc/TXT_D_19879_1_0001.htm*, acesso em 24.7.2007).

Depois de proclamada a Independência, as duas primeiras Constituições brasileiras acolheram a concepção tradicional e absoluta[26] do direito de propriedade, inviabilizando qualquer ação efetiva de proteção do patrimônio cultural que pudesse interferir na esfera jurídica de particulares.

De fato, a Constituição do Império (1824) declarava, no § 22 do seu art. 179, a garantia do "direito de propriedade em toda sua plenitude". Como hipótese excepcional, admitia a desapropriação mediante indenização prévia e determinava que à lei caberia demarcar "os casos com que terá lugar esta única exceção", bem como fixar "as regras para se determinar a indenização".

A Constituição de 1891, de clara inspiração liberal, também consagrou o direito de propriedade segundo os cânones tradicionais. No § 17 do art. 72 a Constituição de 1891 determinava: "O direito de propriedade mantém-se em toda a sua plenitude, salva a desapropriação por necessidade ou utilidade publica, mediante indemnização prévia. (...)". Apenas admitia "limitações estabelecidas por lei" no que se referia à exploração de minas, que passaram a pertencer ao proprietário do solo. Com a Emenda Constitucional de 3.9.1926 o mencionado dispositivo foi alterado, para instituir nova restrição, impedindo que minas e jazidas necessárias à segurança e à defesa nacionais fossem transferidas a estrangeiros.

Quanto à proteção do patrimônio cultural, ambas as Cartas silenciavam, a não ser pela regra contida no art. 8º das Disposições Transitórias da Constituição de 1891, que estipulava o seguinte: "O Governo Federal adquirirá para a Nação a casa em que falleceu o Dr. Benjamin Constant Botelho de Magalhães e nella mandará collocar uma lapide em homenagem à memoria do grande patriota – o Fundador da República".

2.2.1 Tentativas frustradas de normatização

No âmbito infraconstitucional, entre 1920 e 1930 algumas tentativas de normatização da defesa do patrimônio cultural se sucederam

---

26. José Afonso da Silva explica que, segundo a concepção tradicional do direito de propriedade, "seu exercício não estaria limitado senão na medida em que ficasse assegurado aos demais indivíduos o exercício de seus direitos" (*Direito Urbanístico Brasileiro*, 6ª ed., São Paulo, Malheiros Editores, 2010, p. 70).

no plano federal.[27] Além disso, certos Estados[28] chegaram a editar leis criando órgão encarregado da proteção de bens móveis e imóveis de valor cultural. Porém, nenhuma das mencionadas iniciativas colheu êxito, eis que o perfil do direito de propriedade plasmado na Constituição de 1891 – como já ocorrera sob a égide da Constituição de 1824 – inviabilizava, em regra, fora dos casos por ela expressamente previstos, a intervenção do Estado no sentido de tolher a ação dos indivíduos quanto ao uso, à fruição e à disposição de bens integrantes de seus patrimônios.

Todavia, nos projetos frustrados, nos quais está o embrião do tombamento, já se evidenciava a clara influência da sistematização elaborada na França, seja no modelo de organização administrativa, seja nos instrumentos de tutela propostos.

De fato, o primeiro projeto de lei[29] versando sobre o tema, apresentado em 1923 por Luiz Cedro, deputado pelo Estado de Pernambuco, previa a criação de um órgão central, de administração colegiada, denominado Inspetoria dos Monumentos Históricos dos Estados Unidos do Brasil. A proteção que se pretendia instituir alcançava somente bens imóveis, e dentre eles apenas os que se revestissem de interesse nacional, em razão de seu valor histórico ou artístico. Segundo o projeto, a salvaguarda de tais bens deveria ser feita a partir de sua catalogação, e em seguida mediante sua classificação como monumento

27. Cf. Secretaria do Patrimônio Histórico e Artístico Nacional (SPHAN)/Fundação Nacional Pró-Memória (Pró-Memória), *Proteção e Revitalização do Patrimônio Cultural no Brasil: uma Trajetória*, cit., pp. 9-11 (disponível em *http://portal. iphan.gov.br/portal/montarDetalheConteudo.do?id=13129&sigla=Institucional&ret orno=detalheInstitucional*, acesso em 21.11.2009).

28. Secretaria do Patrimônio Histórico e Artístico Nacional (SPHAN)/Fundação Nacional Pró-Memória (Pró-Memória), *Proteção e Revitalização do Patrimônio Cultural no Brasil: uma Trajetória*, cit., pp. 9-11 (disponível em *http://portal.iphan. gov.br/portal/montarDetalheConteudo.do?id=13129&sigla=Institucional&retorno =detalheInstitucional*, acesso em 21.11.2009). Na forma das Leis 2.031 e 2.032, de 8.8.1927, regulamentadas pelo Decreto 5.339, de 6.12.1927, a Bahia criou sua Inspetoria Estadual de Monumentos Nacionais. Instituição análoga foi criada pelo Estado de Pernambuco pela Lei 1.998, de 24.8.1928.

29. Luiz Cedro, "Projeto de lei", in Secretaria do Patrimônio Histórico e Artístico Nacional (SPHAN)/Fundação Nacional Pró-Memória (Pró-Memória), *Proteção e Revitalização do Patrimônio Cultural no Brasil: uma Trajetória*, cit., pp. 33-34 (disponível em *http://portal.iphan.gov.br/portal/montarDetalheConteudo.do?id=131 29&sigla=Institucional&retorno=detalheInstitucional*, acesso em 21.11.2009).

nacional. Da referida classificação decorreriam a proibição de destruir o imóvel e o dever de obter prévia autorização da Inspetoria caso se pretendesse modificá-lo ou restaurá-lo. Porém, como na Lei francesa de 30.3.1887, para que efetuada a classificação exigia-se o consentimento expresso do proprietário do bem.

Dois anos depois, em 1925, Mello Vianna, Presidente de Minas Gerais, encaminhou ao Congresso Nacional um anteprojeto de lei voltado para a proteção do chamado *patrimônio artístico*, estendendo a tutela a bens móveis e imóveis. É pertinente observar que um importante fator suscitou a iniciativa de Mello Vianna: a ausência de instrumentos jurídicos que impedissem ou, ao menos, controlassem o comércio de antiguidades que ameaçava as cidades históricas mineiras.[30] Assim, nesse anteprojeto o tema é tratado explicitamente sob o prisma da interveniência de duas ordens de interesses conflitantes: de um lado, a preservação de bens culturais e, de outro, os interesses particulares dos proprietários de tais bens. Com efeito, Jair Lins, autor do anteprojeto, em sua Exposição de Motivos, ressaltava que:[31]

(...) a ação tutelar do Estado encontra, no campo do Direito, o interesse legítimo do proprietário que, por isso mesmo que o é, não pode ser ferido ou desrespeitado, não só porque isto importaria em se agir contra direito, como também porque atentaria contra a garantia estabelecida no Pacto Fundamental.

Não obstante, Lins defendia que o ordenamento jurídico brasileiro então vigente admitia a imposição de restrições à propriedade particular, em favor da coletividade. Consoante o autor, dentre os meios aplicados pelo que considerava "povos civilizados", apenas a proibição de exportação do bem não estaria amparada pelo Direito Brasileiro. Assim, no intuito de resguardar o patrimônio artístico e histórico

---

30. Secretaria do Patrimônio Histórico e Artístico Nacional (SPHAN)/Fundação Nacional Pró-Memória (Pró-Memória), *Proteção e Revitalização do Patrimônio Cultural no Brasil: uma Trajetória*, cit., p. 10 (disponível em *http://portal.iphan.gov.br/portal/montarDetalheConteudo.do?id=13129&sigla=Institucional&retorno=detalheInstitucional*, acesso em 21.11.2009).

31. Jair Lins, "Anteprojeto de lei federal", in Secretaria do Patrimônio Histórico e Artístico Nacional (SPHAN)/Fundação Nacional Pró-Memória (Pró-Memória), *Proteção e Revitalização do Patrimônio Cultural no Brasil: uma Trajetória*, cit., pp. 38-39 (disponível em *http://portal.iphan.gov.br/portal/montarDetalheConteudo.do?id=13129&sigla=Institucional&retorno=detalheInstitucional*, acesso em 21.11.2009).

do Brasil, propôs a associação dos seguintes instrumentos: catalogação, direito de preferência e desapropriação.

Nota-se que o instituto designado por Lins como "catalogação" nada mais era que, em essência, aquele que o deputado Luiz Cedro, em seu projeto, havia denominado "classificação". De fato, os efeitos a serem produzidos em ambas as espécies eram substancialmente idênticos: proibição de destruição do bem e dever de obter a prévia autorização da instância competente para consertos ou reparações. Em acréscimo, como consequência jurídica da catalogação, o anteprojeto estabeleceu a instauração de direito de preferência em favor da União e dos Estados, a ser exercido tanto por ocasião de transmissão onerosa por ato *inter vivos* quanto nas hipóteses de exportação de qualquer bem submetido a tal regime. Havia, ainda, outra importante diferença entre os regimes das denominadas "classificação" e "catalogação": nesta não mais se exigiria a anuência do proprietário, justamente porque o autor do anteprojeto sustentava – embora acompanhando corrente minoritária – que seria possível, mesmo diante da Carta de 1891, a imposição de tais restrições à propriedade.

Em 1930 o deputado José Wanderley de Araújo Pinho, representante do Estado da Bahia, apresentou projeto de lei regulamentando de modo mais abrangente a defesa de bens culturais móveis e imóveis.[32] No projeto em apreço o sistema de proteção jurídica de bens materiais portadores de valor histórico e artístico se erguia em torno da catalogação, ladeado pelo direito de preferência e pela desapropriação, com poucas diferenças quanto ao que havia sido proposto no anteprojeto de Jair Lins. Desta feita, contudo, além de impedir a exportação de bens catalogados, o projeto de lei impunha deveres a colecionadores e negociantes de antiguidades, objetos de arte, manuscritos e livros antigos. Também restringia construções, reconstruções, demolições ou modificações de quaisquer espécies em áreas vizinhas a imóveis catalogados, prevendo, enfim, a criação da Inspetoria de Defesa do Patrimônio Histórico-Artístico Nacional, órgão central de execução, e

32. José Wanderley de Araújo Pinho, "Projeto de lei federal", in Secretaria do Patrimônio Histórico e Artístico Nacional (SPHAN)/Fundação Nacional Pró-Memória (Pró-Memória), *Proteção e Revitalização do Patrimônio Cultural no Brasil: uma Trajetória*, cit., pp. 46-53 (disponível em *http://portal.iphan.gov.br/portal/montar DetalheConteudo.do?id=13129&sigla=Institucional&retorno=detalheInstitucional*, acesso em 21.11.2009).

do Conselho Deliberativo e Consultivo da Defesa do Patrimônio Histórico-Artístico Nacional.

Contudo, o projeto de lei do deputado José Wanderley de Araújo Pinho não chegou a ser devidamente apreciado no Poder Legislativo, eis que, com a vitória da Revolução de 1930, o Decreto 19.398, de 11.11.1930, que instituiu o Governo Provisório, determinou a dissolução do Congresso Nacional, das Assembleias Legislativas Estaduais e das Câmaras Municipais.

2.2.2 Primeiros textos normativos voltados para a proteção do patrimônio cultural no Brasil

De tudo o que se disse até aqui, bem se vê que, até o final da chamada República Velha, o País ainda não dispunha de legislação voltada para a proteção de seu patrimônio cultural, à exceção de regras isoladas, concernentes à própria estrutura administrativa do Estado.[33] A mudança desse quadro somente se tornou possível a partir da Revolução de 1930, consolidando-se com a Constituição de 1934, a qual, suplantando o Estado Liberal clássico, fundou o Estado Social brasileiro.[34]

Os passos iniciais nesse sentido foram dados ainda antes da instalação da Assembleia Nacional Constituinte que promulgaria a Carta de 1934. Assim, o Decreto 22.928, de 12.7.1933, outorgou à cidade de Ouro Preto o título de "Monumento Nacional" e o Decreto 24.735, de 14.7.1934, ao aprovar o novo regulamento do Museu Histórico Nacional, introduziu no direito positivo brasileiro restrições que, mais tarde, passaram a integrar o regime jurídico do tombamento. Com isto, o prévio consentimento da Administração se tornou efetivamente um requisito indispensável não só para as demolições, reformas ou modificações de imóveis classificados como monumentos nacionais (art. 72), mas também para a exportação de objetos de valor histórico ou

---

33. É o caso do Decreto 15.596, de 2.8.1922, que criou o Museu Histórico Nacional, atribuindo-lhe as funções de reunir, conservar, classificar e expor os objetos de importância histórica encontrados em estabelecimentos oficiais, além daqueles obtidos por meio de compra, doação ou legado.

34. Paulo Bonavides e Paes de Andrade, *História Constitucional do Brasil*, 4ª ed., Brasília, OAB Editora, 2002, p. 331.

artístico (arts. 73 a 75). Vale ressaltar que tal restrição alcançava bens públicos e particulares, indistintamente.

No dia 16.7.1934 foi, enfim, promulgada a nova Constituição, que, de modo até então inédito, dedicou dois de seus títulos especialmente aos temas da "Ordem Econômica e Social" e da "Família, Educação e Cultura". Realçando a linha da "preponderância de valores coletivos"[35] característica do Estado Social, a Carta de 1934 agregou novo elemento ao perfil do direito de propriedade, proibindo seu exercício contra o interesse social, na forma da lei. Na alínea 17 do seu art. 113 estipulou o seguinte:

> É garantido o direito de propriedade, que não poderá ser exercido contra o interesse social ou collectivo, na fórma que a lei determinar. A desapropriação por necessidade ou utilidade publica far-se-á nos termos da lei, mediante prévia e justa indemnização. Em caso de perigo imminente, como guerra ou commoção intestina, poderão as autoridades competentes usar da propriedade particular até onde o bem público o exija, ressalvado o direito á indemnização ulterior.

No que se refere à cultura, a Constituição de 1934, já ao cuidar da organização federativa, atribuiu à União e aos Estados a competência concorrente para proteger monumentos de valor histórico ou artístico e, expressamente, "impedir a evasão de obras de arte" (art. 10, III). No título específico ("Título V – Da Família, da Educação e da Cultura") reafirmou a competência da União e dos Estados, deixando claro caber também aos Municípios "favorecer e animar o desenvolvimento (...) da cultura em geral, proteger os objectos de interesse historico e o patrimonio artistico do Paiz, (...)" (art. 148).

Assim, de um lado, a Carta de 1934 não se ateve a transmitir à lei a tarefa de definir o conteúdo do direito de propriedade, mas autorizou a instituição de limitações legais a fim de que o mesmo não fosse exercido contra o interesse social ou coletivo. De outro lado, não se pode deixar de considerar que, ao conferir ao Estado a atribuição de proteger monumentos e objetos de valor histórico ou artístico, o texto constitucional acabou por distinguir como matéria de interesse público a tutela de tais elementos culturais.

---

35. Idem, p. 295.

Em suma, vê-se que a Constituição de 1934 estabeleceu de forma inequívoca a obrigação do Estado de atuar em defesa do patrimônio cultural e fincou as bases para a criação de instrumentos jurídicos destinados ao cumprimento dessa tarefa. Não obstante, atada, ainda, à concepção que presidiu a fase inicial da institucionalização da proteção jurídica da cultura no mundo ocidental, a Constituição de 1934 reconheceu dignos de salvaguarda apenas os bens materiais que apresentassem interesse relevante dos pontos de vista histórico e artístico, de repercussão nacional.

De todo modo, com a expressa consagração da mencionada obrigação estatal, de um lado, e com a nova conformação, de outro lado, do direito de propriedade, a Constituição de 1934 estabeleceu as condições jurídicas necessárias para fundamentar a construção de um sistema normativo em que se articulassem organismos e instrumentos voltados para a defesa do patrimônio cultural.

2.2.3 O Decreto-lei 25/1937

2.2.3.1 Elaboração e edição

Diante do quadro delineado pela Constituição de 1934, em 1936 Gustavo Capanema, na condição de Ministro da Educação e Cultura, solicitou a Mário de Andrade, então Diretor do Departamento de Cultura da cidade de São Paulo, que estruturasse um órgão destinado a atuar na preservação do patrimônio artístico nacional. Pouco depois, Mário de Andrade apresentou-lhe amplo anteprojeto de lei,[36] definindo o patrimônio artístico nacional, propondo a organização de estrutura administrativa incumbida de sua tutela e sugerindo a criação, como instrumento destinado a realizar essa proteção, do instituto do tombamento, nova designação dada à catalogação antes delineada por José Wanderley de Araújo Pinho.

36. Mário de Andrade, "Anteprojeto de lei federal", in Secretaria do Patrimônio Histórico e Artístico Nacional (SPHAN)/Fundação Nacional Pró-Memória (Pró-Memória), *Proteção e Revitalização do Patrimônio Cultural no Brasil: uma Trajetória*, cit., pp. 55-68 (disponível em *http://portal.iphan.gov.br/portal/montarDetalheConteudo.do?id=13129&sigla=Institucional&retorno=detalheInstitucional*, acesso em 21.11.2009).

Esse anteprojeto constituiu a principal fonte da qual resultou o art. 46 da Lei 378/1937,[37] que criou o Serviço do Patrimônio Histórico e Artístico Nacional/SPHAN, hoje denominado Instituto do Patrimônio Histórico e Artístico Nacional/IPHAN.[38] Cabia-lhe, conforme o art. 46 da Lei 378, "promover, em todo o País e de modo permanente, o tombamento, a conservação, o enriquecimento e o conhecimento do patrimônio histórico e artístico nacional".

Ora, bem se percebe que o texto do art. 46 da Lei 378/1937, ao criar a estrutura administrativa, nomeou apenas um instrumento de intervenção do Estado na propriedade, voltado para a promoção do chamado patrimônio histórico e artístico nacional: o tombamento.

Assim, logo que instalado o Serviço do Patrimônio Histórico e Artístico Nacional,[39] seu primeiro diretor, Rodrigo Melo Franco de Andrade, encaminhou ao Ministro Capanema um anteprojeto de lei de instituição do tombamento, inspirado não só na proposta de Mário de Andrade mas, principalmente, no projeto de lei do deputado José Wanderley de Araújo Pinho, que, inclusive, havia sido reapresentado ao Poder Legislativo em 1935.[40]

Tal como formulado, o anteprojeto foi remetido pelo Presidente da República ao Congresso Nacional em outubro/1936, tendo sido aprovado na Câmara dos Deputados. No Senado recebeu algumas

37. Na mesma lei foi criado o Conselho Consultivo do Patrimônio Histórico e Artístico Nacional, órgão colegiado de assessoramento da Diretoria do Serviço, previsto no anteprojeto de Mário de Andrade.
38. Tal órgão sofreu sucessivas alterações de nomenclatura: integrando a Administração direta, foi transformado em Diretoria do Patrimônio Histórico e Artístico Nacional (Decreto-lei 8.534, de 2.1.1946), Instituto do Patrimônio Histórico e Artístico Nacional (art. 14 do Decreto 66.967, de 27.7.1970) e Secretaria do Patrimônio Histórico e Artístico Nacional (Decreto 84.198, de 13.11.1979). A Lei 8.029, de 16.4.1990, autorizou a constituição do Instituto Brasileiro do Patrimônio Cultural/ IBPC, criado pelo Decreto 99.492, de 3.9.1990, desta feita como autarquia federal (Lei 8.113, de 12.12.1990). Com a edição da Medida Provisória 610, de 8.9.1994, passou a denominar-se Instituto do Patrimônio Histórico e Artístico Nacional/IPHAN, mantida sua natureza autárquica.
39. Embora a Lei 378 tenha sido editada em janeiro/1937, o órgão havia sido prontamente autorizado a funcionar, por despacho presidencial, desde abril/1936.
40. Secretaria do Patrimônio Histórico e Artístico Nacional (SPHAN)/Fundação Nacional Pró-Memória (Pró-Memória), *Proteção e Revitalização do Patrimônio Cultural no Brasil: uma Trajetória*, cit., pp. 11-14 (disponível em *http://portal.iphan. gov.br/portal/montarDetalheConteudo.do?id=13129&sigla=Institucional&retorno =detalheInstitucional*, acesso em 21.11.2009).

emendas. Porém, tais emendas não chegaram a ser votadas, diante da irrupção do golpe de Estado aplicado por Getúlio Vargas, que dissolveu o Congresso Nacional e decretou uma nova Constituição, no dia 10.11.1937.

De um lado, a Carta de 1937, do ponto de vista formal,[41] no art. 122, § 14, assegurou o direito de propriedade, remetendo a definição de seu conteúdo e, consequentemente, de seus limites às "leis que lhe regularem o exercício". No mesmo dispositivo admitia expressamente a desapropriação por necessidade ou utilidade pública, mediante indenização prévia.

No que concerne à proteção do patrimônio cultural, o texto constitucional de 1937 foi mais rigoroso que o anterior: incluiu os monumentos naturais, ao lado dos históricos e artísticos, dentre bens merecedores de tutela, além de estabelecer as bases para a sanção de atentados contra os mesmos, ao equiparar tais atos aos cometidos contra o patrimônio nacional.[42] Eis o teor do art. 134 da Constituição de 1937:

> Os monumentos historicos, artisticos e naturaes, assim como as paizagens ou os locaes particularmente dotados pela Natureza, gozam da protecção e dos cuidados especiaes da Nação, dos Estados e dos Municipios. Os attentados contra elles commetidos serão equiparados aos commettidos contra o patrimônio nacional.

Assim, poucos dias depois do Golpe de Estado, e já sob o império da Carta de 1937, o Ministro Gustavo Capanema reapresentou o projeto de instituição do tombamento a Getúlio Vargas, que, enfim, o editou, na forma do Decreto-lei 25, de 30.11.1937.

É relevante notar que, consoante sua ementa, o Decreto-lei 25 se destina a organizar "a proteção do patrimônio histórico e artístico nacional", sendo o tombamento nele regulado na condição do instrumento central destinado à realização dessa tarefa.

41. Por força da chamada Lei Constitucional 5, de 10.3.1942, o art. 166, § 2º, da Constituição de 1937 passou a admitir a suspensão da garantia do direito de propriedade em razão da decretação de estado de emergência.
42. Segundo Pontes de Miranda, a expressão "patrimônio nacional" compreende, nesse contexto, "o patrimônio federal, o estadual, ou o municipal" (*Comentários à Constituição de 1967 com a Emenda n. 1 de 1969*, 2ª ed., vol. VI, São Paulo, Ed. RT, 1972, p. 369).

No entanto, à exceção do seu primeiro capítulo, que define o "Patrimônio Histórico e Artístico Nacional", e do capítulo das chamadas "Disposições Gerais", o Decreto-lei 25 cuida, em substância, do tombamento e de seus efeitos. Além disso, o instituto condicionou até mesmo a referida definição, pois que o chamado "patrimônio histórico e artístico nacional", segundo o art. 1º, § 1º, do diploma normativo em pauta, seria constituído apenas por bens tombados.[43] Outros instrumentos, como a desapropriação,[44] figuram como meios de tutela secundários, cuja aplicação depende de anterior tombamento. O direito de preferência, de seu turno, embora tratado de modo específico em capítulo próprio, também surgiu, tão somente, como um efeito jurídico do instrumento principal.

Em suma, embora formalmente consagrado à ampla tarefa de organizar a proteção do patrimônio histórico e artístico, o Decreto-lei 25, em verdade, estrutura e disciplina em seus detalhes um só instituto jurídico: o tombamento. Disso resulta que a ação estatal de salvaguarda desse patrimônio no Brasil, com a edição do Decreto-lei 25 (e durante muito tempo), praticamente se confundiu com a aplicação do tombamento.

Em poucas palavras, é possível afirmar, portanto, que o tombamento não surgiu no Direito Brasileiro apenas como um instrumento de proteção, mas como o próprio eixo do sistema estatal de tutela do patrimônio cultural; situação que somente se alterou com o advento da Constituição de 1988.

2.2.3.2 Recepção

Embora editado sob o império da Carta de 1937, o Decreto-lei 25 é, ainda, o diploma legislativo que estabelece o núcleo do regime ju-

---

43. Porém, tal interpretação já não nos parece possível diante da Constituição de 1988, como se observará no capítulo seguinte do presente trabalho.
44. A desapropriação passou a ser regulada como instrumento autônomo de tutela do patrimônio cultural no Decreto-lei 3.365/1941, cujo art. 5º, "k" e "l", tipificou dentre os casos de utilidade pública a preservação e a conservação de monumentos históricos e artísticos, de paisagens e locais particularmente dotados pela Natureza, de arquivos, de documentos e de outros bens móveis de valor histórico ou artístico.

rídico do tombamento⁴⁵ no Brasil, tendo sido recepcionado pelas ordens constitucionais que se lhe seguiram.

Ao entrar em vigor, uma nova Constituição geralmente preserva a legislação infraconstitucional existente que com ela se revele em harmonia. Há casos em que a permanência das leis anteriores resulta de disposição constitucional expressa, tal como ocorreu, por exemplo, com as Constituições brasileiras de 1891 (art. 83), de 1934 (art. 187) e de 1937 (art. 183). Porém, como postula a doutrina, mesmo quando uma nova Carta silencia, idêntica solução se impõe, em regra.

Com efeito, seria impossível a imediata produção de novas leis a fim de substituir todas as que integravam o ordenamento infraconstitucional anterior. O lapso de tempo necessário para tanto instauraria grave estado de insegurança jurídica, ameaçando a estabilidade das relações sociais e, assim, a própria existência da sociedade. Consequentemente, ocorre o fenômeno denominado *recepção*, que consiste, justamente, no acolhimento por uma nova ordem constitucional de leis com ela compatíveis, embora editadas sob a égide da Carta anterior.

Sabe-se, porém, que a recepção não é solução "fria e passiva" – na expressão de José Afonso da Silva.⁴⁶ Não se trata, simplesmente, de manter, inalteradas, normas produzidas com base em ordem constitucional anterior – o que, decerto, afrontaria a supremacia da Constituição, na qual reside o fundamento de validade de todas as demais normas que compõem um ordenamento.

Como observa Kelsen, recepção é produção de Direito. Ao discorrer sobre a superveniência de um novo texto fundamental como resultado de processos revolucionários, o autor esclarece o seguinte:⁴⁷

---

45. Poucas regras constam de outros diplomas normativos, como é o caso do Decreto-lei 3.866, de 29.11.1941, e da Lei 6.292, de 15.11.1975, que regulam, respectivamente, o cancelamento e a homologação do tombamento. O Código Penal (Decreto-lei 2.848, de 7.2.1940) tipificou em seu art. 165 a conduta de "destruir, inutilizar ou deteriorar coisa tombada". Tal dispositivo foi revogado pela Lei 9.605/1998, que trata dos crimes contra o patrimônio cultural em seus arts. 62 a 65.

46. José Afonso da Silva, *Aplicabilidade das Normas Constitucionais*, 7ª ed., 3ª tir., São Paulo, Malheiros Editores, 2009, p. 219.

47. Hans Kelsen, *Teoria Pura do Direito*, 3ª ed., trad. de João Baptista Machado, revisão para a edição brasileira de Silvana Vieira, São Paulo, Martins Fontes, 1991, p. 224.

Em regra, por ocasião de uma revolução destas, somente são anuladas a antiga Constituição e certas leis politicamente essenciais. Uma grande parte das leis promulgadas sob a antiga Constituição permanece, como se costuma dizer, em vigor. No entanto, esta expressão não é acertada. Se estas leis devem ser consideradas como estando em vigor sob a nova Constituição, isto somente é possível porque foram postas em vigor sob a nova Constituição, expressa ou implicitamente, pelo governo revolucionário. O que existe não é uma criação de Direito inteiramente nova, mas recepção de normas de uma ordem jurídica por uma outra; (...).

Assim, não é a mesma norma que permanece válida no sistema, mas outra norma, embora extraída do texto legal anterior, o qual, sem sofrer alterações em sua redação, é admitido e, portanto, recriado pela Constituição, à medida que ela lhe confere novo fundamento. É nesse sentido que Kelsen sustenta que "o conteúdo destas normas permanece na verdade o mesmo, mas o seu fundamento de validade, e não apenas este mas também o fundamento de validade de toda a ordem jurídica, mudou".[48]

Na mesma linha, invocando as lições de Kelsen, nota José Afonso da Silva que: "(...). São as normas anteriores como que recriadas pela Constituição que sucede. (...)".[49]

Considerando que a legislação superada por uma Constituição não se mantém propriamente incólume, mas ingressa no novo ordenamento recriada sob diverso fundamento de validade, Jorge Miranda afirma que, em tais circunstâncias, o que ocorre é a "novação do Direito ordinário interno anterior". Observa o jurista:[50]

> (...) a mudança de Constituição acarreta mudança de fundamento de validade: as normas, ainda que formalmente intocadas, são novadas, no seu título ou na sua força jurídica, pela Constituição; e sistematicamente deixam de ser as mesmas.

48. Idem, ibidem.
49. José Afonso da Silva, *Aplicabilidade das Normas Constitucionais*, cit., 7ª ed., 3ª tir., p. 219. Para o autor, o fundamento da recepção reside no que denomina *"eficácia construtiva"* da norma constitucional.
50. Jorge Miranda, *Manual de Direito Constitucional*, 4ª ed., t. II, Coimbra, Coimbra Editora, 2000, p. 280.

Neste ponto, vale destacar a notável síntese de Jorge Miranda[51] acerca dos efeitos produzidos por uma nova Constituição sobre a legislação infraconstitucional anterior:

(a) Os princípios gerais de todos os ramos de Direito passam a ser os que constem da Constituição ou os que dela se infiram, directa ou indirectamente, enquanto revelações dos valores fundamentais da ordem jurídica acolhidos pela Constituição.

(b) As normas legais e regulamentares vigentes à data da entrada em vigor da nova Constituição têm de ser reinterpretadas em face desta e apenas subsistem se conformes com as suas normas e os seus princípios.

(c) As normas anteriores contrárias à Constituição não podem subsistir – seja qual for o modo de interpretar o fenómeno da contradição e ainda que seja necessário distinguir consoante a contradição se dê com normas preceptivas ou com normas programáticas (...).

Portanto, ainda que não se altere o texto legal antigo, sua interpretação deve ser feita à luz do novo fundamento de validade.

Com isto, parece-nos que, a partir do mesmo texto legal, não só se poderá extrair norma de teor idêntico ao da norma vigente sob o ordenamento anterior, como também não se afasta a possibilidade da obtenção de norma de conteúdo substancialmente diverso, como resultado de interpretação que se harmonize com os valores positivados na nova Constituição.

Ou seja: ao estabelecer novo fundamento de validade para o ordenamento jurídico, o advento de uma Constituição poderá recriar norma antiga sem nenhuma alteração de texto ou de conteúdo, como propõe Kelsen.[52] Mas, além disso, em certos casos também poderá determinar interpretação diversa de texto legal antigo, intocado em sua redação.

Exemplo típico da segunda hipótese ocorreu com a contribuição ao Programa de Formação do Patrimônio do Servidor Público/PASEP, instituído pela Lei Complementar 8, de 3.12.1970. Criada sob a vigência da Emenda Constitucional 1/1969, tal contribuição, a cargo da

---

51. Idem, p. 279.
52. Hans Kelsen, *Teoria Pura do Direito*, cit., 3ª ed., p. 224.

União, dos Estados, dos Municípios e do Distrito Federal, apresentava caráter facultativo, sendo destinada exclusivamente à formação do patrimônio de servidores públicos. Com a promulgação da Constituição Federal de 1988, especialmente por força de seu art. 239, a contribuição ao PASEP foi transformada em espécie compulsória, isto é, em tributo, e passou a ser destinada ao financiamento do seguro-desemprego e do abono anual regulado no § 3º do citado dispositivo.[53]

Assim, diante dos valores acolhidos pela Constituição Federal de 1988, os arts. 1º e 2º da Lei Complementar 8/1970 foram recepcionados sem alteração textual mas passaram a exprimir normas de conteúdo diverso do vigente até então: definem, agora, um tributo, e não mais uma contribuição voluntária. O mesmo não aconteceu com o art. 8º da lei complementar sob exame, que, ao subordinar a contribuição, no âmbito dos Estados e dos Municípios, à edição de lei estadual ou municipal, derivava claramente de seu caráter facultativo originário. Logo, porque incompatível com a nova ordem constitucional, o mencionado dispositivo não foi por ela recepcionado.

A vigência atual do Decreto-lei 25/1937 resulta do fenômeno da recepção.

Nota-se que tanto os textos constitucionais de 1946 e de 1967 quanto a Carta vigente, de 1988, não só estabeleceram a obrigação estatal de proteção do patrimônio cultural, como também recusaram o perfil tradicional do direito de propriedade.

De um lado, retomando a linha do texto constitucional de 1934, a Constituição de 1946 condicionou expressamente o uso da propriedade ao bem-estar social (art. 147). E novidade significativa foi introduzida pela Carta de 1967, que incluiu a função social da propriedade, expressamente, dentre os princípios da ordem econômica e social, em sua redação original (art. 157, III) e na resultante da Emenda Consti-

---

53. O tema foi debatido por ocasião do julgamento da ACO 471-3-PR, em que o STF, em sua composição plena e à unanimidade, reconheceu a alteração da natureza jurídica da contribuição ao PASEP, de contribuição voluntária para tributo, por força da Constituição Federal de 1988. A propósito da recepção da Lei Complementar 8/1970 destaca-se o seguinte trecho do voto proferido pela Min. Ellen Gracie Northfleet no julgamento em referência: "(...) a Constituição Federal absorveu uma fórmula já existente anteriormente para dar-lhe novo substrato e nova destinação; portanto, recepcionando a contribuição antes existente e que agora, inegavelmente, tem natureza tributária".

tucional 1/1969 (art. 160, III). Com isto, um novo elemento se agregou na configuração do direito de propriedade: à proibição de seu exercício contra o interesse social somou-se o dever de exercê-lo em proveito do referido interesse.[54]

No que tange à tutela do patrimônio cultural, a Constituição de 1946 foi a primeira a declarar de modo explícito que "o amparo à cultura é dever do Estado" (art. 174) – fórmula repetida em 1967 (art. 172 da redação original e art. 180 da EC 1/1969). Outrossim, ambas as Cartas reafirmaram a competência, desta feita, do "Poder Público" para a adoção das medidas destinadas à preservação dos bens nelas enumerados.

No que se refere aos bens considerados dignos de proteção, houve inovação apenas na Constituição de 1967, que incluiu as jazidas arqueológicas ao lado dos já tradicionais bens móveis e imóveis de valor histórico e artístico, além dos monumentos e paisagens naturais de valor estético.

Isto significa, em suma, que, de modo global, o Decreto-lei 25/1937 se afigurou perfeitamente compatível com as Cartas de 1946 e de 1967, as quais, ao tempo em que consagravam a proteção da cultura como atividade de interesse público, admitiam a intervenção do Estado na propriedade privada, tendo em vista a consecução de tal interesse.

Com a promulgação da Constituição de 1988, hoje vigente, o tema da proteção da cultura recebeu tratamento pormenorizado, acompanhado de profundas inovações.

Desse modo, a compreensão do regime jurídico do tombamento, tal como se encontra em vigor no Direito Brasileiro, requer atento exame do sistema traçado na Constituição da República Federativa do Brasil de 1988, atual matriz de validade do Decreto-lei 25/1937.

---

54. O princípio da função social da propriedade será objeto de considerações específicas no Capítulo 7.

3
FUNDAMENTOS DA TUTELA DA CULTURA NA CONSTITUIÇÃO DA REPÚBLICA FEDERATIVA DO BRASIL DE 1988

3.1 Cultura. 3.2 Direitos culturais. 3.3 Patrimônio cultural brasileiro.

A Constituição Federal de 1988 inovou significativamente no tratamento da cultura.

Enquanto as Cartas de 1824 e 1891 silenciaram sobre o assunto, os textos constitucionais de 1934, 1937 e 1946 limitaram-se, em essência, a conferir ao Estado a tarefa de proteger determinados tipos de bens materiais – ou seja, apenas aqueles que apresentassem valor histórico, artístico ou paisagístico.

O maior avanço observado antes de 1988 foi a introdução, na Constituição de 1967, da norma programática que definiu o "amparo à cultura" como dever do Estado, além da extensão da tutela a bens de valor arqueológico (art. 172 da Carta de 1967, cujo texto foi integralmente reproduzido no art. 180 da EC 1/1969).

Ora, sob uma perspectiva global, percebe-se que a Constituição de 1988 tomou como ponto de partida a fixação expressa de critérios que indicam a adoção de um amplo conceito jurídico de *cultura*. Sobre essa base, além de consagrar os direitos culturais, aprofundou a normatização da ação do Estado, não só definindo seu conteúdo e parâmetros para seu exercício, mas elastecendo o conjunto dos bens merecedores de proteção e, paralelamente, o elenco dos instrumentos destinados a realizá-la. Chegou ao ponto, inclusive, de salvaguardar, de modo direto, determinados grupos de bens, como é o caso dos "documentos e sítios detentores de reminiscências históricas dos antigos quilombos" (art. 216, § 5º).

Assim, a Carta em vigor corresponde ao segundo grande marco na regulação do tema no Direito Brasileiro. Antes de seu advento a disciplina da tutela jurídica de bens portadores de valor cultural decorria, em essência, do Decreto-lei 25/1937, o qual, não obstante frequentemente referido apenas como "Lei do Tombamento", foi editado exatamente para organizar a "proteção do patrimônio histórico e artístico nacional", como declara sua ementa. Hoje, a estruturação jurídica de promoção e proteção da cultura está delineada na própria Constituição Federal, diante do pormenorizado tratamento que o assunto nela recebeu.

Se, de um lado, a Constituição de 1988 preservou expressamente o tombamento como instrumento de tutela de bens culturais (art. 216, § 1º), de outro lado, redefiniu, a partir de novos valores, a própria proteção do patrimônio cultural brasileiro. Desse modo, a compreensão do regime do tombamento, tal como se encontra hoje vigente no Brasil, não pode ser alcançada sem o exame dos valores fundamentais que, positivados nas normas constitucionais, sustentam o ordenamento jurídico da cultura.

O sistema instituído na Carta de 1988 ergueu-se a partir de conceitos substancialmente diferentes dos que até então vinham fundamentando a legislação brasileira. De início, à luz de uma ampla concepção de cultura, foram textualmente consagrados os direitos culturais. Consequentemente, a qualidade dos valores tutelados também sofreu reavaliação, com o abandono, por exemplo, do critério da excepcionalidade,[1] que privilegiava a salvaguarda de bens de "excepcional valor" ou de beleza "notável".[2] A própria noção de "patrimônio histórico e artístico nacional" cedeu lugar ao que se passou a denominar de "patrimônio cultural brasileiro".

---

1. José Eduardo Ramos Rodrigues, "A evolução da proteção do patrimônio cultural: crimes contra o ordenamento urbano e o patrimônio cultural", *Revista de Direito Ambiental* 11/26-27, São Paulo, julho-setembro/1998.
2. As expressões "excepcional valor" e "feição notável" foram empregadas, por exemplo, no art. 1º do Decreto-lei 25/1937 para identificar os bens destinatários da proteção jurídica. Nota-se claramente, assim, que o critério da excepcionalidade permeava a legislação editada no Brasil antes do advento da Constituição Federal de 1988.

Assim, a primeira questão de capital relevância para a definição do regime jurídico do tombamento é o exame das noções de *cultura*, *direitos culturais* e *patrimônio cultural brasileiro*, sobre as quais se constrói a ordem constitucional da cultura vigente na forma da Constituição Federal de 1988.

3.1 Cultura

Com Pontier, Ricci e Bourdon,[3] é inevitável notar que o problema da definição da cultura reside antes no excesso que na ausência de significados. De fato, o termo reveste-se de diferentes acepções, que se vêm acumulando no curso do tempo, tanto do ponto de vista técnico como no uso corrente. Situando-se o presente trabalho no plano da Ciência Dogmática do Direito, não cabe, obviamente, em seus limites a investigação de todos os passos que compõem a linha evolutiva dos sentidos atribuídos à cultura. Todavia, é preciso identificar, nesse percurso, ideias determinantes para a compreensão da noção adotada no âmbito no direito positivo brasileiro em vigor.

Segundo Houaiss,[4] o termo "cultura" advém do Latim (*cultura, ae*), indicando "ação de cuidar, tratar, venerar (no sentido físico e moral)". Inicialmente designava o cultivo da terra – de onde derivou, por exemplo, a palavra "agricultura". Por volta da metade do século XVI fixou-se também o sentido figurado do termo, indicativo da ação de desenvolver capacidades mentais, isto é, da ação de cuidar no plano moral ou espiritual.[5]

Tais significados predominaram por longo tempo, sendo relevante destacar que a palavra "cultura" ainda era usada no século XIX especialmente para indicar o trabalho da terra.[6]

Não obstante, uma significativa expansão dessa ideia ocorreu no final do século XVIII, época em que se agregou ao sentido original de

---

3. Jean-Marie Pontier, Jean-Claude Ricci e Jacques Bourdon, *Droit de la Culture*, 2ª ed., Paris, Dalloz, 1996, p. 6.
4. Antônio Houaiss e Mauro de Salles Villar, *Dicionário Houaiss da Língua Portuguesa*, Rio de Janeiro, Objetiva, 2001, p. 888.
5. Denys Cuche, *A Noção de Cultura nas Ciências Sociais*, 2ª ed., trad. de Viviane Ribeiro, Bauru, EDUSC, 2002, p. 19.
6. Jean-Marie Pontier, Jean-Claude Ricci e Jacques Bourdon, *Droit de la Culture*, cit., 2ª ed., p. 6.

"processo" (cultura como série de ações de cuidar) a acepção de "produto" ou "resultado". Ou seja: por extensão, "cultura" passou a significar a própria plantação ou terreno cultivado (produto da ação de cuidar do solo)[7] e o conjunto dos conhecimentos amealhados pelo indivíduo, em suas variadas formas de expressão (produto do cultivo do espírito). O adjetivo "inculto" designava tanto o solo não cultivado como os indivíduos sem trato intelectual ou moral – chamados, por isso, indivíduos "sem cultura".

A partir das últimas décadas do século XIX a noção se tornou objeto de investigação no âmbito de novas disciplinas, como a Antropologia e a Sociologia. Diante da questão central da identidade da espécie humana em face da grande diversidade de povos e costumes, a cultura tornou-se conceito fundamental do seio das mencionadas ciências, eis que é por elas concebida como a principal característica do ser humano.[8]

Nesse quadro, foi elaborado o primeiro conceito científico de "cultura", em 1871, pelo antropólogo inglês Edward Tylor. Para o autor, *cultura* é o "complexo que inclui conhecimentos, crenças, arte, moral, leis, costumes ou qualquer outra capacidade ou hábitos adquiridos pelo homem como membro de uma sociedade".[9] Nessa ampla acepção, a cultura é considerada como o sistema de acumulação de conhecimentos, construído a partir das experiências das gerações anteriores e transmitido independentemente de herança genética.

Várias correntes de pensamento se sucederam desde então, projetando-se na formulação de diferentes conceitos. Porém, de todas essas vertentes se retém que a cultura passou a compreender, em traços largos, o conjunto de conhecimentos típico de um grupo social, assumindo, em síntese, o sentido geral de "*forma* que caracteriza o modo de vida de uma comunidade em seu aspecto global".[10]

Para efeito de identificação das notas características adotadas pela legislação brasileira, destacam-se, portanto, duas importantes

---

7. Esse, aliás, é também o sentido do termo no art. 243 da CF de 1988.
8. Roque de Barros Laraia, *Cultura: um Conceito Antropológico*, 19ª ed., Rio de Janeiro, Jorge Zahar Editor, 2006, p. 66.
9. Edward Tylor, *apud* Roque de Barros Laraia, *Cultura: um Conceito Antropológico*, cit., 19ª ed., p. 25.
10. Teixeira Coelho, *Dicionário Crítico de Política Cultural: Cultura e Imaginário*, 3ª ed., São Paulo, Iluminuras, 2004, p. 103.

fases na construção das diferentes significações da noção de cultura: primeiramente, à inicial compreensão do tema como ação de cuidar, seguiu-se a extensão de seu significado aos resultados dessa ação, seja no espírito do homem ("estado mental desenvolvido"[11] ou "estado de espírito cultivado pela instrução"[12]), seja em suas várias expressões exteriores, como é o caso das manifestações artísticas, por exemplo; o segundo momento relevante encerra as investigações e as elaborações teóricas desenvolvidas pela Sociologia e, sobretudo, pela Antropologia, delas resultando a concepção de cultura como modo de vida global característico de um grupo social.

A noção resultante da primeira fase é claramente tributária do ideário iluminista,[13] ligando-se a um padrão formal de conhecimentos, fruto dos ramos oficiais do saber. No referido contexto, consideram-se dignos de proteção apenas os bens materiais que apresentem valor excepcional, dos pontos de vista artístico ou histórico. A influência de tais critérios é nítida no sistema de proteção inicialmente adotado na França, como observado no capítulo anterior, e também nas primeiras Constituições brasileiras que se ocuparam da proteção de bens culturais, não obstante datem, todas elas, do século XX.

Assim, conquanto ainda hoje esteja presente no senso comum, percebe-se que tal concepção é anacrônica, além de parcial. Dela se distanciam as abordagens contemporâneas, postuladas pela Sociologia e pela Antropologia, que abriram as perspectivas do conceito de cultura aos valores sociais construídos ao longo das gerações, sem os restringir ao saber acadêmico. Por esse ângulo de visão, a tutela jurídica não está adstrita apenas a produtos marcados pela excepcionalidade, tais como obras e monumentos de incomum valor histórico, artístico ou paisagístico, mas pode alcançar processos e resultados que caracterizem o modo de vida de determinado grupo social, quer se manifestem em suportes materiais, quer assumam tão somente uma existência imaterial.

A noção global de cultura é que presidiu a elaboração do texto da Constituição Federal de 1988. De fato, o matiz antropológico transpa-

---

11. Raymond Williams, *Cultura*, 2ª ed., trad. de Lólio Lourenço de Oliveira, Rio de Janeiro, Paz e Terra, 1992, p. 11.
12. Denys Cuche, *A Noção de Cultura nas Ciências Sociais*, cit., 2ª ed., p. 20.
13. Idem, p. 21.

rece claramente nos dispositivos constitucionais que versam sobre o tema, manifestando-se, inclusive, numa significativa alteração de terminologia, como mais adiante se examinará.

O Título VIII da Constituição Federal de 1988, no qual se aloja o núcleo dos dispositivos que versam diretamente sobre a cultura, é fruto dos trabalhos desenvolvidos pela Comissão da Família, da Educação, Cultura e Esportes, da Ciência e Tecnologia e da Comunicação, da Assembleia Nacional Constituinte. Ao relatar o substitutivo ao anteprojeto elaborado pela Subcomissão específica, o senador Arthur da Távola[14] explicitou o objetivo de assegurar, na tutela da cultura, a igualdade da participação de todos os grupos que integram a sociedade brasileira, apoiado na firme convicção de que todos eles devem ser, de forma equânime, respeitados e valorizados. No trecho a seguir transcrito deixou clara a rejeição da noção fragmentária de cultura:

> Até recentemente, tinha-se como manifestações de cultura, exclusivamente, a expressão de alguns universos específicos, em geral os universos oriundos das chamadas classes dominantes. Eles seriam os gestores da chamada "cultura", no sentido de algo cultivado, que separava os cultos dos incultos, os que tiveram o saber dos que não tiveram o saber.

Algumas linhas adiante o Constituinte[15] reforça essa ideia, ao explicar o emprego da forma plural "culturas", que viria a ser incluída no texto final do § 1º do art. 215 da CF de 1988:

> Isso é uma velha reivindicação dos sociólogos. O professor Florestan Fernandes fez eminentes e brilhantes intervenções a este respeito na Subcomissão. (...). E aqui está abrigado o conceito de culturas brasileiras, ao invés de cultura brasileira, ou seja, é a ideia, repito, de que este País é um conjunto de culturas, e todas são merecedoras do acatamento e do respeito, sem nenhuma forma de distinção. Se fosse a cultura brasileira, ela, evidentemente, subentenderia uma só cultura, e, no caso, a cultura dominante.

14. Assembleia Nacional Constituinte, 1987, Brasília/Comissão da Família, da Educação, Cultura e Esportes, da Ciência e Tecnologia e da Comunicação, *Ata da 10ª Reunião Ordinária*, Brasília/DF, *DOU*, 1987, Suplemento 100, p. 201, 21.7.1987.
15. Idem, ibidem.

Portanto, em lugar da estreita noção que inspirava a legislação anterior, refletida na limitação da tutela a objetos filiados a padrões de conhecimento formais, a Assembleia Nacional Constituinte adotou uma ampla concepção de cultura, perceptível na determinação, contida na Carta de 1988, de tutela dos traços característicos do modo de vida da sociedade brasileira, nas variadas facetas dos grupos participantes de sua formação.

3.2 Direitos culturais

Com a nova concepção de cultura, a Constituição Federal de 1988, de modo absolutamente inédito, consagra os chamados *direitos culturais*, em seu art. 215.

Não só no Brasil, mas também no mundo, o reconhecimento do direito à cultura é bastante recente, remontando ao segundo pós-guerra. No plano internacional os direitos culturais foram solenemente enunciados pela primeira vez na Declaração Universal dos Direitos Humanos,[16] aprovada pela Assembleia-Geral das Nações Unidas no dia 10.12.1948, figurando, ao lado dos direitos econômicos e sociais, como direitos indispensáveis à dignidade e ao livre desenvolvimento da personalidade do ser humano.

Diante do caráter enunciativo[17] da Declaração Universal dos Direitos Humanos e com o propósito de alcançar a efetiva implementação dos direitos então proclamados, a Assembleia-Geral das Nações Unidas, depois de discussões que se prolongaram por quase 20 anos, adotou o Pacto Internacional de Direitos Civis e Políticos e o Pacto Internacional de Direitos Econômicos, Sociais e Culturais, ambos em 1966. Enquanto o primeiro regula os chamados direitos de liberdade ou de primeira geração, o segundo se ocupa dos direitos de igualdade ou de segunda geração.

16. Organização das Nações Unidas/ONU, *Declaração Universal dos Direitos Humanos*, 1948 (disponível em *http://www.onu-brasil.org.br/documentos_ direitoshumanos.php*, acesso em 21.11.2009).

17. J. A. Lindgren Alves, *Os Direitos Humanos como Tema Global*, São Paulo, Perspectiva, 1994, p. 48. Segundo Norberto Bobbio, "a Declaração é algo mais que um sistema doutrinário, porém algo menos que um sistema de normas jurídicas" (*A Era dos Direitos*, Rio de Janeiro, Campus, 1992, p. 31).

A teoria constitucional costuma classificar os direitos humanos em três categorias,[18] a partir de um critério histórico – isto é, tendo em vista o momento em que a Humanidade despertou para a necessidade de proteger determinados valores. Inicialmente, nos séculos XVIII e XIX, na sequência do Liberalismo e das Revoluções Inglesa e Francesa, cristalizou-se o reconhecimento do valor da liberdade. Assim, definiram-se os direitos humanos de primeira geração, incluindo direitos civis e políticos. Mais tarde, já em pleno século XX, a degradação social resultante da industrialização mostrou que as liberdades não podem ser efetivamente exercidas sem que se assegure a todos igualdade de condições materiais. Com isto, fixaram-se, como direitos humanos de segunda geração, os direitos sociais, econômicos e culturais. Recentemente, desde o final do século XX, afirma-se o nascimento de direitos de terceira geração, "enquanto direitos que não se destinam especificamente à proteção dos interesses de um indivíduo, de um grupo ou de um determinado Estado",[19] mas do próprio gênero humano. É o caso dos direitos ao desenvolvimento, à paz, ao meio ambiente e ao patrimônio comum da Humanidade, impulsionados – segundo J. A. Lindgren Alves – "pelo direito à autodeterminação estabelecido nos dois Pactos Internacionais de Direitos Humanos".[20]

Nesse quadro, sob o prisma histórico, os direitos culturais surgiram no panorama mundial como direitos humanos de segunda geração,[21] nascidos da constatação de que o efetivo exercício das liberdades e da cidadania depende da oferta igualitária de condições materiais que permitam ao ser humano viver e se desenvolver com dignidade. Com efeito, como bem sintetizado pela Conferência Mundial sobre as Po-

18. A classificação em três categorias corresponde ao entendimento majoritário. Há, todavia, formulações diferentes. Bobbio, por exemplo, adotando critério diverso, postula a existência de apenas duas classes, segundo seus objetivos sejam coarctar a intervenção nociva dos poderes constituídos (primeira geração) ou obter seus benefícios (segunda geração) (*A Era dos Direitos*, cit., p. 6). Já, Paulo Bonavides sustenta que se delineiam uma quarta e uma quinta geração de direitos humanos, decorrente da globalização, compreendendo os direitos à paz, à democracia, à informação e ao pluralismo (*Curso de Direito Constitucional*, 27ª ed., São Paulo, Malheiros Editores, 2012, pp. 589-591).
19. Paulo Bonavides, *Curso de Direito Constitucional*, cit., 27ª ed., pp. 587-588.
20. J. A. Lindgren Alves, *Os Direitos Humanos como Tema Global*, cit., p. 113.
21. No mesmo sentido: Paulo Bonavides, *Curso de Direito Constitucional*, cit., 27ª ed., p. 582.

líticas Culturais, realizada em 1985 no México, "a cultura constitui uma dimensão fundamental do processo de desenvolvimento", o qual "supõe a capacidade de cada indivíduo e de cada povo de informar-se e aprender a comunicar suas experiências".[22]

O Brasil firmou o Pacto Internacional de Direitos Econômicos, Sociais e Culturais em 1985, mas o ratificou[23] apenas em 1992, já sob a égide da Constituição Federal de 1988. Portanto, o reconhecimento dos direitos culturais no Brasil é obra da Carta de 1988.

No ordenamento jurídico brasileiro o direito à cultura é um direito fundamental,[24] eis que nomeado e garantido pela Constituição. De um lado, conforme a regra contida no § 2º do art. 5º da Carta de 1988, incluem-se no rol dos direitos fundamentais, além daqueles expressamente apontados no próprio art. 5º, os que decorrem "do regime e dos princípios" constitucionais ou dos tratados internacionais em que o Brasil figure como parte. Ora, o direito à cultura não só está consagrado nos arts. 215 e 227 da CF, como também no Pacto Internacional de Direitos Econômicos, Sociais e Culturais, que integra o direito positivo brasileiro desde 1992. De outro lado, os direitos culturais estão tutelados por garantias constitucionais, dentre as quais avulta a vedação de deliberações tendentes a suprimi-los por meio de emenda constitucional, constante do art. 60, § 4º, IV, da Carta Federal.[25]

---

22. Conselho Internacional de Monumentos e Sítios/ICOMOS, *Declaração do México*, México, 1985 (disponível em *http://portal.iphan.gov.br/portal/baixaFcdAnexo.do?id=255*, acesso em 21.11.2009).

23. O Pacto Internacional de Direitos Econômicos, Sociais e Culturais foi ratificado na forma do Decreto 591, de 6.7.1992. Neste ponto, convém esclarecer que os tratados internacionais ingressam no ordenamento jurídico brasileiro depois de firmados pelo Presidente da República, referendados pelo Congresso Nacional e, enfim, promulgados mediante decreto presidencial, na forma dos arts. 84, VIII, e 49, I. da CF. No que diz respeito a seu *status* na ordem jurídica brasileira, com o advento da Emenda Constitucional 45/2004 os tratados e convenções sobre direitos humanos são considerados "equivalentes às emendas constitucionais" desde que "aprovados, em cada Casa do Congresso Nacional, em 9 (dois) turnos, por três quintos dos votos dos respectivos membros" (art. 5º, § 3º, da Carta de 1988). Não obstante as discussões ainda travadas em sede doutrinária e jurisprudencial acerca da relação de hierarquia normativa entre atos da mencionada espécie e a Constituição, o STF, no julgamento dos RE 466.343-SP e 349.703-RS, em sua composição plena, consolidou o entendimento de que os tratados sobre direitos humanos apresentam estatura supralegal.

24. José Afonso da Silva, *Ordenação Constitucional da Cultura*, São Paulo, Malheiros Editores, 2001, p. 48.

25. Paulo Bonavides, *Curso de Direito Constitucional*, cit., 27ª ed., pp. 673-685.

Desse modo, não há dúvidas quanto ao reconhecimento do direito à cultura na ordem jurídica brasileira. No entanto, se é incontestável sua consagração como direito fundamental, seu conteúdo não se dá a conhecer sem uma análise mais detalhada.

De fato, a Carta de 1988 limita-se a determinar, no art. 215, que "o Estado garantirá a todos o pleno exercício dos direitos culturais"; e, no art. 227, a atribuir ao Estado, à família e à sociedade o dever de "assegurar à criança e ao adolescente, com absoluta prioridade", dentre outros, "o direito (...) à cultura, (...)". Ou seja: a Constituição Federal afirma os direitos culturais, mas não especifica diretamente seu conteúdo.

Muito auxilia o alcance do teor dos direitos culturais o exame do Pacto Internacional de Direitos Econômicos, Sociais e Culturais, o qual, com base nas diretrizes proclamadas na Declaração Universal dos Direitos Humanos, não só reconhece mas também delimita substancialmente o direito à cultura. É pertinente lembrar que, conquanto ratificado somente em 1992, esse Pacto já havia sido firmado pelo Brasil em 1985 – antes, portanto, da instalação da Assembleia Nacional Constituinte, ocorrida no dia 1.2.1987.[26] Assim, não se pode deixar de considerar que o Pacto influenciou a elaboração da Constituição que veio a ser promulgada em outubro/1988.

O art. XXVII da Declaração Universal dos Direitos Humanos enuncia o seguinte:

1. Todo ser humano tem o direito de participar livremente da vida cultural da comunidade, de fruir das artes e de participar do progresso científico e de seus benefícios.

2. Todo ser humano tem direito à proteção dos interesses morais e materiais decorrentes de qualquer produção científica, literária ou artística da qual seja autor.

E o Pacto Internacional de Direitos Econômicos, Sociais e Culturais, no item 1 de seu art. 15, estabelece:

1. Os Estados-Partes do presente Pacto reconhecem a cada indivíduo o direito de: a) participar da vida cultural; b) desfrutar o processo cien-

---

26. Paulo Bonavides e Paes de Andrade, *História Constitucional do Brasil*, 4ª ed., Brasília, OAB Editora, 2002, p. 458.

tífico e suas aplicações; c) beneficiar-se da proteção dos interesses morais e materiais decorrentes de toda a produção científica, literária ou artística de que seja autor.

Em síntese, pois, o direito à cultura afirmado nos mencionados diplomas compreende o direito de participação na vida cultural da comunidade, o direito de fruição das artes e do progresso científico, além dos direitos de autor. É certo que esse conteúdo integra o direito positivo brasileiro ao menos desde a ratificação do Pacto, em 1992. Não obstante, também é inevitável concluir que o mesmo foi adotado já na própria Carta de 1988, como se pode notar sobretudo à contraluz das normas constitucionais que estipulam as obrigações do Estado quanto ao tema. Com efeito, ainda que a Constituição não tenha explicitado de modo direto o conteúdo dos direitos culturais, no bem-articulado sistema de tutela instituído, assomam a imposição de deveres ao Estado e a definição de critérios para o respectivo cumprimento. Ora, como tais deveres mais não são que instrumentos destinados a garantir a concretização dos direitos culturais, seu exame permite vislumbrar o teor destes últimos.

É bem verdade que, para demarcar a essência das ações do Estado, o texto constitucional emprega uma sortida lista de termos cujos campos semânticos apresentam múltiplas interseções (verbos "apoiar", "incentivar", "proteger" e "promover"; substantivos "defesa", "valorização", "produção", "promoção" e "difusão"). Porém, a interpretação sistemática da Constituição Federal autoriza concluir que a ação estatal no âmbito sob exame pode ser, enfim, reconduzida a dois eixos: a promoção e a proteção da cultura. Nisto, a opção constitucional guarda sintonia com critérios utilizados em documentos, com ou sem caráter normativo, produzidos por organismos internacionais como, por exemplo, a Organização das Nações Unidas para a Educação, a Ciência e a Cultura/UNESCO e o Conselho Internacional de Monumentos e Sítios/ICOMOS, os quais pautam o sistema de tutela de bens culturais a partir desses dois raios de ação – ou seja, a promoção e a proteção.[27]

27. Diante da reforma da Constituição italiana (2001) e da aprovação do Código dos Bens Culturais e Ambientais (2004), Michele Ainis e Mario Fiorillo observam que a introdução do valor cultural no núcleo dos valores merecedores da proteção constitucional organizou as atividades estatais na Itália em torno de dois polos de

A promoção abrange desde o impulso à criação até a própria institucionalização de instrumentos voltados para a concretização da tutela, passando pela valorização, pelo incentivo, pelo apoio e pela divulgação da cultura, além da garantia de acesso a suas fontes. De seu turno, a proteção compreende, em acepção específica, a preservação (manutenção ou conservação do estado do bem ou manifestação cultural) e a defesa (salvaguarda contra riscos de destruição ou eliminação), a par do sentido impróprio que a identifica genericamente com a tutela estatal.

A título de ilustração, destaca-se que a Convenção sobre a Proteção e a Promoção da Diversidade das Expressões Culturais,[28] adotada pela Conferência Geral da UNESCO em 20.10.2005, inclui dentre as medidas de promoção a criação de condições que "encorajem os indivíduos e grupos sociais a criar, produzir, difundir e distribuir suas próprias expressões culturais", enquanto define "proteção" como adoção de medidas voltadas para a preservação e a salvaguarda da diversidade das expressões culturais, ensejando, com isso, sua valorização.

Ora, a imposição ao Estado das obrigações de promover e proteger a cultura é um meio destinado a assegurar a realização dos direitos culturais. Assim, o exame do texto constitucional que pormenoriza as mencionadas obrigações evidencia que os direitos de participação e de fruição estão afirmados já na própria Carta de 1988, compondo as duas dimensões do direito à cultura.

O direito de participação na vida cultural da comunidade abrange não só o direito de livre manifestação, como também o direito de criação cultural, com liberdade de expressão. Compreende, em suma, a realização de atividades culturais; ou, por outras palavras, o direito de praticar a cultura, mediante a criação ou a reprodução de manifestações culturais.

atração, correspondentes às funções de desenvolvimento da cultura (*funzione promozionale*) e de conservação dos bens portadores de valor cultural (*L'Ordinamento della Cultura: Manuale di Legislazione dei Beni Culturali*, 2ª ed., Milão, Giuffrè, 2008, pp. 161-162).
28. Organização das Nações Unidas para a Educação, a Ciência e a Cultura/ UNESCO, *Convention sur la Protection et la Promotion de la Diversité des Expressions Culturelles*, Paris, 2005 (disponível em *http://portal.unesco.org//fr/ev.php-URL_ ID=31038&URL_DO=DO_TOPIC&URL_SECTION=210.html*, acesso em 21.11. 2009). V., especialmente, os arts. 7º e 8º da citada Convenção, que foi ratificada pelo Brasil no dia 16.1.2007.

O direito de participação na vida cultural da comunidade, na Constituição de 1988, deflui primeiramente da regra que impõe ao Estado a obrigação de proteger "as manifestações das culturas populares, indígenas e afro-brasileiras, e das de outros grupos participantes do processo civilizatório nacional" (art. 215, § 1º), complementando-se com aquela que aponta dentre os alvos das ações do Poder Público a produção direta e o incentivo à produção por terceiros de bens culturais (art. 215, § 3º, II, e art. 216, § 3º). A liberdade de expressão, essencial ao exercício do direito em questão, está garantida nos incisos IV e IX do art. 5º e no art. 220 da Carta de 1988. Enfim, os direitos de autor – os quais, sob a perspectiva da tutela da criação cultural, se filiam ao direito de participação – também estão afirmados de modo expresso na Constituição Federal (art. 5º, XXVII, XXVIII e XXVIX).

Ao lado do direito de participação, o direito de fruição perfaz a essência dos direitos culturais. Consiste no direito de desfrutar da cultura, o que pressupõe o conhecimento de suas fontes e o acesso às mesmas. Segundo José Casalta Nabais, a fruição projeta-se tanto no plano intelectual quanto no plano material, pois se desdobra nos direitos "ao conhecimento, à informação e à utilização do conteúdo cultural de bens culturais",[29] além dos direitos de visita e de visibilidade – obviamente no que se refere a bens corpóreos. O elenco de direitos culturais proposto pela professora Rocío Silvia Cutipé Cárdenas[30] bem ilustra o conteúdo do direito de fruição:

---

29. José Casalta Nabais, *Introdução ao Direito do Património Cultural*, Coimbra, Livraria Almedina, 2004, p. 10.
30. Rocío Silvia Cutipé Cárdenas, *El Rol Social del Patrimonio: ¿nos Hemos Olvidado de la Gente?* (disponível em http://www.esicomos.org/Nueva_carpeta/ MADRIDACTAS_2002/seccion6.htm, acesso em 21.11.2009):
"– O direito de conhecer a própria história e as manifestações culturais de seu povo.
"– O direito de conservar suas manifestações culturais e a continuidade das tradições.
"– O direito de ser informado e de opinar na tomada de decisões que afetem os bens culturais.
"– O direito de beneficiar-se, prioritariamente, do desenvolvimento socioeconômico que a utilização do bem possa gerar.
"– O direito a que se considere prioritária a qualidade de vida da população local, a fim de que ela não seja prejudicada pela atenção ao turismo ou a terceiros (por exemplo, pesquisadores) ou a obras destinadas a tal fim. Nesse sentido, deve ade-

– El derecho a conocer su propia historia y la de su pueblo y manifestaciones culturales.

– El derecho a conservar sus manifestaciones culturales en contacto y continuidad de tradiciones.

– El derecho a ser informado y emitir opinión en la toma de decisiones que afecten a los bienes culturales.

– El derecho a beneficiarse del desarrollo socio-económico que la utilización del bien pueda generar de manera prioritaria.

– El derecho a que se considere prioritariamente la calidad de vida del poblador local, y que esta no se vea perjudicada por la atención al turismo o a terceros (p.e., científicos) u obras destinadas a tal fin. En tal sentido, debe adecuarse todo desarrollo, de tal modo que sea compatible con las costumbres y usos de la población y la beneficie.

Com esse conteúdo, o direito de fruição também encontra amparo na Carta Federal de 1988, como uma das dimensões dos direitos culturais.

Primeiramente, há que se realçar que seu objeto na Constituição brasileira não se restringe às artes e aos benefícios do progresso científico, segundo está previsto no Pacto Internacional de Direitos Econômicos, Sociais e Culturais, mas se estende a todo e qualquer tipo de manifestação cultural abrigada na lata concepção de cultura adotada.

Feito o registro, vê-se, com clareza, que o direito de fruição está amparado em vários dispositivos constitucionais. Os direitos de conhecer a cultura brasileira e de se aproximar de suas fontes se afirmam inicialmente a partir do dever estatal de garantir o "acesso às fontes da cultura nacional" e de apoiar e incentivar a "difusão das manifestações culturais" (art. 215, *caput*). Tais direitos manifestam-se igualmente a partir de regras mais específicas, como é o caso da que determina à Administração Pública gerir a documentação governamental e "franquear sua consulta a quantos dela necessitem" (art. 216, § 2º) e da que prevê a criação de incentivos legais voltados para "o conhecimento de bens e valores culturais" (art. 216, § 3º). Enfim, também se revela nas obrigações de promoção e proteção do patrimônio cultural brasileiro (art. 215, § 3º, I, e art. 216, § 1º), bem como na exigência

quar-se todo desenvolvimento, de modo que seja compatível com os usos e costumes da população, e a beneficie" (tradução livre).

da promoção e, assim, da divulgação da cultura brasileira, como critérios a serem atendidos na prestação dos serviços de radiodifusão sonora e de sons e imagens (art. 221).

Diante do núcleo dos direitos culturais que acaba de ser traçado, composto pelos direitos de participação e de fruição, cabe averbar apenas que tais espécies assumem, em geral, a feição de direitos difusos. Decerto, há situações em que o direito à cultura constitui típico direito individual, como ocorre com os direitos de autor (patrimoniais e morais). Todavia, na generalidade dos casos delineia-se como um direito transindividual, de natureza indivisível, titularizado por pessoas indeterminadas e indetermináveis, mas ligadas por circunstâncias de fato, enquadrando-se na definição de direitos difusos contida no art. 81, parágrafo único, I, da Lei 8.078, de 11.9.1990.

Portanto, já se percebe que, no âmbito da tutela constitucional da cultura, o tombamento se define como um dos instrumentos destinados a garantir o exercício do direito de fruição, que é uma das faces dos direitos culturais. Logo, seu regime jurídico exige o estudo das diretrizes constitucionais do cumprimento dos deveres estatais correlatos – ou seja, em especial, da proteção do patrimônio cultural brasileiro. Assim, ainda é necessário, antes que se conclua o presente capítulo, examinar a noção de *patrimônio cultural brasileiro*, a qual completa o quadro dos conceitos basilares do ordenamento constitucional da cultura.

3.3 Patrimônio cultural brasileiro

Diante da ampla concepção de cultura e da consagração dos direitos culturais, aflora o problema da precisa identificação do objeto da tutela jurídica no ordenamento brasileiro em vigor. Ou seja: propõe-se a questão de averiguar se a mesma alcança, ou não, todos os modos de atuação do homem em sociedade, bem como os resultados, materiais ou imateriais, dessa atuação, já que considerados manifestações culturais.

No sistema estabelecido na Constituição Federal de 1988 associam-se duas esferas distintas de tutela da cultura, as quais, em razão dos respectivos alvos, são ora consideradas uma geral e outra específica.

A tutela geral estende-se às chamadas "fontes de cultura nacional" – expressão que, como esclarece Lúcia Reisewitz, designa "a vasta rede de significações da cultura".[31] Nesse campo, a Carta de 1988 demarca, em essência, dois polos de atuação estatal: de um lado, confere ao Estado a tarefa de fomentar as manifestações culturais (art. 215, *caput*) e a produção de bens culturais (art. 215, § 3º, II); e, de outro, atribui-lhe a obrigação de garantir a todos o acesso pleno e democrático às fontes nacionais de cultura (art. 215, *caput* e § 3º, II e IV). Nessa medida, há que se reconhecer que a Constituição Federal ampara a cultura, na sua larga acepção de modo de vida característico de determinado grupo social, ordenando ao Estado que a promova.

Acontece que, além dessa tutela geral, a Constituição Federal também define um âmbito específico de incidência, que abrange um grupo determinado de bens, e não todo o universo das manifestações culturais ou das fontes de cultura nacional. Tais bens se reúnem sob a noção de *patrimônio cultural brasileiro* e se submetem a instrumentos mais incisivos de tutela jurídica, eis que devem ser objeto não só de promoção, mas também de proteção, inclusive mediante a aplicação de normas penais (art. 215, § 3º, I; art. 216, §§ 1º e 4º).

Logo, a importância da noção de *patrimônio cultural brasileiro* reside exatamente na estipulação de um regime específico de promoção e proteção, que será mais adiante examinado.[32]

Impõe-se, pois, delimitar a noção de *patrimônio cultural brasileiro*, definida no *caput* do art. 216 da CF de 1988, como um dos conceitos básicos do vigente ordenamento jurídico da cultura. Para tanto, convém transcrever o dispositivo mencionado:

> Art. 216. Constituem patrimônio cultural brasileiro os bens de natureza material e imaterial, tomados individualmente ou em conjunto, portadores de referência à identidade, à ação, à memória dos diferentes grupos formadores da sociedade brasileira, nos quais se incluem: I – as formas de expressão; II – os modos de criar, fazer e viver; III – as criações científicas, artísticas e tecnológicas; IV – as obras, objetos, documentos,

---

31. Lúcia Reisewitz, *Direito Ambiental e Patrimônio Cultural: Direito à Preservação da Memória, Ação e Identidade do Povo Brasileiro*, São Paulo, ed. Juarez de Oliveira, 2004, p. 86.
32. Idem, ibidem.

edificações e demais espaços destinados às manifestações artístico-culturais; V – os conjuntos urbanos e sítios de valor histórico, paisagístico, artístico, arqueológico, paleontológico, ecológico e científico.

Como explica Caio Mário da Silva Pereira, apoiado na clássica lição de Clóvis Beviláqua, no plano do direito civil o conceito de "patrimônio" compreende tradicionalmente o "complexo das relações jurídicas de uma pessoa, apreciáveis economicamente".[33] Ora, percebe-se que a tal conceito não se amolda perfeitamente a noção de *patrimônio cultural brasileiro*. De plano, considerando que a integração de determinado bem no patrimônio cultural brasileiro independe da respectiva titularidade, falta à noção em apreço a unidade de figura subjetiva que é essencial ao conceito de "patrimônio", o qual, na esteira do pensamento de Beviláqua, também é definido como "projeção econômica da personalidade".[34] Ademais, como se depreende das espécies arroladas no próprio art. 216 da CF, nem todos os bens que compõem a categoria jurídica em questão apresentam expressão pecuniária, a qual, entretanto, também é aspecto elementar do conceito de "patrimônio".

Assim, parece correto afirmar que o termo "patrimônio", no art. 216 da CF, é empregado de forma atécnica[35] – ou seja: não é utilizado na acepção de complexo das relações jurídicas de natureza econômica pertinentes a uma pessoa, mas, sim, para designar uma universalidade.[36] Nesse sentido, o patrimônio cultural brasileiro constitui um conjunto formado de "bens de natureza material e imaterial", incluindo, pois, objetos patrimoniais (de expressão pecuniária) e não patrimoniais (sem projeção de natureza econômica), materiais (corpóreos) e imateriais, independentemente da respectiva titularidade.

33. Caio Mário da Silva Pereira, *Instituições de Direito Civil: Introdução ao Direito Civil, Teoria Geral de Direito Civil*, 22ª ed., vol. I, Rio de Janeiro, Forense, 2007, p. 391.
34. Idem, p. 393.
35. Tommaso Alibrandi e Piergiorgio Ferri, *I Beni Culturali e Ambientali*, 4ª ed., Milão, Giuffrè, 2001, p. 55.
36. Tal acepção já foi adotada no direito positivo brasileiro, nos termos do art. 57 da Lei 3.071, de 1.1.1916, antigo Código Civil brasileiro: "O patrimônio e a herança constituem coisas universais, ou universalidades, e como tais subsistem, embora não constem de objetos materiais". Tal dispositivo, porém, não foi reproduzido no Código Civil em vigor (Lei 10.406, de 10.1.2002).

Não obstante a inaplicabilidade dos requisitos essenciais ao conceito jurídico de "patrimônio", a existência de um fator de aglutinação é intrínseca à ideia de universalidade. Isto significa que a noção de patrimônio cultural brasileiro não pode ser precisamente delineada sem que se desvende o critério que confere a identidade ao todo, isto é, a característica que, estando presente em certos bens, autoriza sua reunião no mencionado conjunto. Esse elemento, que está definido no *caput* do art. 216 da CF, passa a ser denominado "valor cultural".

Ora, quando se busca traçar os contornos do patrimônio cultural brasileiro, é inevitável notar, desde uma primeira análise, a inovação terminológica contida no texto constitucional, que abandonou a antiga fórmula "patrimônio histórico e artístico nacional".

Na linguagem adotada pela Assembleia Nacional Constituinte, o adjetivo "brasileiro" substitui o qualificativo "nacional". E a utilização do termo "cultural" em lugar da prolixa adjetivação contida nas referências a bens de valor histórico, artístico, paisagístico, dentre outros, acompanha não só a expressão "patrimônio cultural brasileiro", mas caracteriza também as manifestações sociais e os bens aos quais se dirige a proteção.

Os arts. 215 e 216 compõem a seção que versa especificamente sobre o tema na Carta de 1988, definindo a essência da ordem constitucional da cultura. Neles, o adjetivo "cultural" é empregado para qualificar os bens destinatários da proteção, em substituição às expressões tradicionalmente adotadas tanto nas Constituições anteriores quanto na legislação infraconstitucional. É certo que em alguns dispositivos ainda está presente a adjetivação antiga, na citação de manifestações de importância *histórica* (art. 5º, LXXIII; art. 23, III e IV; art. 24, VII e VIII; art. 30, IX; art. 216, V), *artística* (art. 23, III e IV; art. 24, VII e VIII; art. 216, III, IV e V), *paisagística* (art. 23, III; art. 24, VII e VIII; art. 216, V), *arqueológica* (art. 23, III; art. 216, V), *turística* (art. 24, VII e VIII), *estética* (art. 24, VIII), *científica* (art. 216, III e V), *tecnológica* (art. 216, III), *paleontológica* (art. 216, V) e *ecológica* (art. 216, V). Porém, mesmo em tais casos é frequente o uso concomitante do termo "cultural", o qual, figura, inclusive, em expressões como "patrimônio histórico e cultural" (art. 5º, LXXIII), "patrimônio histórico-cultural" (art. 30, IX) e "manifestações artístico-culturais" (art. 216, IV).

Assim, é da inédita nomenclatura que se extrai que o alvo da proteção jurídica passou a ser, nos moldes da Constituição de 1988, o valor cultural. O critério para a aferição da relevância do objeto e de sua pertinência à universalidade do patrimônio cultural brasileiro é sua especial significação do ponto de vista da cultura, a qual consiste na presença de uma "referência à identidade, à ação, à memória dos diferentes grupos formadores da sociedade brasileira", consoante está expresso na parte final do *caput* do art. 216 da Carta de 1988.

Bem examinado o quadro constitucional, percebe-se que não se trata de mera alteração de rótulos. A substituição da terminologia é uma evidência do abandono da concepção de cultura como processo ou produto do cultivo do espírito, limitado às esferas do saber formal. Logo, como um nítido reflexo da noção acolhida na Carta de 1988, a inovação acarreta importantes consequências.

Primeiramente, superam-se os debates, frequentes sob os ordenamentos anteriores, acerca do uso do adjetivo "nacional". É certo que bem se pode compreender sua utilização como um sinal da influência da nomenclatura adotada no modelo francês, em que o termo estava associado à ideia de Nação, sobre a qual se apoiaram os revolucionários na construção das novas estruturas estatais. Não obstante, alguns autores sustentavam que o conceito de "patrimônio histórico e artístico *nacional*" constante da legislação brasileira reuniria unicamente bens relevantes do ponto de vista de todo o território brasileiro, excluindo aqueles cuja importância se projetasse apenas nos limites de um Município ou de uma Região (estes constituiriam, respectivamente, o patrimônio municipal e o estadual).[37]

Ora, diante da expressão adotada na Carta em vigor, é indiscutível que o conceito de "patrimônio cultural *brasileiro*" não comporta restrições determinadas pelo âmbito físico da repercussão da importância dos bens. Ao contrário, abrange bens portadores de valor cultural independentemente da eventual predominância de aspectos nacionais, regionais, estaduais ou locais.

Por outro lado, da nova terminologia se extrai que os bens a serem protegidos são aqueles que apresentam importância diante da *cultura*, e não, isoladamente, diante da História, da Arte, da Estética,

---

37. Em defesa da concepção restritiva, v.: Sônia Rabello de Castro, *O Estado na Preservação de Bens Culturais: o Tombamento*, Rio de Janeiro, Renovar, 1991, p. 68.

da Tecnologia ou de qualquer outra particular província da atividade humana. A proteção de bem portador de valor histórico, artístico, paisagístico ou de outra natureza somente se justifica se, além disso, o bem em questão se recobrir de relevância cultural específica. Como bem observa Carlos Frederico Marés de Souza Filho, "o que a Constituição atual deseja proteger não é o monumento, a grandiosidade de aparência, mas o íntimo valor da representatividade, o profundo da identidade nacional, a essência da nacionalidade, a razão de ser da cidadania".[38]

Assim, o fato de apresentar valor histórico ou artístico não é suficiente para situar certo bem sob a tutela constitucional em exame, sendo fundamental averiguar, para tanto, se o mesmo se reveste da importância cultural especificada no *caput* do art. 216 da Carta de 1988. Figure-se a hipótese da edificação em cidade brasileira de um monumento em memória da Revolução Francesa. Ora, ainda que se reporte a um acontecimento de indiscutível relevância histórica, é certo que o monumento não apresenta referência à formação ou ao modo de vida da sociedade brasileira. Logo, a simples alusão a um fato histórico não seria suficiente para permitir sua integração ao patrimônio cultural brasileiro. Idêntica é a razão que também desautorizaria estender ao tango medida de proteção como a que foi aplicada ao frevo,[39] por exemplo.

Impõe-se frisar, então, que nem todo objeto cultural pode ser incluído no patrimônio cultural brasileiro, mas apenas aquele que se revelar portador de "referência à identidade, à ação, à memória dos diferentes grupos formadores da sociedade brasileira". A propósito do tema, José Afonso da Silva[40] destaca que:

> (...) se, do ponto de vista antropológico, todos os utensílios e artefatos, enfim, todo o construído, toda obra humana, é cultura, nem tudo isso entra na compreensão constitucional como formas culturais constituintes do

---

38. Carlos Frederico Marés de Souza Filho, "A proteção jurídica dos bens culturais", *Cadernos de Direito Constitucional e Ciência Política* 2/23, São Paulo, janeiro-março/1993.
39. O frevo foi incluído no Livro de Registro das Formas de Expressão, nos termos do Decreto 3.551, de 4.8.2000, que instituiu o registro de bens culturais de natureza imaterial.
40. José Afonso da Silva, *Ordenação Constitucional da Cultura*, São Paulo, Malheiros Editores, 2001, p. 35.

patrimônio cultural brasileiro digno de ser especialmente protegido. (...). Assim, por exemplo, um garfo, uma colher, uma faca, uma espada, são utensílios – e, assim, objetos de cultura no sentido antropológico; mas qualquer deles só terá significação constitucional se se elevar àquele sentido referencial: ser, por exemplo, objeto de uso de uma personagem histórica importante, ter participado de uma batalha (a espada) expressiva.

Desse modo, somente poderão integrar o patrimônio cultural brasileiro os bens que se revelem portadores do valor cultural específico, qualificado pela referência à formação da sociedade brasileira. E nisto se incluem não só as formas de expressão, os modos de criar, fazer e viver, as criações científicas, artísticas e tecnológicas, as obras, objetos, documentos, edificações e demais espaços destinados a manifestações culturais, os conjuntos urbanos e outros sítios, que compõem, enfim, o rol dos exemplos que ilustram o art. 216 da CF, mas também quaisquer outros tipos de bens materiais ou imateriais, patrimoniais ou morais.[41]

Conclui-se, em suma, que, na condição de universalidade identificada a partir do critério do valor cultural, o patrimônio cultural brasileiro reúne, como elementos, bens que devem apresentar, em comum, a característica de portarem significação relevante no que se refere à formação da sociedade brasileira. E mais: como categoria jurídica destinada a demarcar o âmbito de incidência de um regime especial de proteção da cultura, é conceito do mundo jurídico, e não da ordem dos fatos.[42]

Porém, o conteúdo formal e a importância da noção de patrimônio cultural brasileiro, como acabam de ser definidos, não solucionam

---

41. Acerca do caráter meramente exemplificativo dos bens apontados nos incisos I a V do art. 216, v.: Helita Barreira Custódio, "Normas de proteção ao patrimônio cultural brasileiro em face da Constituição Federal e das normas ambientais", *Revista de Direito Ambiental* 6/19, São Paulo, abril-junho/1997; Maria Coeli Simões Pires, *Da Proteção ao Patrimônio Cultural: o Tombamento como Principal Instituto*, Belo Horizonte, Del Rey, 1994, p. 83; Lúcia Reisewitz, *Direito Ambiental e Patrimônio Cultural: Direito à Preservação da Memória, Ação e Identidade do Povo Brasileiro*, cit., p. 96; José Eduardo Ramos Rodrigues, "A evolução da proteção do patrimônio cultural: crimes contra o ordenamento urbano e o patrimônio cultural", cit., *Revista de Direito Ambiental* 11/33.

42. Sérgio D'Andréa Ferreira, "Limitações administrativas à propriedade", *RF* 300/15, Rio de Janeiro, Forense, outubro-dezembro/1987.

o problema da identificação de seus reais limites. Ainda é necessário investigar se todos os bens que apresentam o valor cultural enunciado no texto constitucional estariam automaticamente alojados no âmbito do patrimônio cultural brasileiro, pelo simples fato de portarem a mencionada característica. Por outras palavras, é preciso analisar se o valor cultural, além de condição necessária, também seria condição suficiente para a identificação dos limites exatos e reais do patrimônio cultural brasileiro.

O Decreto-lei 25/1937, destinado originariamente a organizar o patrimônio histórico e artístico nacional, dispõe que dele fazem parte somente bens tombados (art. 1º, § 1º). Porém, autores que se ocupam do estudo do tema sustentam que a mencionada regra não foi recepcionada pela Constituição Federal de 1988, a qual admite expressamente outros instrumentos de proteção, ao lado do tombamento.[43]

Viu-se, é certo, que o conceito de "patrimônio histórico e artístico nacional" não mais subsiste, tendo sido substituído pelo de "patrimônio cultural brasileiro". Como a organização do sistema passou a decorrer da própria Constituição Federal, que, com efeito, também ampliou o rol dos meios de tutela, há que se admitir que o dispositivo em questão realmente não foi recepcionado pela nova ordem. De fato, se o próprio texto constitucional estabelece que o patrimônio cultural brasileiro deve ser promovido e protegido "por meio de inventários, registros, vigilância, tombamento e desapropriação", além de "outras formas de acautelamento e preservação" (art. 216, § 1º), não mais se sustenta, do ponto de vista lógico-sistemático, a regra que impõe que na composição dessa universalidade sejam admitidos apenas bens tombados. Contudo, daí não se pode validamente inferir que se teria eliminado a necessidade da edição de ato específico como condição para a inclusão de um bem no patrimônio cultural brasileiro.

Como visto, o patrimônio cultural brasileiro não se refere a um conjunto de objetos agrupados naturalmente no mundo dos fatos, mas reúne elementos tão diversos como, por exemplo, o frevo, jarras de

---

43. Lúcia Reisewitz, *Direito Ambiental e Patrimônio Cultural: Direito à Preservação da Memória, Ação e Identidade do Povo Brasileiro*, cit., p. 97; José Eduardo Ramos Rodrigues, "A evolução da proteção do patrimônio cultural: crimes contra o ordenamento urbano e o patrimônio cultural", cit., *Revista de Direito Ambiental* 11/34.

louça,[44] o prédio do Theatro Municipal no Rio de Janeiro/RJ,[45] a Estação da Luz em São Paulo/SP,[46] o Convento de Nossa Senhora da Penha em Vila Velha/ES,[47] documentos,[48] pergaminhos,[49] a manifestação religiosa conhecida como Círio de Nossa Senhora de Nazaré,[50] o Ofício das Baianas de Acarajé[51] e o Corcovado,[52] dentre outros tantos.

É inevitável reconhecer, portanto, que a isolada análise da substância dos bens que, segundo os critérios constitucionais, podem compor o patrimônio cultural brasileiro não confere certeza à identificação de seus limites reais.

Ora, essa indefinição material não mereceria particular atenção se a classificação de um bem na categoria em apreço não acarretasse consequências importantes. Todavia, o conceito de "patrimônio cultural brasileiro" destina-se exatamente a demarcar o campo da aplicação da tutela constitucional específica, ou seja, a delimitar o âmbito da incidência de um regime jurídico mais rigoroso que aquele que recai sobre os demais bens, em geral.

Segundo José Afonso da Silva, os bens que integram o patrimônio cultural brasileiro pertencem à categoria dos chamados "bens de interesse público",[53] que reúne tanto bens públicos (pertencentes a pessoas jurídicas de direito público) quanto bens particulares vocacionados ao cumprimento de uma finalidade pública. Tais bens subme-

---

44. Inscrição n. 1 no *Livro de Registro das Artes Aplicadas*, em 9.8.1939.
45. Tombado sob o n. 503 no *Livro de Belas Artes*, em 24.5.1973.
46. Registros ns. 540 e 606, respectivamente, nos *Livros Histórico* e *de Belas Artes*, de 10.10.1996.
47. Registros ns. 224 e 290-A, respectivamente, nos *Livros Histórico* e *de Belas Artes*, de 21.9.1943.
48. A documentação do Quilombo Ambrósio (Ibiá/MG) foi inscrita no *Livro Histórico* sob o n. 564, em 11.7.2002.
49. Nove rolos de pergaminho Torah foram tombados no *Livro Histórico* sob o n. 553, em 4.3.1999.
50. Registro n. 1 do *Livro das Celebrações*, de 5.10.2005, com base no Decreto 3.551/2000.
51. Registro n. 3 do *Livro de Registro dos Saberes*, com base no Decreto 3.551/2000.
52. Tombado no *Livro Arqueológico, Etnográfico e Paisagístico* sob o n. 055, em 8.8.1973.
53. O autor adere à tese postulada na doutrina italiana, desenvolvida a partir de terminologia inicialmente proposta por Grisolia (Tommaso Alibrandi e Piergiorgio Ferri, *I Beni Culturali e Ambientali*, cit., 4ª ed., p. 42).

tem-se a um regime jurídico especial, que tem o objetivo de tutelar os interesses públicos que são "inerentes à utilidade e aos valores que (...) possuem".[54] Explica Carlos Frederico Marés de Souza Filho[55] que os bens de interesse público sofrem limitações gerais de qualidade diversas das incidentes sobre a propriedade privada em geral. Seu regime jurídico comporta limitações

> (...) muito mais profundas, porque modificam a coisa mesma, passando o Poder Público a, diretamente, controlar o uso, transferência, a modificabilidade e a conservação da coisa, gerando direitos e obrigações que ultrapassam a pessoa do proprietário, atingindo o corpo social, que passa a ser corresponsável, interessado e legitimado para sua proteção, além do próprio Poder Público.

No que se refere aos bens culturais, esse regime abrange medidas de promoção e de proteção. Isto é, amplia-se para além da esfera da valorização e do apoio (promoção), eis que também compreende a conservação e a defesa dos bens a ele submetidos (proteção), autorizando, assim, atos de intervenção do Estado na propriedade, como os decorrentes dos instrumentos apontados no § 1º do art. 216 da CF. Além dos efeitos característicos do meio de proteção concretamente aplicado, o regime de tutela do patrimônio cultural brasileiro determina, ainda, a punição por danos e ameaças, mesmo se provocados pelo proprietário do bem, consoante o § 4º do citado artigo constitucional.

Assim, diante do princípio da segurança jurídica, é imprescindível a concreta individuação dos bens sujeitos ao regime típico do patrimônio cultural brasileiro.[56] Entender o contrário seria admitir, por exemplo, a condenação de Município ao pagamento de indenização pela demolição, amparada em alvará regularmente expedido, de imóvel não incluído, de modo prévio e oficial, no patrimônio cultural brasileiro. Isto, porém, afrontaria não apenas o princípio da segurança jurídica, mas o próprio princípio da legalidade.

---

54. José Afonso da Silva, "Bens de interesse público e meio ambiente", *Interesse Público* 10/15, Sapucaia do Sul, abril-junho/2001.

55. Carlos Frederico Marés de Souza Filho, "A proteção jurídica dos bens culturais", cit., *Cadernos de Direito Constitucional e Ciência Política* 2/21.

56. Na mesma linha, v.: Sônia Rabello de Castro, *O Estado na Preservação de Bens Culturais: o Tombamento*, cit., p. 94; Elida Séguin, *Estatuto da Cidade*, 2ª ed., Rio de Janeiro, Forense, 2005, p. 133; José Afonso da Silva, *Ordenação Constitucional da Cultura*, cit., pp. 101 e 115-116.

A importância da formalização na constituição do patrimônio cultural brasileiro assoma de modo particularmente claro, enfim, diante das sanções penais. Na sua redação originária, o CP brasileiro tipificava, no seu art. 165, a destruição, inutilização ou deterioração de "coisa tombada pela autoridade competente". Com a paulatina compreensão de que o tombamento não é o único meio apto à proteção de bens portadores de valor cultural, nem é instrumento adequado para proteger, indiferentemente, qualquer tipo de bem, a legislação penal também evoluiu. Assim, os arts. 165 e 166 do CP foram revogados pela Lei 9.605/1998, cujo art. 62, I, por exemplo, define como crime a destruição, a inutilização ou a deterioração de "bem especialmente protegido por lei, ato administrativo ou decisão judicial" – ou seja: de bens protegidos por quaisquer "formas de acautelamento e preservação" (art. 216, § 1º, parte final, da Carta de 1988). De todo modo, como bem realça Paulo Affonso Leme Machado: "(...). O ato protetor não se presume, e deve ter existência antes da consumação do crime".[57]

Isto significa que, conquanto necessário, o valor cultural é insuficiente para determinar a incidência da tutela específica, que depende também de manifestação do Poder Público, nos termos do § 1º do art. 216 da CF. O ato de individuação, por óbvio, é meramente declaratório das qualidades que um bem possui (e que, precisamente, o definem como bem cultural), mas é constitutivo da sua condição jurídica de bem cultural em sentido restrito, ou seja, de bem integrante do patrimônio cultural brasileiro. A individuação, decerto, não interfere na substância fática do bem, cujas características são verdadeiro pressuposto do ato correspondente. Porém, altera significativamente sua situação jurídica.

Portanto, como sintetiza José Afonso da Silva, "o patrimônio cultural, na forma prevista na Constituição, é um conceito jurídico, desde que se integra apenas dos bens declarados de interesse público, por um dos modos de promoção e proteção estatuídos no § 1º do art. 216".[58]

Em conclusão, o patrimônio cultural brasileiro é categoria jurídica que reúne apenas bens culturais em sentido formal, ou seja, tão

---

57. Paulo Affonso Leme Machado, *Direito Ambiental Brasileiro*, 20ª ed., São Paulo, Malheiros Editores, 2012, p. 1.116.
58. José Afonso da Silva, *Ordenação Constitucional da Cultura*, cit., p. 101.

somente aqueles que, sendo portadores do valor qualificado no *caput* do art. 216 da Carta de 1988, foram assim oficialmente reconhecidos, por meio de um dos instrumentos apontados no § 1º do referido dispositivo, para fins de submissão a regime específico de tutela.

O tombamento, nesse quadro, é um dos instrumentos de inclusão de determinado bem no patrimônio cultural brasileiro. Determina, assim, a incidência do sistema especial de tutela constitucional de bens portadores de valor cultural, que inclui as consequências típicas de seu regime jurídico, as quais serão adiante examinadas. Antes, porém, impõe-se completar o exame do ordenamento constitucional da cultura com a análise dos parâmetros atinentes à ação estatal, nesse âmbito.

4
DIRETRIZES CONSTITUCIONAIS DA ATUAÇÃO DO ESTADO NA TUTELA DA CULTURA

> *4.1 Princípios retores da atuação estatal: 4.1.1 Igualdade e liberdade – 4.1.2 Planejamento e participação popular. 4.2 Competências: 4.2.1 Competências materiais – 4.2.2 Competências legislativas: 4.2.2.1 A legislação regente do tombamento. 4.3 Situação do tombamento no quadro dos instrumentos de promoção e proteção jurídica da cultura.*

À medida que se amplia o campo dos objetos considerados dignos de amparo jurídico, estende-se, naturalmente, o âmbito das atribuições do Estado, seja no que concerne à estipulação de normas, seja no plano das providências concretas destinadas à consecução dos comandos normativos. Assim, com a assunção da cultura como objeto do Direito, abriu-se para o Estado uma nova área de atuação, que se tornou sensivelmente mais vasta com o advento da Constituição Federal de 1988.

Diversamente das outras Constituições brasileiras que regularam o tema, a Carta de 1988 avançou no sentido de estabelecer critérios específicos para a ação a ser desenvolvida pelo Estado tendo em vista a tutela da cultura. Com efeito, submete a ação estatal a normas de conteúdo principiológico e trata com novas nuances a clássica definição de competências legislativas e administrativas sobre o tema, chegando a alinhar alguns instrumentos consagrados ao alcance desse objetivo.

O tombamento figura expressamente no art. 216, § 1º, da CF de 1988 como um desses instrumentos. Destina-se a viabilizar o cumprimento da obrigação estatal de garantir o pleno exercício do direito cultural de fruição, servindo, de modo específico, à proteção de bens materiais integrantes do patrimônio cultural brasileiro. Logo, sofre diretamente os reflexos da nova matriz constitucional.

Portanto, uma vez já examinadas as noções que fundamentam a ordem constitucional da cultura, é imprescindível investigar os parâmetros da ação do Estado no contexto delineado. De um lado, a Constituição Federal subordinou essa atuação aos princípios da igualdade, da liberdade de expressão, do planejamento e da participação popular. De outro lado, redefiniu competências legislativas e administrativas quanto à matéria, cuja análise é crucial para que se possa compreender desde o *status* do Decreto-lei 25/1937 no ordenamento jurídico brasileiro em vigor até os limites das ações das entidades federativas, na concreta realização de tombamentos.

4.1 Princípios retores da atuação estatal

Diante do conjunto das iniciativas voltadas para a promoção e a proteção da cultura no âmbito de uma sociedade, assume especial relevância a definição do papel a ser exercido pelo Estado.

No curso do tempo registra-se variada sorte de intervenções destinadas a garantir a produção, a distribuição, a fruição, a conservação e a defesa de bens culturais, tanto realizadas por indivíduos ou por entidades particulares como decorrentes da iniciativa pessoal de governantes ou da ação institucional do Estado.

A atuação estatal inicialmente se restringia à tradicional função de conservação do patrimônio material. Com a consagração dos direitos culturais, estabeleceu-se a concepção que defende caber ao Estado a tarefa de garantir o acesso do maior número possível de pessoas à participação e à fruição da cultura. Desse modo, ampliou-se o âmbito da intervenção do Estado, que para muitos passou a ser considerada imprescindível. Para outros, porém, o Estado deveria retirar-se desse aspecto da vida social, seja em razão da existência de necessidades mais prementes a serem satisfeitas (como saúde e educação, por exemplo), seja porque, segundo sustentam, a cultura seria assunto essencialmente alheio a seus domínios.[1]

---

1. Como informam Pontier, Ricci e Bourdon, Ionesco sustentava que "la culture n'est pas une affaire d'État" (*Droit de la Culture*, 2ª ed., Paris, Dalloz, 1996, p. 280).

Assim, do ponto de vista ideológico, as políticas culturais apresentam múltiplas variações, as quais podem ser conduzidas – como propõe Teixeira Coelho[2] – a três categorias principais: o dirigismo cultural, marcado pela definição unilateral, pelo Estado, de objetivos e instrumentos de intervenção; o liberalismo cultural, caracterizado pela mínima intromissão estatal possível; e a democratização cultural, na qual a atuação do Estado é gizada por fins e meios fixados de modo consensual, com a participação da sociedade.

Em muitos casos – como, no Brasil, até o advento da Carta de 1988 – a definição da qualidade e dos limites do papel do Estado no amparo da cultura não resulta de critérios normativos precisamente definidos. Pontier, Ricci e Bourdon chegam a afirmar, por exemplo, que na França: "Il n'existe aucun critère objectif et préexistant qui permettrait de dire à l'avance ce que l'État peut faire et ce qu'il ne doit pas faire. La sagesse des gouvernants aidée (ou conditionnée) par la critique des citoyens sont les seules véritables bornes possibles".[3]

Diversamente, a Constituição Federal de 1988 realizou uma opção muito clara acerca do papel do Estado Brasileiro no que concerne à cultura. De plano, determina ao Estado que garanta a todos o exercício dos direitos culturais e fixa as competências estatais a serem cumpridas na realização dessa função. Além disso, estipula que os objetivos e os meios a serem empregados devem ser definidos mediante a participação concertada do Estado e da sociedade. Ou seja: a Carta Magna veda a adoção de políticas de liberalismo cultural,[4] que

---

2. Teixeira Coelho, *Dicionário Crítico de Política Cultural: Cultura e Imaginário*, 3ª ed., São Paulo, Iluminuras, 2004, pp. 298-300.

3. Pontier, Ricci e Bourdon, *Droit de la Culture*, cit., 2ª ed., p. 282: "Não há nenhum critério objetivo e preexistente que permitiria dizer, antecipadamente, o que o Estado pode ou não pode fazer. A prudência dos governantes auxiliada (ou condicionada) pela crítica dos cidadãos são os únicos verdadeiros limites possíveis" (tradução livre).

4. Não obstante, em flagrante violação à Constituição Federal, no início da década de 1990 o então Presidente Fernando Collor de Mello desfigurou a estrutura administrativa incumbida da ação estatal na área da cultura, com o declarado objetivo de reduzir ao mínimo possível o papel do Estado. De fato, no âmbito da reforma regulada nas Leis 8.028 e 8.029, ambas de 12.4.1990, foram extintos órgãos e entidades da Administração Pública Federal responsáveis pelo setor, a começar pelo próprio Ministério da Cultura, cujas atribuições foram transferidas para uma Secretaria, criada como simples "órgão de assistência" do Presidente da República (art. 1º, parágrafo único, "c", 1, da Lei 8.028/1990).

buscam excluir o Estado do cenário em questão, para ceder espaço à iniciativa privada, confiando a cultura às chamadas "leis do mercado".[5]

Outrossim, na formulação das bases da intervenção estatal a Constituição de 1988 inclui os próprios titulares dos direitos culturais, desautorizando, com isso, uma atuação unilateral e vertical do Estado, típica das políticas de dirigismo cultural.

Portanto, a Constituição Federal de 1988 adotou, inquestionavelmente, o modelo da democracia cultural, cuja dimensão jurídica se fundamenta nos princípios da isonomia e da liberdade de expressão, do planejamento e da participação popular.

Ao lado dos parâmetros conceituais, definidos no capítulo precedente, os princípios em questão se encontram na base do regime jurídico do tombamento. Desse modo, a identificação do conteúdo específico dos referidos princípios também é imprescindível para a compreensão da matéria.

4.1.1 Igualdade e liberdade

Toda a atuação estatal no campo da cultura se fundamenta e se justifica no cumprimento da obrigação constitucional de garantir a todos o pleno exercício dos direitos culturais.

Como direitos humanos de segunda geração, os direitos culturais são direitos de igualdade, ou seja, têm por objetivo assegurar a todos paridade de condições a fim de que possam usufruir das liberdades afirmadas nos direitos humanos de primeira geração. É clara, pois, nos direitos culturais, a associação dos valores da liberdade e da igualdade material.

A igualdade é a ideia-chave do sistema constitucional de tutela da cultura. Apresenta-se não apenas como o valor que justificou a constitucionalização dos direitos culturais de participação e de fruição, mas também como diretriz fundamental a ser observada no cumprimento da obrigação estatal de garantir o pleno exercício de tais direitos, seja por meio da produção de normas jurídicas, seja por meio da correspondente aplicação.

---

5. Teixeira Coelho, *Dicionário Crítico de Política Cultural: Cultura e Imaginário*, cit., 3ª ed., p. 299.

Já proclamada no *caput* do art. 5º da CF, a isonomia deve orientar a conduta do Estado, no plano da cultura, também por força de sua específica reafirmação no art. 215 da mesma Carta. A propósito, é oportuno registrar que, durante os trabalhos da Assembleia Nacional Constituinte, o senador Arthur da Távola, relatando o substitutivo ao anteprojeto elaborado pela Subcomissão da Educação, Cultura e Esportes, ao propor a imposição, ao Estado, da obrigação de garantir a todos "o pleno exercício dos direitos culturais", argumentou que seu fundamento reside na "ideia de que, no processo cultural, a participação de todos os grupos, independente de classe, grupo socioeconômico, raça, se faça de um modo igualitário".[6]

Em termos gerais, o princípio da igualdade veda discriminações sem causas juridicamente válidas que as autorizem, coibindo, assim, tanto favoritismos quanto perseguições.[7]

No que tange à tutela da cultura, a isonomia exige que os direitos culturais de participação e de fruição sejam assegurados aos vários grupos que compõem a sociedade brasileira, em toda a extensão do território nacional. Determina, ainda, a valorização das diferentes formas de manifestação da cultura brasileira, sejam elas eruditas ou populares, tradicionais ou de vanguarda, majoritárias ou minoritárias. Por outras palavras, diante do que estipula a CF de 1988, especialmente no seu art. 215, *caput* e §§ 1º e 3º, IV e V, o conteúdo específico do princípio da igualdade, refletido nos direitos culturais, traduz-se, de um lado, na exigência de democratização do acesso às fontes da cultura nacional e, de outro, na garantia do pluralismo cultural.

Ora, diante da magnitude dos fins a serem perseguidos pelo Estado na tutela da cultura, não é difícil perceber que sua atuação não se pode encerrar na tradicional tarefa de conservação de bens materiais legados por gerações passadas. Cumpre-lhe, ademais disso, zelar pela

6. Assembleia Nacional Constituinte, 1987, Brasília/Comissão da Família, da Educação, Cultura e Esportes, da Ciência e Tecnologia e da Comunicação, *Ata da 10ª Reunião Ordinária*, Brasília/DF, *DOU*, 1987, Suplemento 100, p. 200, 21.7.1987.

7. Celso Antônio Bandeira de Mello, *O Conteúdo Jurídico do Princípio da Igualdade*, 3ª ed., 21ª tir., São Paulo, Malheiros Editores, 2012, p. 10. Recorda o autor, na esteira do pensamento de Kelsen, que é próprio da lei realizar discriminações. Porém, a fim de que se preserve a harmonia entre a distinção legal e o princípio da isonomia – acrescenta o autor, em magistral lição –, põe-se como exigência inafastável que o fator de discriminação, além de objetivamente residente na pessoa, coisa ou situação, guarde relação de pertinência lógica com o fim que se pretende alcançar.

liberdade de expressão da manifestação cultural e garantir o amplo acesso à produção e à fruição da cultura. Nesse mister, cabe ao Estado não apenas intervir, de modo direto, na esfera jurídica dos particulares, mas também desenvolver atividades materiais voltadas para a satisfação das necessidades culturais dos cidadãos, além de incentivar sua prestação na órbita não estatal.

O que justifica os encargos atribuídos ao Estado nesse campo é o reconhecimento de que o abandono da cultura ao livre jogo das forças sociais termina por ferir os direitos de participação e de fruição, que supõem a existência de condições reais de acesso amplo e democrático aos bens e às manifestações culturais. Comentando o tratamento conferido ao tema no Direito Italiano, Michele Ainis e Mario Fiorillo[8] ilustram, no seguinte trecho, a complexidade dos fatores que, do ponto de vista prático, influenciam a evolução da cultura:

> Cultura e mercato, cultura ed accesso alle risorse tecnologiche, cultura e strumenti di comunicazione: ecco appena alcuni dei nodi problematici da cui è intessuto il difficile rapporto che la cultura intrattiene con la prassi, e che la promozione culturale mira a sciogliere descondizionando la cultura dagli influssi che si annidano nella società civile e che ne distorcono la libera espressione.

De fato, o exercício dos direitos culturais depende tanto da possibilidade real de alcançar informações quanto do desenvolvimento da capacidade de percepção e de compreensão dos valores presentes em bens e manifestações sociais. Sem isto não se pode conceber a existência de verdadeira liberdade de participar e de usufruir da vida cultural da comunidade.

É importante assinalar, contudo, que tais funções não autorizam a redução da expressão cultural a formas oficiais, sob pena de violação direta das normas instituídas nos arts. 5º, IV e IX, e 220 da CF de 1988.

---

8. Michele Ainis e Mario Fiorillo, *L'Ordinamento della Cultura: Manuale di Legislazione dei Beni Culturali*, 2ª ed., Milão, Giuffrè, 2008, p. 164: "Cultura e mercado, cultura e acesso aos recursos tecnológicos, cultura e meios de comunicação: eis apenas alguns dos nós problemáticos com os quais é tecido o difícil relacionamento que a cultura entretém com a prática, e que a promoção cultural pretende desatar, descondicionando a cultura das influências que se aninham na sociedade civil e que distorcem sua livre expressão" (tradução livre).

A ingerência estatal legitima-se, no panorama sob análise, apenas na justa medida em que se orientar para a democratização do acesso às fontes da cultura nacional e para o resguardo do pluralismo cultural. Não obstante, há que respeitar a liberdade de expressão e o princípio da livre iniciativa, de modo que ao Estado não cabe definir ou impor padrões culturais, mas, unicamente, prover as condições necessárias para que os cidadãos possam, de modo efetivo, participar e usufruir da cultura. Nesse sentido, ao papel outorgado pela Constituição Federal de 1988 ao Estado Brasileiro ajusta-se a boa síntese formulada por Pontier, Ricci e Bourdon[9] em anotações acerca do ordenamento jurídico francês:

> Le constituant, prudent, a parlé d'accès à la culture: cela signifie qu'il ne peut y avoir de culture imposée. Le rôle de l'État, de la Puissance Publique, doit se limiter à favoriser cette entrée dans la culture: libre à chacun, ensuite, de faire ce qu'il veut de ce qui lui est proposé. Le rôle de l'État est donc modeste, tout en étant essentiel.

Assim, a liberdade e a igualdade definem, em intrínseca relação, limites fundamentais para a ação estatal no domínio da cultura. Ao tempo em que a correção das desigualdades materiais é condição para o livre exercício dos direitos culturais, as liberdades de expressão e de iniciativa circunscrevem, de seu turno, o âmbito da referida atuação.

A fixação de meia-entrada para estudantes em estabelecimentos culturais é um exemplo, verificado no Direito Brasileiro, de medida voltada para a promoção da cultura, radicada na articulação entre os princípios da liberdade e da igualdade. Com o mesmo propósito, já no próprio texto constitucional instituiu-se a imunidade de impostos sobre livros, jornais, periódicos e sobre o papel destinado à respectiva impressão (art. 150, VI, "d").

Buscando eliminar situação de desigualdade material, o benefício do pagamento de meia-entrada do valor cobrado para ingresso em estabelecimentos culturais favorece o estabelecimento de condições reais necessárias para o exercício do direito de liberdade.

---

9. Pontier, Ricci e Bourdon, *Droit de la Culture*, cit., 2ª ed., p. 44: "O constituinte, prudente, referiu-se a acesso à cultura: isso significa que não pode haver cultura imposta. O papel do Estado, do Poder Público, deve limitar-se a favorecer esse ingresso na cultura: cada um é livre, em seguida, para fazer o que quiser com o que lhe é proposto. O papel do Estado é, portanto, modesto, embora essencial" (tradução livre).

Nos debates que precederam o julgamento da ADI 1.950-SP, o Min. Carlos Britto destacou que o pagamento de meia-entrada assegurado a estudantes se destina a "antecipar o convívio das pessoas com os bens e valores culturais", secundando o Min. Eros Grau no reconhecimento de que esse instrumento de promoção, ele mesmo, "faz parte da cultura brasileira".

De um lado, a meia-entrada busca facilitar o acesso à fruição de bens culturais a indivíduos que, em geral, não compõem a chamada parcela economicamente ativa da sociedade. De outro, fazendo-o, tanto milita a favor da liberdade essencial à referida fruição como não ofende os limites erguidos pelo mesmo princípio da liberdade, já sob a feição da livre iniciativa no plano econômico, eis que, sopesados os valores em jogo, sobreleva, à exploração empresarial visando ao lucro, a promoção do direito de acesso à cultura. Sobre o tema vale destacar o seguinte fragmento, extraído do voto-condutor proferido pelo Min. Eros Grau[10] no julgamento da mencionada ADI 1.950-SP:

> No caso, se de um lado a Constituição assegura a livre iniciativa, de outro determina ao Estado a adoção de todas as providências tendentes a garantir o efetivo exercício do direito à educação, à cultura e ao desporto. *[Arts. 23, V, 205, 208, 215 e 217 § 3º, da CF]* Ora, na composição entre esses princípios e regras há de ser preservado o interesse da coletividade, interesse público primário. A superação da oposição entre os desígnios de lucro e de acumulação de riqueza da empresa e o direito ao acesso à cultura, ao esporte e ao lazer, como meio de complementar a formação dos estudantes, não apresenta maiores dificuldades.
>
> Em suma, na consagração dos princípios da liberdade e da igualdade está fundamentada a obrigação estatal de intervenção na cultura. Porém, não se há de negar a dificuldade de definir a que cultura deve o Estado facilitar o acesso. Também é incontestável o desafio que acompanha a escolha de instrumentos que contribuam para o amadurecimento da identidade cultural brasileira sem reduzir os beneficiá-

---

10. Disponível em *http://www.stf.gov.br/portal/inteiro_Teor/pesquisarInteiro Teor.asp* (acesso em 10.3.2008). Em mais de uma oportunidade o STF apreciou a constitucionalidade da medida, questionada, sobretudo, à luz do princípio da livre iniciativa, havendo concluído pela validade das leis impugnadas. V., sobre o tema, os julgamentos proferidos também nas ADI 2.163/MC-RJ e 3.512-ES.

rios a meros espectadores ou a passivos consumidores de produtos culturais. Conclui-se, portanto, que os princípios sob exame não bastam para demarcar as fronteiras entre dirigismo e democracia.

Com efeito, a nitidez da opção pelo modelo da democracia cultural resulta do reforço dos limites da atuação estatal por meio de sua submissão também aos princípios do planejamento e da participação popular. Desse modo, impende examinar, ainda, o conteúdo destes dois princípios jurídicos, a fim de completar o quadro dos fundamentos do papel do Estado no cenário cultural.

4.1.2 Planejamento e participação popular

A democracia cultural impõe a atuação do Estado no domínio da cultura, a fim de garantir a todos o amplo acesso às fontes da cultura nacional. O modelo adotado na Carta de 1988 garante, além disso, que a própria definição do teor dessa ação se faça de modo democrático, proscrevendo qualquer medida tendente ao dirigismo cultural.

Porém, há que se reconhecer que a concreta garantia de pleno exercício dos direitos culturais de participação e de fruição depende da gestão de problemas das mais variadas ordens, desde a integração das competências conferidas às diversas instâncias governamentais até a complexa harmonização de interesses muitas vezes conflitantes, passando pelas dificuldades inerentes à distribuição dos recursos públicos disponíveis.[11]

Diante desse cenário, a fim de munir o Estado de meio adequado para equacionar racionalmente tais fatores, foi encaminhada, na Câ-

---

11. No plano dos fatos, não obstante os avanços da Constituição Federal de 1988, o escasso aporte de recursos orçamentários e financeiros ao setor indica que a cultura continua a ser considerada no Brasil como assunto de secundária importância. Consoante levantamento efetuado pelo Instituto Brasileiro de Geografia e Estatística/IBGE durante o ano de 2005, as despesas com a cultura não superaram as médias de 0,05%, 0,41% e 0,93% do total das despesas orçamentárias federais, estaduais e municipais, respectivamente. No mesmo período, enquanto as despesas das três esferas governamentais no referido setor se fixou na média de 0,2%, as despesas com saúde e educação corresponderam, nessa ordem, a 6,5% e a 6,7% do total (*Sistema de Informações e Indicadores Culturais: 2003-2005*, Rio de Janeiro, 2007, pp. 67-68, disponível em *http://www.cultura.gov.br/site/wp-content/uploads/2008/04/indic_culturais2005.pdf*, acesso em 21.11.2009).

mara dos Deputados, a Proposta de Emenda à Constituição 306/2000,[12] para incluir no texto constitucional a previsão da elaboração de plano plurianual específico para a cultura. Ao exarar parecer favorável à aprovação da referida proposta, a Comissão de Constituição, Justiça e Cidadania do Senado Federal[13] observou que:

> A necessidade premente da elaboração de um Plano Nacional de Cultura para o País deve-se ao fato de que a cultura ainda não se constituiu em aspecto importante no rol das políticas públicas, atestado pelos ínfimos recursos que a ela são dedicados no contexto do orçamento da União, dos Estados, dos Municípios e do Distrito Federal. Tem-se, de modo geral, uma compreensão equivocada da questão cultural no Brasil: em virtude de nossa formação elitista e excludente, a cultura é sinônimo de mera erudição e, portanto, vista como algo supérfluo e diletante. Muito ainda precisa ser feito para que a cultura se constitua, de fato, um direito de todos e não privilégio de poucos. O Plano Nacional de Cultura sinaliza nessa direção, ao ter como pressuposto básico a efetiva democratização do acesso aos bens culturais.

Desse modo, foi editada a Emenda Constitucional 48/2005, que acrescentou o § 3º ao art. 215 da Carta Federal, instituindo o denominado *Plano Nacional de Cultura* como instrumento básico do planejamento das ações estatais na esfera cultural. Eis o texto do dispositivo introduzido pela Emenda 48:

> § 3º. A lei estabelecerá o Plano Nacional de Cultura, de duração plurianual, visando ao desenvolvimento cultural do País e à integração das ações do Poder Público que conduzem à: I – defesa e valorização do patrimônio cultural brasileiro; II – produção, promoção e difusão de bens culturais; III – formação de pessoal qualificado para a gestão da cultura em suas múltiplas dimensões; IV – democratização do acesso aos bens de cultura; V – valorização da diversidade étnica e regional.

Portanto, já acolhido em outros dispositivos do texto constitucional originário como princípio da ação racional[14] do Estado (arts. 21,

---

12. Brasil, Câmara dos Deputados, "Proposta de Emenda à Constituição n. 306, de 2000", *Diário do Senado Federal* 7.8.2003, Brasília/DF, pp. 22.448-22.449.
13. Brasil, Senado Federal, "Parecer n. 195, de 2004", *Diário do Senado Federal* 11.3.2004, Brasília/DF, p. 6.565.
14. Eros Roberto Grau assim define o *planejamento*: "(...) forma de ação racional caracterizada pela previsão de comportamentos econômicos e sociais futuros, pela

IX, 30, VIII, 48, II e IV, e 174, dentre outros), o planejamento foi reafirmado pela Emenda 48 como instrumento voltado à concretização da democracia cultural.[15]

É bem verdade que já se colocou em dúvida a própria existência de compatibilidade entre o planejamento estatal e a democracia. Em didática síntese, Diogo de Figueiredo Moreira Neto recorda que a técnica do planejamento era "tradicionalmente empregada nos Estados-Maiores", respondendo à necessidade de concentrar meios para o alcance de vitórias militares. Depois das duas grandes guerras mundiais tornou-se prática comum nas demais áreas da vida social, que, com isso, "passaram a beneficiar-se da introdução da *racionalidade formal* nos processos decisórios, fundada em correlações entre *previsões* e *consequências*, prévia e criticamente analisadas".[16] Contudo – destaca o autor –, a crescente onda de intervenção estatal que se seguiu desaguou em dúvidas acerca da possibilidade da aplicação do planejamento estatal no âmbito de regimes democráticos, sobretudo diante da verificação do uso ideológico da técnica, na linha de teorias totalitárias, por meio de sua imposição não apenas ao Estado, mas também à coletividade, em todos os setores da vida social e econômica, no modelo conhecido como *planificação integral*.

Ora, o planejamento constitui método que compreende a organização e a análise das informações pertinentes a determinado assunto,

---

formulação explícita de objetivos e pela definição de meios de ação coordenadamente dispostos" (*A Ordem Econômica na Constituição de 1988*, 15ª ed., São Paulo, Malheiros Editores, 2012, p. 302).

15. Cabe registrar que a aplicação do planejamento da atividade do Estado na esfera da cultura está abrigada expressamente no direito positivo brasileiro desde a promulgação da Convenção Relativa à Proteção do Patrimônio Mundial, Cultural e Natural, adotada pela Conferência Geral da ONU para a Educação, a Ciência e a Cultura/UNESCO em sua 17ª Sessão, ocorrida em Paris em 1972. A Convenção foi aprovada no Brasil pelo Decreto Legislativo 74, de 30.6.1977 (com reserva apenas ao § 1º do art. 16), e promulgada pelo Decreto 80.978, de 12.12.1977. Consoante o art. 5º da Convenção, os Estados que a ela aderiram se comprometeram a "adotar uma política geral que vise a dar ao patrimônio cultural e natural uma função na vida da coletividade e a integrar a proteção desse patrimônio nos programas de planificação geral" (disponível em *http://www6.senado.gov.br/legislacao/ListaPublicacoes.action?id=124088*, acesso em 21.11.2009).

16. Diogo de Figueiredo Moreira Neto, *Curso de Direito Administrativo: Parte Introdutória, Parte Geral, Parte Especial*, 14ª ed., Rio de Janeiro, Forense, 2005, pp. 525-526.

a fim de ensejar a sistematização de providências a serem realizadas tendo em vista o alcance de objetivos preestabelecidos. Tal processo exterioriza-se em instrumentos denominados *planos*, e, se bem conduzido, permite identificar e avaliar com maior precisão os fatores relevantes diante dos fins a que se propõe, favorecendo sua consecução mediante o emprego dos meios mais adequados e o uso racional dos recursos disponíveis.

Portanto, o planejamento mais não é que uma técnica orientada para a tomada de decisões. Sua aplicação como meio de regulação integral da própria vida econômica e social, típica de regimes totalitários (planificação), não decorre de traço que lhe integre a essência, mas, antes, da conformação jurídica que lhe é dada em cada sistema. Por outras palavras, não ocorrerá naturalmente em toda e qualquer situação, mas será possível apenas no âmbito de ordenamento jurídico que admita a edição de planos impositivos de normas de conduta para toda a coletividade.

Por outro lado, são inegáveis os benefícios da aplicação da técnica do planejamento, cuja importância é diretamente proporcional à complexidade dos fatores a serem ponderados na tomada de decisões, como ocorre, por exemplo, nas políticas públicas concernentes ao domínio cultural. De fato, à parte a já comentada gestão de recursos orçamentários e financeiros, exigem-se, nessa área, medidas destinadas a harmonizar a preservação de bens e manifestações culturais com as necessidades do tempo presente, sem que se descure do futuro. Isto se revela de modo particularmente claro quando se trata da gestão de bens materiais portadores de valor cultural, que guarda intrínseca pertinência com o tema do tombamento. Considerando que tais bens também se revestem de valor econômico, o Estado enfrenta o desafio de impedir que sua conservação se torne obstáculo ao desenvolvimento nacional e, ao mesmo tempo, de cuidar que eles não sejam aniquilados em nome do progresso.

Releva mencionar, nesse sentido, a reunião da Organização dos Estados Americanos/OEA ocorrida ao final de 1967, em que se discutiu a relação entre o desenvolvimento nacional, a conservação e a utilização de monumentos e lugares de interesse histórico e artístico. Nas *Normas de Quito*, informe final do Congresso, registrou-se que, considerando que os monumentos "constituem também recursos econômicos da mesma forma que as riquezas naturais do País", as medidas tendentes à sua preservação "não só guardam relação com os planos de desenvolvimento, mas fazem ou devem fazer parte deles". O trecho a seguir sintetiza, em poucas linhas, uma das principais conclusões do evento:[17]

> Em suma, trata-se de mobilizar os esforços nacionais no sentido de procurar o melhor aproveitamento dos recursos monumentais de que disponha, como meio indireto de favorecer o desenvolvimento econômico do País.
>
> Isso implica uma tarefa prévia de planejamento em nível nacional, ou seja, a avaliação dos recursos disponíveis e a formulação de projetos específicos dentro de um plano de ordenação geral.

Portanto, a Carta de 1988 consagra o planejamento da ação estatal na tutela da cultura, e não o planejamento da cultura.[18] Ou seja, pelo tratamento jurídico que lhe confere, impõe a aplicação da técnica como meio para alcançar a democracia cultural, vedando sua manipulação a serviço de políticas dirigistas ou totalitárias.

Primeiramente, o texto constitucional em vigor explicita os objetivos em proveito dos quais deve ser aplicado o planejamento: de modo imediato, a integração das ações do Poder Público; e, de modo mediato, o desenvolvimento cultural do País (art. 215, § 3º).

Com efeito, a Constituição Federal acolhe o princípio do planejamento como um dos eixos fundamentais dos processos decisórios atinentes à definição e à execução das políticas públicas. À parte as menções a alguns setores específicos (arts. 182, 187 e 214, por exemplo), os dispositivos constitucionais que cuidam do planejamento apontam como seu objetivo o "desenvolvimento econômico e social" (arts. 21, IX, e 43, § 1º, II) ou, simplesmente, o "desenvolvimento",

---

17. Organização dos Estados Americanos/OEA, *Normas de Quito*, Quito, 1697 (disponível em *http://portal.iphan.gov.br/portal/baixaFcdAnexo.do?id=238*, acesso em 21.11.2009).

18. No mesmo sentido, já a propósito da ordem econômica na Constituição Federal de 1988, comenta Eros Roberto Grau: "São inconfundíveis, de um lado, o *planejamento da economia* – centralização econômica, que importa a substituição do *mercado*, como mecanismo de coordenação do processo econômico, pelo *plano* –, de outro, o *planejamento técnico de ação racional*, cuja compatibilidade com o mercado é absoluta" (*A Ordem Econômica na Constituição de 1988*, cit., 15ª ed., p. 302).

sem qualquer adjetivação (arts. 48, IV, e 58, § 2º, VI). No que tange à cultura, o fim a ser atingido é o "desenvolvimento cultural do País" (art. 215, § 3º).

A fixação das finalidades na própria Carta de 1988 constitui importante limite substancial imposto ao Estado no que se refere à utilização do planejamento como meio orientado para a democratização cultural. Entretanto, é preciso convir que, ainda assim, lhe resta uma vasta zona de discricionariedade, ao menos no nível normativo, considerando a amplitude dos sentidos admitidos pela expressão "desenvolvimento cultural".

Acontece que a Constituição Federal vigente não se limita a definir os fins a serem legitimamente perseguidos pelo Estado. Além disso, ela cuidou de rejeitar a chamada planificação integral, pois, ao atribuir ao Estado a função de planejamento do "desenvolvimento nacional equilibrado" (art. 174, § 1º), explicita seu caráter "determinante para o setor público e indicativo para o setor privado" (art. 174, *caput*). Tal modelo aplica-se, indiscutivelmente, ao planejamento das ações estatais no âmbito cultural, eis que a preservação da cultura é um dos aspectos fundamentais do desenvolvimento nacional equilibrado.[19]

As diretrizes e as ações definidas no processo de planejamento são consignadas em documentos denominados *planos*. Consoante a Constituição Federal, do ponto de vista formal os planos apresentam natureza de lei (arts. 48, IV, 174 e 215, § 3º), e sob o aspecto material revelam inequívoco caráter normativo, eis que são determinantes para o setor público, conquanto meramente indicativos para o setor privado (art. 174). Isto significa que a atividade de planejamento resulta na edição de normas que não só explicitam as finalidades específicas, as

---

19. Desde o século XIX a Antropologia e a Sociologia vêm demonstrando os efeitos nocivos da desestruturação dos padrões culturais em dada sociedade. É certo que a cultura não constitui um sistema fechado sobre si mesmo. Ao contrário, é permeável a influências externas, ou seja, intrinsecamente dinâmica, a cultura, como ressalta Denys Cuche; resulta de um processo constante de "construção, desconstrução e reconstrução". No entanto – prossegue o etnólogo francês –, a perda de referências culturais essenciais pode não só conduzir à apatia do grupo social como, no indivíduo, traduzir-se em "patologias mentais ou em condutas delinquentes" – o que, por óbvio, afeta negativamente o desenvolvimento nacional. V., sobre o tema: Denys Cuche, *A Noção de Cultura nas Ciências Sociais*, 2ª ed., trad. de Viviane Ribeiro, Bauru, EDUSC, 2002, pp. 137-139.

linhas diretrizes e os instrumentos a serem aplicados pelo Estado na tutela da cultura, mas também vinculam sua atuação. Aos particulares os planos ensejam o conhecimento das bases da atuação estatal para que, ademais do exercício do controle social, possam voluntariamente aderir a tais diretrizes, inclusive a fim de se beneficiarem de incentivos instituídos pelo Estado justamente com esse propósito. Nessa medida, no que concerne aos particulares, os planos podem constituir verdadeira fonte normativa de relações jurídicas, como observa Agustín Gordillo:[20]

> (...) por lo que respecta a los *particulares*, el enunciado indicativo del plan tiene el alcance de ser el fundamento legal de la acción que dichos individuos van a emprender y de los beneficios que van a recibir, por lo qué dará lugar a relaciones jurídicas de derechos y obligaciones, (...).

É certo, pois, que o texto constitucional proíbe que o Estado Brasileiro se valha do planejamento para tentar neutralizar o princípio da liberdade de iniciativa, pela imposição de diretrizes e ações à sociedade. Entretanto, a adoção do modelo meramente indicativo para o setor privado ainda não é bastante para coibir o dirigismo cultural. Restringindo-se o fomento a manifestações culturais de determinado conteúdo, é, muitas vezes, desnecessário proibir todas as demais. Salvo exceções, mesmo sem a correspondente imposição por meio de normas jurídicas, a produção cultural naturalmente procura adequar-se aos padrões delineados nos planos, aos quais se destinam os benefícios. É preciso, então, garantir que a definição de tais padrões, bem como dos objetivos e dos instrumentos de intervenção estatal, reflita o pluralismo cultural. Para tanto, como chave da abóbada do modelo de democratização cultural, a Carta de 1988 consagra o princípio da participação popular.

A Constituição Federal de 1988 adota a denominada democracia mista ou semidireta ou, ainda, participativa, associando o exercício do governo pelos representantes do povo – elemento característico da for-

---

20. Agustín Gordillo, *Introducción al Derecho de la Planificación*, Caracas, Editorial Jurídica Venezolana, 1981, p. 104: "(...) no que diz respeito aos *particulares*, o enunciado indicativo do plano tem o alcance de ser o fundamento legal da ação que tais indivíduos vão empreender e dos benefícios que vão receber, dando lugar a relações jurídicas de direitos e obrigações, (...)" (tradução livre).

ma representativa – a meios de intervenção direta dos cidadãos nas deliberações estatais. Assim, ao lado das eleições periódicas, mediante sufrágio universal e voto secreto, a Carta de 1988 prevê instrumentos de participação direta, como, por exemplo, o plebiscito, o referendo, a iniciativa popular na apresentação de projetos de lei (arts. 14, 29, XIII, e 61, § 2º), a integração do cidadão em órgãos colegiados (arts. 10, 194, parágrafo único, VII, e 204, II), o acesso às contas municipais (art. 31, § 3º), a atribuição de legitimidade a qualquer cidadão, partido político, associação ou sindicato para endereçar denúncias aos Tribunais de Contas (arts. 74, § 2º, e 75) e a ação popular (art. 5º, LXXIII).

No que tange à cultura, a participação popular encontra específico fundamento no § 1º do art. 216 da CF, que ordena ao Poder Público a promoção e a proteção do patrimônio cultural brasileiro "com a colaboração da comunidade".

Não é difícil perceber a diversidade dos problemas que decorrem de intervenções sociais implementadas unilateralmente pelo Estado, isto é, sem a participação da comunidade. Um exemplo contundente, no plano da cultura, é o quadro descrito por Rocío Silvia Cutipé Cárdenas, que remete à exploração turística de bens materiais portadores de referências culturais. Como observa a autora, nessas situações é frequente o aumento da concentração populacional na área sob influência turística, fato que, aliado ao encarecimento dos serviços, que se voltam para o atendimento do turista, contribui para que se multipliquem atividades econômicas pouco ou, mesmo, não qualificadas (como, por exemplo, o comércio ambulante em geral), além de mazelas típicas da degradação das condições de vida (dentre elas, a mendicância e a delinquência).[21]

Estudos levados a efeito no âmbito das Ciências Sociais demonstram que gestões estatais alheias à sociedade usualmente provocam o isolamento da população local no que se refere ao próprio valor cultural que se faz objeto da proteção.[22] Já, sua inclusão nos processos de

21. Rocío Silvia Cutipé Cárdenas, *El Rol Social del Patrimonio: ¿nos Hemos Olvidado de la Gente?*, pp. 315-316 (disponível em *http://www.esicomos.org/ Nueva_carpeta/ MADRIDACTAS_2002/seccion6.htm*, acesso em 21.11.2009).
22. O fenômeno foi observado nas cidades brasileiras de Ouro Preto, Brasília e Salvador (durante as fases iniciais de revitalização do Pelourinho). Sobre o tema, v.: Carolina Cantarino, "A consciência do valor", *Patrimônio: Revista Eletrônica do IPHAN* 3, Campinas, janeiro-fevereiro/2006 (disponível em *http://www.labjor.*

planejamento das diretrizes e da execução da tutela, diversamente, contribui para aprofundar e garantir a transmissão dos valores referenciais que se consubstanciam nos bens culturais, atuando de modo decisivo na respectiva preservação. Atitudes observadas em habitantes de áreas em que se realizam descobertas arqueológicas bem ilustram tais assertivas: quando rompido o sentimento de identidade cultural, o morador local geralmente se converte no primeiro elemento da cadeia do tráfico de bens culturais; já, quando não ocorre essa ruptura, o morador se torna seu mais imediato guardião, à proporção que percebe a relevância do patrimônio cultural para a melhoria de suas condições de vida e para o desenvolvimento da própria comunidade.[23]

No plano internacional a importância de se envolver a sociedade na gestão da cultura foi formalmente reconhecida na Conferência Mundial sobre as Políticas Culturais, realizada no México em 1985, sob o patrocínio do Conselho Internacional de Monumentos e Sítios/ICOMOS. Consta, pois, da *Declaração do México*[24] a seguinte conclusão:

> A cultura procede da comunidade inteira e a ela deve retornar. Não pode ser privilégio da elite nem quanto à sua produção, nem quanto a seus benefícios. Democracia cultural supõe a mais ampla participação do indivíduo e da sociedade no processo de criação de bens culturais, na tomada de decisões que concernem à vida cultural e na sua difusão e fruição.

Assim, a Carta de 1988 afirma o princípio da participação popular como um dos fundamentos normativos essenciais da opção pelo modelo da democratização cultural. Por outras palavras, enquanto os

---

unicamp.br/patrimonio/materia.php?id=132, acesso em 21.11.2009); Patrícia Mariuzzo, "O centro em disputa", *Patrimônio: Revista Eletrônica do IPHAN* 2, Campinas, novembro-dezembro/2005 (disponível em *http://www.labjor.unicamp.br/patrimonio/ materia.php?id=106*, acesso em 21.11.2009).

23. Cf.: Rocío Silvia Cutipé Cárdenas, *El Rol Social del Patrimonio: ¿nos Hemos Olvidado de la Gente?* (disponível em *http://www.esicomos.org/Nueva_carpeta/ MADRIDACTAS_2002/seccion6.htm*, acesso em 21.11.2009); Alberto Martorell, *Patrimonio Cultural: Políticas Contra el Tráfico Ilícito*, Lima, Fondo de Cultura Económica, 1998, pp. 135 e 138-147.

24. Conselho Internacional de Monumentos e Sítios/ICOMOS, *Declaração do México*, México, 1985 pp. 3-4 (disponível em *http://portal.iphan.gov.br/portal/ baixaFcdAnexo.do?id=255*, acesso em 21.11.2009).

princípios da isonomia e da liberdade afastam inapelavelmente políticas liberalistas, o princípio da participação popular desautoriza toda e qualquer atuação estatal filiada a políticas de dirigismo cultural.

Neste ponto, é importante definir mais precisamente em que consiste a participação popular proclamada na Constituição Federal de 1988: resumir-se-ia à expressão e ao debate de ideias – isto é, a atos de caráter meramente opinativo –, ou compreenderia também atividades de deliberação?

O § 1º do art. 216 da Carta de 1988 determina que o Estado promova e proteja o patrimônio cultural brasileiro "com a colaboração da comunidade". Portanto, na seara cultural, a participação popular está regulada no quadro da imposição de obrigações ao Estado. Com isto, para o Estado o princípio em questão se traduz na obrigação de admitir essa colaboração e, mais que isso, de garantir que ela concretamente possa ocorrer, por meio da instituição e da regular utilização dos instrumentos adequados.

Já, para a comunidade, no que tange à promoção e à proteção dos bens culturais em sentido restrito, a colaboração é, no mundo dos fatos, uma possibilidade, admite tanto o fazer quanto o não fazer. No plano normativo, considerando o caráter imperativo que compõe a essência da norma jurídica[25] e que, assim, carece de sentido cogitar que o texto constitucional estaria meramente aconselhando ou propondo a colaboração em pauta, a referida conduta assume, para a comunidade, a condição de autêntica permissão bilateral ou liberdade jurídica.[26]

Explica Lourival Vilanova que uma das possibilidades de inserção do modal deôntico de fazer ou não fazer na ordem normativa é a instituição de liberdade jurídica, ou seja, de "permissão aos sujeitos para optarem por vários conteúdos, contanto que tais conteúdos se mantenham dentro da órbita de valores tutelados pelo ordenamento".[27]

Desse modo, a colaboração da comunidade abrange variadas possibilidades, importando investigar se o ordenamento vigente no Brasil comporta dentre elas a participação popular em processos delibera-

25. Maria Helena Diniz, *Conceito de Norma Jurídica como um Problema de Essência*, 1ª ed., 3ª tir., São Paulo, Ed. RT, 1985, pp. 85-92.
26. Lourival Vilanova, *As Estruturas Lógicas e o Sistema do Direito Positivo*, São Paulo, Max Limonad, 1997, pp. 227 e ss.
27. Idem, pp. 227-228.

tivos, ao lado de atos de caráter opinativo, dos quais são exemplos a simples expressão de ideias, a participação em debates e o encaminhamento de sugestões.

A Constituição Federal proclama a liberdade da manifestação do pensamento e da expressão da atividade intelectual, artística, científica e de comunicação (art. 5º, IV e IX). Consagra, ainda, o direito de acesso a informações (art. 5º, XIV e XXXIII), a liberdade de reunião (art. 5º, XVI) e de associação (art. 5º, XVII a XXI), bem como o direito de petição (art. 5º, XXXIV).

Assim, a possibilidade de expressar opiniões e de participar do debate acerca de questões pertinentes à vida social existe independentemente da menção à colaboração da comunidade, inserida no § 1º do art. 216. Consequentemente, parece lógico que o conteúdo dessa colaboração não pode estar confinado no campo dos atos meramente opinativos, especialmente porque, como esclarecem as melhores lições de hermenêutica jurídica, a lei não há de conter palavras inúteis.

Por outro lado, o processo de elaboração da Constituição Federal de 1988, quanto ao dispositivo sob exame, acrescenta importantes informações no que concerne ao alcance do sentido da expressão "colaboração da comunidade".

O texto do anteprojeto encaminhado à Comissão de Sistematização da Assembleia Nacional Constituinte, elaborado pela comissão temática incumbida das discussões iniciais sobre o tema da cultura (Comissão VIII), já previa a participação popular, com a expressa inclusão da comunidade em processos decisórios. Na linha do modelo francês, de instituição de órgãos colegiados, já aplicado no Brasil,[28] o anteprojeto vinculava a atuação do Poder Público a conselhos representativos da sociedade civil, estipulando o seguinte, em seu art. 19:[29]

> Art. 19. O Poder Público, respaldado por conselhos representativos da sociedade civil, promoverá e apoiará o desenvolvimento e a proteção do patrimônio cultural brasileiro, através do seu inventário sistemático, vigilância, tombamento, aquisição e de outras ações de acautelamento e preservação, assim como de sua valorização e difusão.

---

28. Cf. item 2.1 do presente trabalho.
29. Assembleia Nacional Constituinte, 1987, Brasília/Comissão da Família, da Educação, Cultura e Esportes, da Ciência e Tecnologia e da Comunicação, *Ata da 10ª Reunião Ordinária*, cit., Brasília/DF, *DOU*, 1987, Suplemento 100, p. 203, 21.7.1987.

Os argumentos apresentados pelo senador Arthur da Távola, na relatoria do mencionado anteprojeto, são claros quanto à opção pelo conteúdo da participação, revelando que seu núcleo repousa precisamente na intervenção popular nos processos de deliberação. Veja-se, a propósito, o seguinte trecho da justificativa do Constituinte:[30]

> A questão da arte e da cultura envolve o conhecimento especializado que não está todo nas mãos do Poder Público. (...) a sociedade civil, principalmente as comunidades, elas são muito interessadas, às vezes, na preservação do sentido histórico da sua cidade, da sua comunidade. Ninguém mais que cada pequena cidade conhece a importância dos seus sítios históricos. De forma que integrar a sociedade civil na organização desses conselhos parece-me sadio, do ponto de vista da preservação.

É verdade que o texto final do § 1º do art. 216 da CF de 1988 adotou redação algo diversa, na qual está prevista a "colaboração da comunidade", em lugar da anterior referência aos "conselhos representativos da sociedade civil". Porém, isto não significou a rejeição do princípio da participação popular na amplitude inicialmente definida.

Com efeito, o art. 19 do anteprojeto elaborado pela Comissão VIII transformou-se no art. 389 do Projeto de Constituição, no qual foi mantida a instituição dos conselhos representativos, nos seguintes termos:[31]

> Art. 389. Compete ao Poder Público, respaldado por conselhos representativos da sociedade civil, promover e apoiar o desenvolvimento e a proteção do patrimônio cultural brasileiro, através de inventário sistemático, registro, vigilância, tombamento, desapropriação, aquisição e de outras formas de acautelamento e preservação, assim como de sua valorização e difusão.

Porém, já no âmbito da Comissão de Sistematização, o Relator, Bernardo Cabral, entendeu que o art. 389 envolveria matéria infra-

---

30. Idem, p. 203.
31. Assembleia Nacional Constituinte, 1987, Brasília/Comissão de Sistematização, *Projeto de Constituição* (disponível em *http://www.senado.gov.br/sf/legislacao/ basesHist/asp/consultaDetalha mento.asp*, acesso em 21.11.2009).

constitucional.[32] Assim, eliminou-o do primeiro substitutivo ao Projeto, reduzindo o capítulo da cultura aos seguintes artigos:[33]

Art. 284. O Estado garantirá a cada um o pleno exercício dos direitos culturais, a participação igualitária no processo cultural e dará proteção, apoio e incentivo às ações de valorização, desenvolvimento e difusão da cultura.

§ 1º. Ficam sob a proteção especial do Poder Público os documentos, as obras e os locais de valor histórico ou artístico, os monumentos e as paisagens naturais e os conjuntos urbanos notáveis, bem como os sítios arqueológicos.

§ 2º. O Estado protegerá, em sua integridade e desenvolvimento, as manifestações da cultura popular, das culturas indígenas, das de origem africana e das de outros grupos de participam do processo civilizatório brasileiro.

§ 3º. O direito de propriedade sobre bens do patrimônio cultural será exercido em consonância com a sua função social.

§ 4º. A lei estabelecerá incentivos para a produção e o conhecimento dos bens e valores culturais brasileiros.

§ 5º. É vedada a destinação de recursos públicos a entidades culturais de fins lucrativos.

Art. 285. Constituem patrimônio cultural brasileiro os bens de natureza material e imaterial, tomados individualmente ou em conjunto, portadores de referência às identidades, à ação e à memória dos diferentes grupos e classes formadoras da sociedade brasileira, aí incluídas as formas de expressão, os modos de fazer e de viver; as criações científicas, artísticas e tecnológicas; as obras, objetos, documentos, edificações, conjuntos urbanos e sítios de valor histórico, paisagístico, artístico, arqueológico, ecológico e científico.

Esse substitutivo, todavia, sofreu várias emendas. Dentre elas destaca-se – eis que se reporta ao aspecto ora enfocado – a Emenda Aditiva 33.708, de autoria do constituinte Octávio Elísio: o acréscimo

---

32. Ao rejeitar a Emenda 6.766, que oferecia redação substitutiva ao art. 389, o Relator consignou que o mesmo "foi suprimido, pois a matéria pertence à lei ordinária".

33. Assembleia Nacional Constituinte, 1987, Brasília/Comissão de Sistematização, *Primeiro Substitutivo ao Projeto de Constituição* (disponível em *http://www.senado.gov.br/sf/legislacao/basesHist/asp/consultaDetalhamento.asp*, acesso em 21.11.2009).

da expressão "com a efetiva colaboração da comunidade", nela proposto, foi acolhido a partir do segundo substitutivo ao Projeto de Constituição, prevalecendo no texto final da Carta de 1988.[34]

Desse modo, percebe-se que as diferentes redações adotadas nas fases da elaboração da Constituição Federal – à exceção da constante do primeiro substitutivo do Projeto – indicam que, na seara da cultura, o conteúdo normativo do princípio da participação popular compreende, no que tange à comunidade, não apenas a possibilidade de externar opiniões, apontar problemas e debater soluções, mas, essencialmente, de partilhar, na forma da lei, da própria tomada de decisões quanto à formulação e à execução das políticas públicas na arena cultural.

Nesse sentido, a menção à "sociedade civil" (no anteprojeto) e, finalmente, à "comunidade" (no § 1º do art. 216 da CF) não deixa dúvidas: a identificação dos bens e manifestações culturais a serem promovidos e protegidos não deve contar apenas com a participação de órgãos estatais, nem se deve restringir à intervenção de especialistas,[35] mas deve incluir o grupo social, os habitantes da região, os próprios sujeitos, enfim, cuja vivência confere o valor cultural ao objeto da tutela. Assim, não basta, por exemplo, instituir órgãos colegiados com atribuições decisórias, mas é preciso que, ao lado de representantes do Estado e de detentores de conhecimentos especializados, neles se assegurem voz e voto a representantes da comunidade.

Em suma, a Constituição Federal de 1988, ao afirmar o princípio da participação popular, determina a instituição de meios que permitam a intervenção do indivíduo e da sociedade tanto na identificação

---

34. Também foi acatada a Emenda 22.621, oferecida pelo constituinte José Queiroz com o mesmo propósito, mas redação diversa. Os instrumentos de proteção alinhados exemplificativamente no Projeto de Constituição, igualmente eliminados do primeiro substitutivo, da mesma forma que o princípio da participação popular, retornaram, por força das emendas indicadas, ao texto final da Carta de 1988 ("Art. 216. ... inventários, registros, vigilância, tombamento e desapropriação, e de outras formas de acautelamento e preservação").

35. José Eduardo Ramos Rodrigues lembra que no Brasil a "grande destruição sofrida pela arquitetura eclética do século XIX" se deve ao predomínio da ação de especialistas nos órgãos responsáveis pela identificação do patrimônio a ser preservado. Observa o autor que "a maioria dos técnicos preservacionistas eram arquitetos da escola modernista, que só valorizavam as edificações coloniais, sendo adversários viscerais da arquitetura eclética, (...)" ("Patrimônio cultural: análise de alguns aspectos polêmicos", *Revista de Direito Ambiental* 21/179, São Paulo, janeiro-março/2001).

do objeto da promoção e da proteção como na efetiva aplicação dos instrumentos de tutela. Se a igualdade e a liberdade justificam a própria inserção do tema da cultura no título constitucional da ordem social, impondo ao Estado a obrigação de agir, os princípios do planejamento e da participação popular conformam a democratização cultural, presidindo os processos de definição e de execução das ações estatais, tendo em vista a garantia do pleno exercício dos direitos culturais e o amplo acesso às fontes da cultura nacional.

Neste passo, uma vez delineados os princípios fundamentais da atuação do Estado Brasileiro na tutela da cultura, importa examinar a que esferas de poder toca, precisamente, a tarefa em questão.

4.2 Competências

A partilha constitucional de competências é uma das características essenciais[36] da Federação, forma de Estado que comporta ordens jurídicas parciais ao lado da ordem jurídica central,[37] todas elas dotadas de autonomia política e administrativa.

Dentre as várias técnicas de repartição de competências observadas na história do federalismo,[38] optou-se na Constituição Federal de 1988 pela conjugação de áreas sujeitas à atuação restrita de cada entidade federativa, admitida a delegação em casos específicos, com áreas passíveis de atuação conjunta de todos os círculos do poder estatal. No que tange à cultura, as competências foram distribuídas conforme este último critério.

Com efeito, assim como em outros assuntos de cunho eminentemente social, a Constituição em vigor impõe a conjugação dos esforços de todas as entidades políticas na tutela da cultura. Ou seja: confia essa tarefa à União, aos Estados, ao Distrito Federal e aos Municípios, de modo conjunto, paralelo ou concorrente, em sentido amplo,[39] assi-

---

36. Michel Temer, *Elementos de Direito Constitucional*, 24ª ed., São Paulo, Malheiros Editores, 2012, p. 67.
37. Hans Kelsen, *Teoria Generale del Diritto e dello Stato*, Milão, Etas Libri, 1984, pp. 321-323.
38. Fernanda Dias Menezes de Almeida, *Competências na Constituição de 1988*, 3ª ed., São Paulo, Atlas, 2005, pp. 47-55.
39. Fernanda Dias Menezes de Almeida nota que o termo "concorrente", em sua ampla acepção, indica que "relativamente a uma só e mesma matéria concorre a com-

nando-lhes as competências demarcadas no art. 23, III, IV e V, no art. 24, VII, VIII e IX, e no art. 30, II e IX.

Em linhas gerais, percebe-se que as atribuições do Estado Brasileiro no domínio cultural estão estruturadas em dois grupos de competências, definidos segundo a natureza da função a ser exercida: a competência *comum*, que abrange a atuação administrativa ou material, e a competência *concorrente*, em sentido restrito, pertinente apenas ao exercício da função legislativa.

4.2.1 Competências materiais

Estabelece a Carta de 1988 que cabe à União, aos Estados, ao Distrito Federal e aos Municípios, em sede de competência comum, proteger bens portadores de referência cultural e proporcionar meios de acesso à cultura (art. 23, III e V). A primeira de tais tarefas ainda está especificada, no próprio texto constitucional, nas atribuições de impedir a evasão, a destruição e a descaracterização dos bens referidos (art. 23, IV) e reiterada na inclusão, dentre as competências municipais, da proteção do "patrimônio histórico-cultural local" (art. 30, IX).

Assim, a Constituição Federal outorga a competência material, quanto ao tema em foco, a todas as entidades estatais, sem ressalvas ou reservas de áreas próprias. Não contempla a primazia de qualquer das pessoas políticas competentes para a tutela da cultura, pois, no que toca ao exercício da função administrativa, não institui graduação de interesses no mesmo âmbito territorial.[40]

Nas tarefas de garantir o pleno exercício dos direitos culturais e o acesso às fontes da cultura nacional, assim como na promoção e na proteção do patrimônio cultural brasileiro, não há interesses que

petência de mais de um ente político" (*Competências na Constituição de 1988*, cit., 3ª ed., p. 49). Sem embargo, lembra que na Carta de 1988 está empregado em sentido mais restrito, para designar somente o concurso de competências legislativas.

40. Nesse sentido: José Eduardo Ramos Rodrigues, "Tutela do patrimônio ambiental cultural", in Arlindo Philippi Jr. e Alaôr Caffé Alves, *Curso Interdisciplinar de Direito Ambiental*, Barueri/SP, Manole, 2005. p. 548. Em sentido contrário – ou seja, sustentando a existência de graduação de interesses –, v.: Maria Coeli Simões Pires, *Da Proteção ao Patrimônio Cultural: o Tombamento como Principal Instituto*, Belo Horizonte, Del Rey, 1994, pp. 112-113; Antônio A. Queiroz Telles, *Tombamento e seu Regime Jurídico*, São Paulo, Ed. RT, 1992, pp. 94-95.

possam ser tipificados como predominantemente locais ou regionais. Ademais, o próprio conceito jurídico de "patrimônio cultural" brasileiro exclui essa graduação,[41] valendo observar que a menção ao "patrimônio histórico-cultural local", contida no art. 30, IX, da Carta de 1988, não corresponde a categoria jurídica distinta, mas se refere apenas ao conjunto dos bens portadores de valor cultural situados no território do Município, remarcando, assim, o âmbito ao qual se circunscreve a autonomia municipal. Não se poderia sustentar que tal dispositivo tenha criado área de atuação exclusiva, pois para tanto seria necessário admitir o completo esvaziamento do conteúdo do inciso III do art. 23 no que concerne à União e aos Estados, eis que, à parte o Distrito Federal, todo bem estará necessariamente situado em território municipal.

No que se reporta, pois, à competência material, a Constituição de 1988 não define círculos de ação próprios, isto é, restritos a essa ou àquela entidade política. Cuida apenas de prever a edição de lei complementar destinada a "fixar normas para a cooperação entre a União e os Estados, o Distrito Federal e os Municípios, tendo em vista o equilíbrio do desenvolvimento e do bem-estar em âmbito nacional" (art. 23, parágrafo único). Ora, nenhum sentido haveria na previsão dessa lei complementar se do *caput* do art. 23 não decorresse a possibilidade da sobreposição de ações de todas as instâncias federativas – fato que, de seu turno, somente é cabível porque o campo de atuação conferido a cada uma delas é exatamente o mesmo, respeitados os correspondentes limites territoriais. Assim, a Constituição Federal impõe a atuação concomitante, admitindo, inclusive, a adoção de providências simultâneas – como o tombamento de determinado bem por mais de um ente político –, mas é certo que também exige o entrosamento das instâncias competentes, de modo a evitar as sobreposições que se revelem incompatíveis com o melhor aproveitamento dos recursos disponíveis.

É evidente que a lei complementar referida não pode suprimir nem alterar o condomínio de competências materiais estabelecido na Carta de 1988. Nesse sentido, calha mencionar que o Min. Sepúlveda Pertence, no voto-condutor do julgamento da ADI 2.544-RS, deixou assentado que, diante da competência comum definida no art. 23 da CF,

---

41. Cf. item 3.3 do presente trabalho.

"regular a cooperação não abrange o poder de demitirem-se a União ou os Estados dos encargos constitucionais de proteção dos bens de valor arqueológico para descarregá-los ilimitadamente sobre os Municípios".[42]

Ao editar a lei complementar em apreço, a União não pode ordenar aos Estados ou aos Municípios que exerçam a proteção e a promoção da cultura em caráter exclusivo ou, mesmo, preponderante. Também não pode assumir com exclusividade a referida tarefa, de forma a afastar totalmente a ação dos outros entes políticos. Em termos de formulação geral, importa, pois, reconhecer que, diante do princípio da supremacia da Constituição, à legislação infraconstitucional – seja em sede de lei complementar ou ordinária de qualquer instância federativa, seja até mesmo no âmbito de Constituição Estadual –, é defeso modificar os limites das competências assinadas na Carta Federal.

Por fim, cabe averbar que, se a legislação há que respeitar a distribuição definida na Constituição Federal, igual restrição se estende ao próprio exercício da competência material, submetido que está ao princípio da legalidade. Por outras palavras, se a competência é conjunta ou paralela – ou seja, atribuída a todas as pessoas políticas sem a reserva de zonas próprias –, é imperioso concluir que a ação de uma não tem, *a priori*, o condão de inibir nem de autorizar a atuação das demais nem, tampouco, de excluir a correspondente responsabilidade.

4.2.2 Competências legislativas

A Constituição Federal em vigor não adota para as competências legislativas o mesmo regime de concorrência aplicável às competências materiais. Enquanto a ação administrativa na tutela da cultura é atribuída igualmente a todas as entidades políticas, a repartição das competências legislativas caracteriza-se pela reserva de áreas específicas, definidas segundo a abrangência do interesse envolvido.

À luz das ordens constitucionais que antecederam a Carta de 1988, a competência legislativa concernente à proteção do patrimônio

---

42. Disponível em *http://www.stf.jus.br/portal/inteiroTeor/obterInteiroTeor. asp?numero=2544&classe=ADI* (acesso em 21.11.2009).

histórico e artístico nacional cabia seja à União e aos Estados (1934), seja à União, aos Estados e Municípios (1937, 1946, 1967 e Emenda Constitucional 1/ 1969), sob regime de concorrência cumulativa. Consoante o referido modelo, sem embargo da competência deferida paralelamente a todas as entidades políticas, não existia definição de âmbito específico para a legislação federal, a cuja observância se sujeitavam a legislação estadual e a municipal.[43]

Na Constituição Federal de 1988 a competência para a atuação legislativa do Estado no plano da cultura está determinada nos arts. 24, VII, VIII e IX, e 30, II e IX, na forma dos quais resultou consagrado o sistema da concorrência limitada ou não cumulativa.[44]

Diferentemente do que acontece quanto às competências materiais, no que tange à atividade legislativa a distribuição dos encargos se apoia na estipulação de diferentes graus de interesses, concernentes antes aos níveis de tratamento do tema no âmbito da Federação que à própria substância do assunto regulado. Ao tempo em que se considera de interesse preponderantemente geral fixar de modo uniforme, em todo o território nacional, as linhas fundamentais dos institutos aplicáveis à matéria, verifica-se na pormenorização de seus demais aspectos o predomínio do interesse das ordens jurídicas parciais.

Consoante o que dispõe o art. 24, § 1º, da CF de 1988, no âmbito da concorrência legislativa, a competência da União se restringe à estipulação de normas gerais.

A expressão "normas gerais", empregada no texto constitucional, não se reporta, evidentemente, à generalidade que é típica das normas legais. Designa – isto, sim –, como propôs Diogo de Figueiredo Moreira Neto em minudente estudo, um "terceiro gênero" de normas jurídicas, definido como segue:[45]

---

43. Nesse sentido: Fernanda Dias Menezes de Almeida, *Competências na Constituição de 1988*, cit., 3ª ed. p. 142; Diógenes Gasparini, "Tombamento II", in R. Limongi França (coord.), *Enciclopédia Saraiva do Direito*, São Paulo, Saraiva, 1977, p. 21; Maria Coeli Simões Pires, *Da Proteção ao Patrimônio Cultural: o Tombamento como Principal Instituto*, cit., p. 109; Antônio A. Queiroz Telles, *Tombamento e seu Regime Jurídico*, cit., pp. 89-90.

44. Diogo de Figueiredo Moreira Neto, "Competência concorrente limitada: o problema da conceituação das normas gerais", *Revista de Informação Legislativa* 100/139, Brasília, outubro-dezembro/1988.

45. Idem, p. 159.

(...) normas gerais são declarações principiológicas que cabe à União editar, no uso de sua competência concorrente limitada, restrita ao estabelecimento de diretrizes nacionais sobre certos assuntos, que deverão ser respeitadas pelos Estados-membros na feitura das suas respectivas legislações, através de normas específicas e particularizantes que as detalharão, de modo que possam ser aplicadas, direta e imediatamente, às relações e situações concretas a que se destinam, em seus respectivos âmbitos políticos.

Portanto, caracterizam as normas gerais um conteúdo e um âmbito de aplicação próprios: de um lado, são normas que veiculam diretrizes e definem as linhas fundamentais do objeto da regulação, ao qual, por isso, não podem conferir tratamento detalhado nem, por mais forte razão, disciplina exauriente; de outro lado, são normas que, além da eficácia ordinária *erga omnes*, que consiste na sua incidência de modo imediato sobre as situações concretas, uniformemente em todo o território nacional, também apresentam a eficácia excepcional decorrente de seu caráter limitativo da ação legislativa estadual, distrital e municipal.[46]

Ora, presente que o conteúdo das normas gerais se limita à fixação de diretrizes e à conformação das linhas essenciais de determinado objeto, não é difícil perceber a necessidade de detalhamento de outros aspectos, secundários ou complementares, mas imprescindíveis para a aplicação da disciplina instituída. É o caso, por exemplo, da definição dos órgãos encarregados da execução dos comandos normativos e da estipulação dos procedimentos a serem observados. Tais aspectos constituem matéria da chamada *legislação suplementar*, cuja produção resulta precisamente da impossibilidade de regulação integral de um tema, em todas as suas especificidades, nas normas gerais.

Enquanto as normas gerais estabelecem as diretrizes e o núcleo do regramento incidente sobre determinado assunto, a competência suplementar abrange a edição de normas destinadas a complementá-las, isto é, a "acrescentar pormenores, desdobrar ou detalhar o conteúdo de uma norma geral",[47] com o objetivo de permitir sua efetiva aplica-

---
46. Idem, pp. 150-152 e 157-158.
47. Fernanda Dias Menezes de Almeida, *Competências na Constituição de 1988*, cit., 3ª ed., p. 152. Porém, defende a autora que a competência suplementar reúne as ações de complementar e de suprir, invocando, para tanto, as acepções que o termo "suplementar" admite.

ção no âmbito das ordens jurídicas parciais. Porém, não compreende a ação voltada para suprir a ausência da legislação federal instituidora de normas gerais, pois que tal ação, consoante o que estatui o art. 24, § 3º, da Carta de 1988, corresponde ao exercício da competência legislativa plena, e não suplementar, a qual está regulada no § 2º do mesmo artigo.

Portanto, no quadro da concorrência legislativa, desenham-se em intrínseca correlação as competências para a edição de normas gerais e para a produção da legislação suplementar. A competência legislativa plena existirá apenas temporariamente, em caráter excepcional, isto é, somente enquanto não editadas as normas gerais.

Especificando o regime das competências legislativas concorrentes, a Constituição atribui a competência suplementar aos Estados e ao Distrito Federal (art. 24, § 2º). Porém, uma vez que o referido artigo não rege as competências legislativas municipais, que são tratadas em dispositivo diverso (art. 30, I e II), cumpre examinar se e, em caso positivo, em que medida os Municípios podem legislar sobre a tutela da cultura.

Conforme o art. 30, I e II, da Carta de 1988, os Municípios dispõem de competência para "legislar sobre assuntos de interesse local" e para "suplementar a legislação federal e estadual no que couber". Não obstante a imprecisão provocada pelo emprego da expressão "interesse local" e a ausência, no texto constitucional, de critérios explícitos acerca do regime da competência municipal suplementar, é possível perceber que as hipóteses previstas nos incisos I e II do mencionado art. 30 não se confundem. O primeiro demarca área de competência própria ou privativa do Município, definida pela preponderância do interesse local,[48] e o segundo somente se justifica num quadro em que as competências são conferidas de modo concorrente ou paralelo a mais de uma instância política. Decerto, para que se possa cogitar de suplementação é imprescindível que se presuma a existência de legislação a ser suplementada.

48. Celso Antônio Bandeira de Mello, "Discriminação constitucional de competências legislativas: a competência municipal", in Celso Antônio Bandeira de Mello (org.), *Estudos em Homenagem a Geraldo Ataliba 2 – Direito Administrativo e Constitucional*, São Paulo, Malheiros Editores, 1997, p. 276.

Consequentemente, de um lado, impõe-se reconhecer que o inciso I do art. 30 não outorga ao Município competência para legislar sobre a promoção e a proteção da cultura, pois, já tendo sido deferida à União, aos Estados e ao Distrito Federal (art. 24, VII, VIII e IX), tal matéria, obviamente, não pode ser objeto de competência municipal privativa. Por outras palavras, ao determinar a ação legislativa da União, dos Estados e do Distrito Federal, a Carta de 1988 afasta, no plano normativo, a possibilidade da existência de interesse predominantemente local no que tange à matéria em foco.

De outro lado, o art. 30, II, atribui ao Município a competência para "suplementar a legislação federal e a estadual no que couber". Ora, como visto, somente caberá suplementação desde que haja concorrência. De fato, ao estipular que um assunto se situa especificamente na esfera das atribuições de determinada entidade política, a Carta o retira do âmbito da atuação conjunta das demais. Desse modo, excluem-se do quadro das matérias que comportam legislação suplementar aquelas cujo tratamento é objeto de competências privativas ou exclusivas – como, por exemplo, as enumeradas nos arts. 21 e 22 da CF. Em conclusão, considerando que a promoção e a proteção da cultura se incluem no rol dos temas sujeitos à concorrência legislativa (art. 24, VII, VIII e IX), do ponto de vista lógico, a matéria seguramente requer suplementação, admitindo-a, assim, tanto no âmbito dos Estados e do Distrito Federal (art. 24, § 2º) quanto na esfera municipal (art. 30, II).

O cabimento da competência legislativa municipal suplementar,[49] presente quanto à tutela da cultura, ainda está circunscrito ao respeito da legislação federal e estadual, mormente diante da regra expressa no art. 30, IX, da CF de 1988. Isto significa que a competência suplementar somente existe para atendimento das peculiaridades do Município, no que tange ao provimento das condições necessárias à aplicação das normas gerais, nos limites de seu território. Não encerra, porém, com-

---

49. Acerca da competência do Município para suplementar a legislação federal e estadual nas matérias arroladas no art. 24 da CF, v.: Fernanda Dias Menezes de Almeida, *Competências na Constituição de 1988*, cit., 3ª ed., p. 158; Ubirajara Costódio Filho, *As Competências do Município na Constituição Federal de 1988*, São Paulo, Celso Bastos Editor/Instituto Brasileiro de Direito Constitucional, 1999, p. 84; José Afonso da Silva, *Curso de Direito Constitucional Positivo*, 35ª ed., São Paulo, Malheiros Editores, 2012, p. 504.

petência para legislar supletivamente – ou seja, para suprir a ausência de regulação federal ou estadual –, eis que, no âmbito da concorrência legislativa, somente Estados e Distrito Federal detêm tal competência legislativa plena, em caráter excepcional, por força de cláusula constitucional expressa (art. 24, § 3º).

Em suma, quanto à promoção e à proteção da cultura, cabe à União editar normas gerais, fixando diretrizes e configurando instrumentos de ação (art. 24, § 1º). Aos Estados e ao Distrito Federal incumbe suplementar a legislação federal (art. 24, § 2º) e exercer a competência legislativa plena, para atendimento de suas peculiaridades (art. 24, § 3º), enquanto não existir lei federal sobre normas gerais, cujo advento suspenderá a eficácia das leis estaduais assim produzidas, no que lhes for contrária (art. 24, § 4º). Finalmente, aos Municípios toca apenas a competência legislativa suplementar da legislação federal e estadual (art. 30, II e IX).

4.2.2.1 *A legislação regente do tombamento*

Diogo de Figueiredo Moreira Neto[50] esclarece que a competência concorrente clássica se caracteriza pela

> (...) disponibilidade ilimitada do ente central de legislar sobre a matéria, até mesmo podendo esgotá-la, remanescendo aos Estados o poder de suplementação, em caso de ausência de norma federal, ou de complementação, para preencher lacunas acaso por ela deixadas.

Ao editar o Decreto-lei 25/1937, principal diploma normativo que regula o tombamento, a União fez uso de competência legislativa definida segundo o modelo clássico, sob a égide da Constituição de 1937, de modo que o regime então estatuído, em suas diretrizes e em seus pormenores, se impôs não só à instância federal, como também aos Estados e aos Municípios.

Tal sistema perdurou até o advento da Constituição Federal de 1988, quando passou a ser adotado, em matéria de tutela da cultura, o

---

50. Diogo de Figueiredo Moreira Neto, "Competência concorrente limitada: o problema da conceituação das normas gerais", cit., *Revista de Informação Legislativa* 100/131.

modelo da concorrência limitada, no qual a competência legislativa da União se restringe à edição de normas gerais.

O Decreto-lei 25 estabelece as características essenciais do tombamento, determinando seus efeitos jurídicos. Exemplo típico é a norma que proíbe a destruição, a demolição ou a mutilação da coisa tombada (art. 17). Mas, além disso, também regula aspectos complementares, alheios ao núcleo do instituto – o que ocorre, por exemplo, na estipulação dos quatro Livros do Tombo (art. 4º).

Desse modo, o Decreto-lei 25 veicula tanto comandos que se enquadram no conceito de normas gerais quanto preceitos tipicamente reportados à noção de legislação complementar. Logo, considerando o âmbito a que se circunscreve a competência legislativa da União na Constituição de 1988, há que se reconhecer que as normas postas pelo referido decreto-lei não foram recepcionadas da mesma forma – ou seja, com igual *status* – pela atual ordem constitucional.

A propósito, vale recorrer, outra vez, às preciosas anotações de Diogo de Figueiredo Moreira Neto,[51] que bem destaca a diferença fundamental existente quanto ao âmbito de aplicação de normas gerais e de normas específicas expedidas pela União, no uso de competência legislativa concorrente, no corpo de um mesmo instrumento normativo:

> As *normas específicas baixadas pela União juntamente com as normas gerais ou os aspectos específicos por acaso nestas contidos* não têm aplicação aos Estados-membros, considerando-se normas particularizantes federais, dirigidas ao Governo Federal.

Portanto, dentre as normas estabelecidas no Decreto-lei 25 e nos demais diplomas federais que regulam o tombamento, as que traçam diretrizes e que configuram o instituto, especialmente mediante a definição de seus efeitos, foram recebidas pela nova ordem constitucional, desde que com ela compatíveis, na qualidade de normas gerais, vinculantes da legislação de todas as instâncias políticas. As demais normas federais, que detalham aspectos complementares do tema, devem ser consideradas normas voltadas apenas para a ordem jurídica parcial federal.

---

51. Idem, p. 161.

A partir de tais parâmetros, em suma, é que deve ser compreendido o regime jurídico do tombamento traçado, em sua essência, no Decreto-lei 25. Porém, como pressuposto necessário ao exame do que nele se encontra estabelecido, ainda no âmbito dos fundamentos constitucionais do instituto, impõe-se refletir acerca de sua situação diante dos demais instrumentos de tutela previstos na Carta de 1988.

4.3 Situação do tombamento no quadro dos instrumentos de promoção e proteção jurídica da cultura

A noção de cultura adotada na Constituição Federal de 1988 determinou a ampliação tanto do universo dos bens aos quais se dirige a tutela jurídica quanto do próprio conteúdo da atuação estatal.

De fato, a inicial preocupação com a conservação de bens materiais evoluiu no sentido de alcançar bens incorpóreos, como, por exemplo, formas de expressão e modos de criar, fazer e viver. Outrossim, além da preservação de tais bens e da correspondente defesa contra riscos de descaracterização ou de completo perecimento, que são típicas da atividade de proteção propriamente dita, o papel do Estado passou a compreender também a promoção da cultura, isto é, o complexo de ações voltadas para a valorização, o incentivo, o apoio e a divulgação de suas fontes.

Ora, primeiro meio de tutela admitido no ordenamento jurídico brasileiro, o tombamento é, tipicamente, instrumento de conservação, isto é, busca impedir a modificação do estado físico dos bens; e, por isso, é apto apenas para a preservação de bens corpóreos. Outras formas[52] de atuação estatal instituídas antes da edição da Carta de 1988 também se destinavam precipuamente à proteção, em sentido restrito, de bens corpóreos. Assim, se, de um lado, os meios até então instituídos se revelam inadequados para a salvaguarda de bens imateriais, de outro lado, a finalidade constitucional de promoção da cultura não se satisfaz, evidentemente, com a tradicional atuação estatal de mera intervenção na liberdade e na propriedade, passando a demandar

---

52. Como exemplos, destacam-se: Lei 3.924/1961, que dispõe sobre monumentos arqueológicos e pré-históricos; Lei 6.513, de 20.12.1977, que regula "áreas especiais de interesse turístico"; Lei 6.902, de 27.4.1981, que instituiu "estações ecológicas" e "áreas de proteção ambiental".

ações de fomento e até mesmo a definição de atividades como serviços públicos.

Assim, a concepção que fundamenta a disciplina jurídica da cultura estabelecida na Carta de 1988 exigiu nova conformação do sistema, de modo que o mesmo possa oferecer meios aptos a promover e a proteger a diversidade dos bens culturais amparados.

É óbvio que a definição das formas de promoção e proteção da cultura não depende de expressa previsão constitucional. Não obstante, a Constituição Federal de 1988 cuidou de nomear alguns instrumentos, além de, explicitamente, consignar a possibilidade de aplicação de outros meios (art. 216, § 1º, parte final). De fato, prevê a utilização de "inventários, registros, vigilância, tombamento e desapropriação" (art. 216, § 1º), a organização do serviço público de gestão da documentação governamental (art. 216, § 2º), a criação de fundos estaduais de fomento (art. 216, § 6º), o incentivo do mercado interno como forma de viabilizar o desenvolvimento cultural (art. 219) e a prestação dos serviços públicos de radiodifusão de sons e de sons e imagens como meio de promoção da cultura (art. 221). Além disso, resguardou diretamente a integralidade dos elementos que compõem certas categorias, pois definiu como bens de propriedade da União "as cavidades naturais subterrâneas e os sítios arqueológicos e pré-históricos" (art. 20, X) e determinou o tombamento de "todos os documentos e os sítios detentores de reminiscências históricas dos antigos quilombos" (art. 216, § 5º).

Nesse quadro, a Constituição Federal afetou de forma bastante importante a própria posição que o tombamento ocupava na organização da proteção da cultura, a par dos reflexos obviamente incidentes na configuração de seu regime jurídico.

O Decreto-lei 25/1937 situou o tombamento no eixo do sistema de tutela da cultura, a ele reconduzindo a aplicação de outros instrumentos. Porém, com a Constituição Federal de 1988 o tombamento deixou a posição de figura central e estruturante do sistema em apreço, mantendo-se como um dos vários instrumentos de promoção e proteção, ao lado dos meios mencionados de forma expressa e dos demais meios admitidos, conquanto não nomeados, no texto constitucional.

Essa mudança de foco implica relevantes consequências, desde a formação do patrimônio cultural brasileiro.

Como visto, a pluralidade dos modos de proteção admitidos na Constituição Federal permite afirmar que não houve recepção da regra contida no § 1º do art. 1º do Decreto-lei 25/1937, a qual determinava que apenas bens tombados integravam o então denominado "patrimônio histórico e artístico nacional".

A despeito dessa regra, mesmo antes do advento da Carta de 1988, com o correr do tempo, já se vinha constatando que o tombamento, por suas características legais, não seria adequado para proteger qualquer tipo de objeto. Percebeu-se que situações existem em que a alteração da coisa é pressuposto do exercício dos direitos culturais ou, então, é inerente à própria essência do objeto. É o que acontece, por exemplo, quando se trata, respectivamente, de jazidas arqueológicas e de parques naturais.

Essa inadequação revela-se de forma muito clara no caso das áreas especiais de interesse turístico e no caso das jazidas arqueológicas ou pré-históricas, para mencionar apenas dois exemplos. Sabendo-se que um dos principais efeitos do tombamento é estabelecer, como regra, a imodificabilidade do bem cultural protegido, bem se vê que o instituto, isoladamente, não permitiria a promoção do valor turístico, que demanda a realização de obras destinadas ao oferecimento de infraestrutura adequada, sem a descaracterização dos bens que conferem a potencialidade turística às áreas demarcadas. No mesmo sentido, a fruição do valor arqueológico depende da exploração dos bens nos quais se faz presente. Como explica José Eduardo Ramos Rodrigues, "mesmo um desmonte cuidadoso, cientificamente programado e efetuado com tecnologia adequada, por profissionais habilitados, não deixará de provocar o seu perecimento, pelo menos parcial".[53] Portanto, a tutela de áreas especiais de valor turístico e de bens de valor arqueológico e pré-histórico passou a ser regulada, respectivamente, na Lei 6.513, de 20.12.1977, e na Lei 3.924, de 26.7.1961, as quais instituíram regimes jurídicos peculiares, independentes do tombamento.

É certo, portanto, que antes da Carta de 1988 surgiram outros institutos voltados para a proteção de bens materiais portadores de

---

53. José Eduardo Ramos Rodrigues, "Aspectos jurídicos da proteção ao patrimônio cultural, arqueológico e paleontológico", *Revista de Direito Ambiental* 6/116, São Paulo, abril-junho/1997.

valor cultural. Sem embargo, o tombamento ainda seguia considerado como principal instrumento.

De fato, a integração de um elemento na universalidade então existente (patrimônio histórico e artístico nacional), desde sua criação no Decreto-lei 25/1937, estava subordinada ao respectivo tombamento. Tal exigência acabava por fazer convergirem ao instrumento em questão as demais formas de tutela, gerando incongruências, em prejuízo da efetividade da proteção.

Para exemplificar, observa-se que o tombamento do bem era requisito essencial para a verificação do crime de "dano em coisa de valor artístico, arqueológico ou histórico" (redação originária do art. 165 do CP), que cominava pena mais rigorosa que o crime de "dano" de bens particulares (art. 163 do CP). Assim, bens materiais não tombados, ainda que portadores de valor reconhecido por outros meios, estavam excluídos da tutela penal típica dos bens culturais. Por exemplo, os danos perpetrados contra móveis ou esculturas pertencentes a particulares produzidos no Brasil até o fim do período monárquico, embora referidos bens apresentassem valor reconhecido diretamente pela Lei 4.845, de 19.11.1965, seriam punidos com penas mais brandas que bens similares datados da mesma época, desde que estes tivessem sido tombados. Salta aos olhos, pois, a incoerência.

Mais complicada era a situação de bens cuja fruição fosse incompatível com o tombamento, embora protegidos por legislação específica, como as mencionadas áreas especiais de interesse turístico. De um lado, seu tombamento prejudicaria a adoção das medidas necessárias ao exercício dos direitos culturais de fruição; de outro, caso não tombados, tais bens não receberiam tutela penal adequada.[54] Logo, é inevitável concluir que o ordenamento jurídico os resguardava, assim como aos bens apontados no parágrafo anterior, apenas de modo parcial.[55]

Diante do contexto delineado, nota-se que a Constituição Federal de 1988 aperfeiçoou o conjunto dos instrumentos de promoção e pro-

---

54. O crime de "alteração de local especialmente protegido", tipificado no art. 166 do CP, também era punido com pena mais branda (detenção de um mês a um ano, e multa).

55. A incoerência da legislação penal foi afastada apenas com a edição da Lei 9.605/1998, que, à luz da disciplina instituída na Constituição Federal de 1988, revogou os arts. 165 e 166 do CP e estendeu a proteção mais severa a todo "bem especialmente protegido por lei, ato administrativo ou decisão judicial".

teção da cultura, com a substituição do primeiro modelo adotado no Brasil, vigente desde 1937 e forjado a partir de legislação estrangeira resultante, por sua vez, de momento histórico em que ainda predominava uma estreita concepção de cultura. Na nova conformação, ao tempo em que se mantém o tombamento, reconhece-se que ele não é remédio para todos os males, isto é, que não é meio adequado para a preservação de todo e qualquer bem portador de valor cultural, nem para a promoção da cultura brasileira. Daí a multiplicação dos meios da ação estatal e, no que lhes diz respeito, a descentralização do sistema.

Deveras, se está claro que o tombamento não constitui mais o núcleo da estrutura da tutela jurídica da cultura, constata-se, igualmente, que a ordenação ora em vigor não confere posição preponderante a nenhum dos instrumentos. A diversidade destes apenas reflete a diversidade dos bens e valores salvaguardados, cujo efetivo amparo depende da aplicação do instrumento próprio – o que não afasta, inclusive, em certos casos, a necessidade da utilização simultânea e articulada de mais de um meio.[56]

Assim, longe de desmerecer a importância do tombamento, a ordenação plasmada na Carta de 1988 valorizou o instituto, ao conduzi-lo a seu campo de aplicação típico. De fato, para admiti-lo como instrumento adequado à proteção de determinados bens culturais, reconheceu, como pressuposto inafastável, que o mesmo deve apresentar uma configuração legal definida, com limites e efeitos muito bem delineados. Com isto, permite evitar as distorções provocadas pela indiscriminada e, assim, indevida utilização do tombamento, propondo o desafio de identificar com exatidão as hipóteses em que é cabível, sobretudo a partir do criterioso exame dos efeitos que lhe são atribuídos pelo ordenamento jurídico.

---

56. Ao decidir o RE 219.292-1-MG, o STF considerou que o tombamento não é meio apto para preservar o uso específico de determinados espaços. No caso em questão, o Município de Belo Horizonte havia determinado o tombamento provisório dos Cines Pathé e Brasil, incluindo na restrição os prédios e o respectivo uso para "atividades artístico-culturais". No julgamento, realizado no dia 7.12.1999, nos termos do voto do Min. Octávio Gallotti, a 1ª Turma entendeu que o uso somente pode ser protegido mediante desapropriação (disponível em *http://www.stf.jus.br/portal/inteiro Teor/obterInteiroTeor.asp?numero=219292&classe=RE*, acesso em 21.11.2009).

5
O INSTITUTO DO TOMBAMENTO

5.1 Instrumento de ação administrativa do Estado. 5.2 Análise da definição do tombamento como instrumento de intervenção administrativa na propriedade. 5.3 Instrumento de proteção do patrimônio cultural.

No modelo adotado na Constituição Federal de 1988 sobressai a multiplicação dos meios de ação estatal voltados à tutela jurídica da cultura. A estrutura anterior, polarizada pelo tombamento, cedeu lugar ao sistema em que se admitem vários instrumentos de promoção e de proteção, em virtude da ampliação do universo dos valores e dos bens salvaguardados. Assim, um dos desafios que o novo ordenamento constitucional da cultura propõe é a identificação do campo típico de aplicação do tombamento, o que depende da compreensão de seu regime jurídico.

O tombamento é uma criação do Direito. Não existia como realidade fática, no mundo social, antes de ter sido estruturado pelo Direito, assim como não existe de modo autônomo fora dele. É, pois, um instituto jurídico, ou seja, figura delineada por um conjunto de normas jurídicas que se organiza e se orienta a partir do mesmo núcleo de valores e princípios, tendo em vista o alcance de determinada finalidade – a qual, no caso sob exame, reside na proteção de bens que integram o patrimônio cultural brasileiro (art. 216, § 1º, da CF).

O estudo de determinado instituto exige, desde logo, sua exata identificação, de modo a evitar que seja confundido com figuras similares, sujeitas, porém, a regimes jurídicos diversos. É preciso perscrutar suas características, a fim de que, apartando-se aspectos meramente acidentais ou secundários, sejam desvendados seus traços fundamentais.

É preciso, em resumo, buscar-lhe a essência, tal como definida pelas normas que o criaram. Portanto, adverte-se que a tarefa ora proposta não pode ser desenvolvida senão à luz das normas que traçam a estrutura do tombamento no próprio direito positivo brasileiro em vigor.

Nesse quadro, convém principiar pela definição analítica do instituto sob exame, isto é, pela perquirição, de um lado, do gênero a que pertence e, de outro, da diferença específica que o individualiza dentre os demais objetos do mesmo gênero. Ou seja: cumpre examinar como o tombamento se situa no sistema ou, por outras palavras, qual é sua natureza jurídica (gênero), para, em seguida, desenvolver o estudo de seus efeitos típicos, pois que eles é que conferem identidade própria ao tombamento, permitindo sua distinção dos demais instrumentos (diferença específica).

É notável a variação dos traços considerados essenciais e, por isso, adotados nos vários conceitos de tombamento formulados no âmbito da ciência do direito administrativo. Em algumas proposições privilegia-se o meio pelo qual se efetua o tombamento. Já, em outras o foco se desloca para aspectos atinentes ao próprio conteúdo do instituto.

À primeira vertente filiam-se os conceitos de tombamento como declaração estatal que, reconhecendo o valor cultural de determinado bem, ordena sua inscrição em livros especiais (ato administrativo),[1] ou como a própria operação material de realizar o mencionado registro (fato administrativo),[2] ou, ainda, já que decorre de uma sequência de atos e fatos, como um procedimento administrativo.[3]

1. Para Hely Lopes Meirelles, *tombamento* "é a declaração pelo Poder Público do valor histórico, artístico, paisagístico, turístico, cultural ou científico de coisas ou locais que, por essa razão, devam ser preservados, de acordo com a inscrição em livro próprio" (*Direito Administrativo Brasileiro*, 38ª ed., São Paulo, Malheiros Editores, 2012, p. 635). Na mesma linha: Márcio Cammarosano, "Tombamento: realização de obra pública", *RDP* 81/191, São Paulo, Ed. RT, janeiro-março/1987.
2. José Cretella Jr. sustenta que: "Se *tombar* é inscrever, registrar, inventariar, cadastrar, *tombamento* é a operação material da inscrição de bem, móvel ou imóvel, no livro público respectivo. Sob esse aspecto o ato físico do tombamento é um fato administrativo, ou seja, atividade material (...). Considerado como fato administrativo, o tombamento é o ato material praticado pelo funcionário público responsável, no exercício da administração" ("Tombamento I", in Rubens Limongi França (coord.), *Enciclopédia Saraiva do Direito*, São Paulo, Saraiva, 1977, p. 2).
3. Maria Sylvia Zanella Di Pietro diz que *tombamento* é "o procedimento administrativo pelo qual o Poder Público sujeita a restrições parciais os bens de qualquer

O segundo grupo reúne conceitos que, sem abandonar a referência ao veículo de sua concreta aplicação, põem em evidência notas pertinentes ao conteúdo do tombamento, destacando especialmente seus efeitos e sua finalidade. Em alguns, que dedicam particular atenção à natureza das repercussões produzidas na esfera jurídica dos proprietários dos bens tombados, o instituto é caracterizado como uma forma de intervenção do Estado na propriedade, destinada à preservação do patrimônio cultural.[4] Em outras formulações o tombamento é concebido como ato que estabelece sobre determinados bens a incidência de um "regime jurídico especial".[5]

natureza cuja conservação seja de interesse público, por sua vinculação a fatos memoráveis da História ou por seu excepcional valor arqueológico ou etnológico, bibliográfico ou artístico" (*Direito Administrativo*, 15ª ed., São Paulo, Atlas, 2003, p. 134).
  4. Diógenes Gasparini registra que: "A palavra 'tombamento' pode ser tomada como fato ou como ato administrativo. Como fato, é a operação material de registro do bem no Livro do Tombo correspondente (...). Como ato, é restrição imposta pelo Estado ao direito de propriedade, com a finalidade de conservá-la em razão do valor artístico, paisagístico, arqueológico, etnográfico ou bibliográfico que apresenta para a coletividade" ("Tombamento II", in R. Limongi França (coord.), *Enciclopédia Saraiva do Direito*, São Paulo, Saraiva, 1977, p. 17). No mesmo sentido, Diogo de Figueiredo Moreira Neto conceitua o *tombamento* como "intervenção ordenadora concreta do Estado na propriedade privada, limitativa de exercício de direitos de utilização e de disposição gratuita, permanente e indelegável, destinada à preservação, sob regime especial de cuidados, dos bens de valor histórico, arqueológico, artístico ou paisagístico" (*Curso de Direito Administrativo: Parte Introdutória, Parte Geral, Parte Especial*, 14ª ed., Rio de Janeiro, Forense, 2005, p. 289). Para Celso Antônio Bandeira de Mello: "O tombamento é uma forma de intervenção administrativa na propriedade pela qual os poderes inerentes ao seu titular ficam parcialmente elididos, se o Poder Público não entender conveniente despojar, de vez, o *dominus* da senhoria sobre a coisa, adquirindo-a para si" ("Tombamento e dever de indenizar", *RDP* 81/69, São Paulo, Ed. RT, janeiro-março/1987).
  5. Segundo José Afonso da Silva, *tombamento* "é o ato do Poder Público que, reconhecendo o valor cultural (histórico, arqueológico, etnográfico, artístico ou paisagístico) de um bem, mediante sua inscrição no livro próprio, subordina-o a um regime jurídico especial que lhe impõe vínculos de destinação, de imodificabilidade e de relativa inalienabilidade" (*Ordenação Constitucional da Cultura*, São Paulo, Malheiros Editores, 2001, p. 159). Para Maria Coeli Simões Pires, *tombamento* é o "ato final resultante de um procedimento administrativo, resultante de poder discricionário da Administração, por via do qual o Poder Público, intervindo na propriedade, institui uma servidão administrativa, traduzida na incidência de regime especial de proteção sobre determinado bem, em razão de suas características especiais, integrando-se em sua gestão com a finalidade de atender ao interesse coletivo de preservação da cultura ou da Natureza" (*Da Proteção ao Patrimônio Cultural: o Tombamento como Principal Instituto*, Belo Horizonte, Del Rey, 1994, p. 81).

Para que se possa descortinar a natureza jurídica do tombamento, é importante que se analisem as apontadas notas características.

5.1 Instrumento de ação administrativa do Estado

Como já visto, o tombamento foi estruturado pelo Decreto-lei 25/1937, que, recepcionado pela Constituição Federal de 1988, estabelece o núcleo de seu regime jurídico. Nos moldes do referido diploma, o tombamento deve ser efetuado por declaração do Poder Público, exarada no âmbito de processo administrativo, a qual se concretiza mediante a adoção de providências materiais, como a inscrição do bem afetado no Livro do Tombo próprio. É nesse sentido que se admitem a alusão a um ato administrativo de tombamento bem como o frequente emprego do termo, por extensão, para designar tanto o ato material quanto o processo administrativo correspondentes.

É certo que a edição de atos administrativos, geralmente seguidos de atos (materiais) de execução, no curso de procedimentos da mesma natureza, denota muito mais que o instituto que ora se pretende definir, pois que constitui um dos principais padrões do desempenho da própria atividade administrativa. Porém, a análise do tema sob tal enfoque conduz à percepção de que o tombamento constitui expressão do exercício típico de função administrativa.

Alguns estudiosos do tema sustentam a possibilidade de realização de tombamento por meio de lei.[6] Em uma linha de argumentação de caráter nitidamente político, sustentam que o tombamento determinado por lei resultaria de amplo consenso acerca do valor cultural do bem atingido e apresentaria, ademais, a vantagem de somente poder ser desfeito por outra lei. Também apelam para justificativas de natureza prática, ponderando que a própria Constituição Federal ordenou o tombamento de certos bens (art. 216, § 5º), assim como há normas de semelhante teor em leis estaduais e municipais. Invocando, final-

---

6. V., nesse sentido: Edimur Ferreira de Faria, *Curso de Direito Administrativo Positivo*, 4ª ed., Belo Horizonte, Del Rey, 2001, p. 441; Paulo Affonso Leme Machado, *Direito Ambiental Brasileiro*, 20ª ed., São Paulo, Malheiros Editores, 2012, pp. 1.092-1.094; José Eduardo Ramos Rodrigues, "Tutela do patrimônio ambiental cultural", in Arlindo Philippi Jr. e Alaôr Caffé Alves, *Curso Interdisciplinar de Direito Ambiental*, Barueri/SP, Manole, 2005, p. 559; Antônio A. Queiroz Telles, *Tombamento e seu Regime Jurídico*, São Paulo, Ed. RT, 1992, pp. 80-83.

mente, razões de ordem jurídica, afirmam que a Constituição Federal não proíbe que o tombamento resulte diretamente do exercício da função legislativa.

A princípio, convém lembrar que, diante do propósito de se definir o tombamento tal como delineado no ordenamento jurídico positivo em vigor, considerações de matiz puramente político ou prático não constituem argumentos aptos. Podem servir – sobretudo as primeiras – como meio de persuasão, em momento que precede a instituição ou a alteração do regime jurídico de determinada figura, mas não para demonstrar que sejam verdadeiras as proposições postuladas no âmbito da Ciência dogmática do Direito, na tarefa de descrever uma disciplina normativa vigente. A possibilidade, ou não, da realização do tombamento por meio de lei deve ser verificada, portanto, à luz da Constituição Federal de 1988 e do Decreto-lei 25/1937.

O tombamento está claramente caracterizado na legislação de regência como uma medida que alcança bens específicos. A precisa identificação de cada bem, a fim de sujeitá-lo ao regime instituído no Decreto-lei 25, é um pressuposto lógico da correspondente inscrição em um dos Livros do Tombo (art. 4º). "Inscrever" é, antes de tudo, apontar, concretamente, o que vale tanto para um único bem (móvel ou imóvel) quanto para um conjunto deles (conjuntos arquitetônicos, por exemplo).

De outra parte, os arts. 5º, 7º e 9º do Decreto-lei 25/1937 conferem a competência para realizar o tombamento, na instância federal, aos órgãos administrativos neles designados de modo expresso,[7] aos quais cabe agir de ofício ou a requerimento do interessado, conforme for o caso, mas sempre no âmbito de procedimento administrativo em que se respeitem o contraditório e a ampla defesa.

Com efeito, exige a legislação que se instaure processo administrativo específico para cada situação concreta em que se pretende aplicar o instituto. Nos casos de bens pertencentes a particulares, pre-

---

7. Tais competências foram inicialmente atribuídas a órgãos da Administração direta (Serviço do Patrimônio Histórico e Artístico Nacional e Conselho Consultivo do Serviço do Patrimônio Histórico e Artístico Nacional). Hoje, seu exercício cabe ao Instituto do Patrimônio Histórico e Artístico Nacional/IPHAN e ao Conselho Consultivo do Patrimônio Cultural, os quais constituem, respectivamente, entidade autárquica e órgão colegiado a ela vinculado. Cf. nota de rodapé 38 do Capítulo 2 deste trabalho.

vê o art. 9º do Decreto-lei 25 que se deve notificar o proprietário, ensejando-lhe oportunidade de apresentar impugnação. Caso o interessado se valha dessa faculdade, o órgão administrativo proponente do tombamento deve sustentar suas razões, cabendo ao Conselho Consultivo do Patrimônio Cultural decidir a controvérsia, aplicando ou não a medida.

Assim, o tombamento caracteriza-se como instrumento cujo propósito é determinar a concreta incidência, sobre bens devidamente individualizados, do regime jurídico previsto de modo geral e abstrato no Decreto-lei 25/1937. Constitui, pois, providência complementar da lei, adotada, a requerimento do interessado ou de ofício, por uma autoridade administrativa com o objetivo de prover o interesse público mediante a aplicação dos comandos legais pertinentes (que são gerais e abstratos) a uma situação específica. Logo, o tombamento constitui evidente expressão da função administrativa do Estado, definida por Celso Antônio Bandeira de Mello[8] nos seguintes termos:

> Função *administrativa* é a função que o Estado, ou quem lhe faça as vezes, exerce *na intimidade de uma estrutura e regime hierárquicos* e que no sistema constitucional brasileiro se caracteriza pelo fato de ser *desempenhada mediante comportamentos infralegais* ou, excepcionalmente, infraconstitucionais, submissos todos a *controle de legalidade pelo Poder Judiciário*.

Nessa linha, bem observou Hely Lopes Meirelles que "o tombamento em si é ato administrativo da autoridade competente, e não função abstrata da lei, que estabelece apenas as regras para a sua efetivação".[9] No mesmo sentido, Adilson Abreu Dallari[10] afirma:

> O tombamento de um determinado bem é uma atividade jurídica que se caracteriza por ser infralegal, concreta, imediata, ativa e parcial (no sentido de parte em uma relação jurídica), enquadrando-se, pois, perfeitamente na função administrativa e, portanto, na área de competência própria do Executivo.

---

8. Celso Antônio Bandeira de Mello, *Curso de Direito Administrativo*, 29ª ed., São Paulo, Malheiros Editores, 2012, p. 36.
9. Hely Lopes Meirelles, *Direito Administrativo Brasileiro*, cit., 38ª ed., p. 636.
10. Adilson Abreu Dallari, "Tombamento", in Adilson Abreu Dallari e Lúcia Valle Figueiredo (coords.), *Temas de Direito Urbanístico 2*, São Paulo, Ed. RT, 1991, p. 15.

Em suma, o tombamento está conformado na legislação brasileira como típico instrumento da ação administrativa do Estado. Disso decorre, de um lado, que o Poder Legislativo, no exercício da função que lhe é própria, não dispõe de competência para efetuá-lo, especialmente diante do princípio da tripartição dos Poderes, consagrado no art. 2º da CF de 1988. Ademais, a realização de tombamento por meio de lei específica também contraria o Decreto-lei 25/1937, que, para a aplicação da medida, requer seja plenamente demonstrada a existência de valor cultural que justifique sua imposição – o que deve ocorrer no âmbito de processo administrativo próprio, em que se assegurem o contraditório e a ampla defesa.[11]

Nota-se, ainda, que o tombamento de bens por meio de lei não é comparável à situação regulada no § 5º do art. 216 da CF de 1988. De plano, ao determinar que "ficam tombados todos os documentos e os sítios detentores de reminiscências históricas dos antigos quilombos", o dispositivo constitucional não individualizou os bens protegidos, preferindo tutelar, na sua integralidade, todos os elementos de uma categoria.

Outrossim, para se sustentar que a norma sob exame teria promovido diretamente o tombamento de tais documentos e sítios seria necessário admitir que o próprio texto constitucional abrigue conflitos e contradições. De plano, uma primeira questão envolveria a segurança jurídica, pois o reconhecimento das características do bem (se é, ou não, detentor de reminiscências históricas dos antigos quilombos) é matéria de fato, sujeita a prova e quase sempre objeto de controvérsias. Por outro lado, enquanto o tombamento restringe a alienabilidade dos bens, estabelecendo, inclusive, o direito de preferência em favor das entidades políticas, o art. 68 do ADCT ordena justamente a transferência do domínio dos sítios sob análise, ao determinar que "aos remanescentes das comunidades dos quilombos que estejam ocupando suas terras é reconhecida a propriedade definitiva, devendo o Estado emitir-lhes os títulos respectivos".

11. V., na mesma linha: José dos Santos Carvalho Filho, *Manual de Direito Administrativo*, 11ª ed., Rio de Janeiro, Lumen Juris, 2004, pp. 654-655; Sônia Rabello de Castro, *O Estado na Preservação de Bens Culturais: o Tombamento*, Rio de Janeiro, Renovar, 1991, pp. 35-41; Lúcia Valle Figueiredo, *Disciplina Urbanística da Propriedade*, 2ª ed., São Paulo, Malheiros Editores, 2005, p. 59; Maria Coeli Simões Pires, *Da Proteção ao Patrimônio Cultural: o Tombamento como Principal Instituto*, cit., pp. 198-199.

Inequívoco é que a regra constitucional ordena – isto, sim – a proteção de todos os elementos que integram a classe de documentos e sítios "detentores de reminiscências históricas dos antigos quilombos", assim como, embora aplicando técnica diversa, fez no art. 20, X, ao definir como bens de propriedade da União "as cavidades naturais subterrâneas e os sítios arqueológicos e pré-históricos". Talvez se possa distinguir na terminologia adotada na redação do § 5º do art. 216, como em outros dispositivos constitucionais, apenas um resquício do sistema superado pela própria Carta de 1988, em que as formas de proteção, como visto, acabavam por se reconduzir ao tombamento.

Portanto, parece mais razoável entender que o § 5º do art. 216 não efetuou, diretamente, o tombamento dos bens em referência. Antes, apenas estabelece a presunção de que todos os bens caracterizados como documentos ou sítios detentores de reminiscências históricas dos antigos quilombos apresentam valor cultural, devendo ser preservados. Porém, a incidência do regime jurídico específico do tombamento sobre cada elemento da categoria dependerá de sua efetiva inscrição no Livro do Tombo próprio, o que pressupõe a exata identificação de cada um.

Por fim, cabe registrar que a constitucionalidade de leis que determinam o tombamento de bens foi objeto de discussão no STF no julgamento da Rp 1.312-RS e da ADA 1.706-4-DF.

No primeiro caso, diante da Constituição Federal de 1967 (com as alterações promovidas pela Emenda 1/1969), questionou-se a constitucionalidade da Lei estadual 7.986, de 19.4.1985, do Rio Grande do Sul, que determinou o tombamento do imóvel residencial denominado "Solar dos Presser" e sua inclusão no patrimônio cultural do Estado. A representação, ao final, foi considerada prejudicada, eis que o julgamento ainda não havia sido concluído quando foi promulgada a Constituição Federal de 1988, que revogou a ordem constitucional anterior. Entretanto, antes do advento da atual Carta votaram os Mins. Célio Borja (Relator), Carlos Madeira, Octávio Gallotti, Sydney Sanches e Francisco Rezek, todos declarando a inconstitucionalidade da lei, diante do art. 6º da Constituição então vigente, o qual proclamava o princípio da tripartição dos Poderes. Vale destacar, do voto proferido pelo Min. Francisco Rezek,[12] o seguinte trecho:

---

12. Disponível em *http://www.stf.jus.br/portal/inteiroTeor/obterInteiroTeor. asp?numero=1312&classe=Rp* (acesso em 21.11.2009). Nesse julgamento apenas o Min. Oscar Corrêa considerou a lei constitucional.

Estimo que o Ministro-Relator, quando enfatiza que a lei rio-grandense ora em exame, por haver resultado de um ingresso parlamentar em área administrativa, figurou atentado ao *due process of law*, quer lembrar-nos não só a falta de vocação do Parlamento para observar, em tais hipóteses, e no plano operacional, as garantias que a ordem jurídica confere ao proprietário do imóvel. Na realidade, a afronta ao art. 6º da Carta da República existiria mesmo naquele diploma que, realizando o tombamento tópico, coroasse um ritual administrativo levado a cabo pela própria Casa Parlamentar, em atenção às regras gerais que um diploma anterior – este, sim, produto do exercício da função legislativa – houvesse consagrado. Admitir que o Parlamento possa, mediante lei, determinar as regras gerais, para mais tarde, ainda mediante lei, ajustá-las ao caso concreto, é admitir que possa ele dar ao caso concreto um tratamento destoante daquele que as regras gerais prescrevem, dada a uniformidade do nível hierárquico dos textos formalmente legislativos. Estaríamos a um só passo de admitir que, mediante lei, o Parlamento proferisse sentença condenando alguém nos termos do Código Penal. E por que não em termos outros, inventados *ad hoc*, à base da competência legislativa que, mesmo quando arvorado em administrador ou em juiz, o Parlamento não teria perdido?

Esse entendimento foi posteriormente confirmado no julgamento da ADI 1.706-4-DF, ocorrido no dia 9.4.2008. Na ocasião, o STF, em sua composição plena e à unanimidade, na linha do voto proferido pelo Min. Eros Grau, considerou que o Poder Legislativo não dispõe de competência para realizar tombamentos, nem para alterar "as condições de tombamento regularmente instituído pelo Poder Executivo",[13] sob pena de violação do art. 2º da CF de 1988.

Em conclusão, à luz da Constituição Federal de 1988 e do próprio Decreto-lei 25/1937, pode-se afirmar que o tombamento é um meio de atuação do Estado no exercício de função administrativa. Porém, defini-lo apenas como ato, fato ou procedimento administrativo seria demasiado amplo, porque, ainda que permita reconhecer que o instituto se submete ao regime jurídico-administrativo, não é suficiente para identificar seu *status* no mencionado contexto. Cumpre, pois, prosseguir na busca de seu traço essencial.

13. Disponível em *http://www.stf.jus.br/portal/inteiroTeor/obterInteiroTeor. asp?numero=1706&classe=ADI* (acesso em 21.11.2009).

5.2 Análise da definição do tombamento como instrumento de intervenção administrativa na propriedade

É usual definir o tombamento como forma de intervenção estatal na propriedade privada, ou seja, como expressão do chamado poder de polícia na sua acepção restrita (polícia administrativa), que designa a ação do Poder Executivo "de prevenir e obstar ao desenvolvimento de atividades particulares contrastantes com os interesses sociais".[14]

A atividade estatal em pauta é tratada na doutrina sob denominações diversas, como "poder de polícia", "intervenção do Estado na propriedade" ou "limitações administrativas".[15] Sem importar o rótulo, porém, é certo que a doutrina se refere, nessa categoria, à ação estatal de interferência na propriedade *privada*, tendo em vista a necessidade de compatibilizá-la com o atendimento do interesse público.

Acontece que, segundo os arts. 5º e 6º do Decreto-lei 25/1937, o tombamento pode alcançar tanto bens particulares quanto bens públicos. Assim, antes de mais nada, cabe tecer algumas considerações acerca da ação estatal de intervenção administrativa na propriedade, principalmente no que diz respeito ao âmbito de sua incidência (esferas particular e pública), para que se possa, então, analisar a definição do tombamento como um dos instrumentos dessa atuação.

Com efeito, os bens públicos[16] já estão predispostos à satisfação dos interesses da coletividade, inserindo-se, consoante a valiosa lição de Ruy Cirne Lima, na relação de administração, em que predomina o fim a ser atendido, e não a vontade do agente público.[17] Nessa linha, Sílvio Luís Ferreira da Rocha[18] bem sintetiza a diferença fundamental existente entre as propriedades pública e privada:

---

14. Celso Antônio Bandeira de Mello, *Curso de Direito Administrativo*, cit., 29ª ed., p. 838.
15. Carlos Ari Sundfeld, *Direito Administrativo Ordenador*, 1ª ed., 3ª tir., São Paulo, Malheiros Editores, 2003, pp. 10-15.
16. São *bens públicos* os pertencentes às pessoas jurídicas de direito público interno (art. 98 do CC) e, como leciona Celso Antônio Bandeira de Mello (*Curso de Direito Administrativo*, cit., 29ª ed., p. 929), os afetados à prestação de serviço público, independentemente da qualificação do proprietário.
17. Ruy Cirne Lima, *Princípios de Direito Administrativo*, 7ª ed., revista e reelaborada por Paulo Alberto Pasqualini, São Paulo, Malheiros Editores, 2007, pp. 107-109 e 188.
18. Sílvio Luís Ferreira da Rocha, *Função Social da Propriedade Pública*, São Paulo, Malheiros Editores, 2005, p. 125.

O domínio privado tem como objetivo satisfazer à vontade do titular do direito; logo, o exercício se daria, como regra, em seu exclusivo interesse, enquanto o domínio público tem por fim satisfazer ao interesse público, no caso, o de proporcionar certas utilidades aos particulares.

Assim, considerando que os bens públicos já estão orientados para o atendimento dos interesses sociais, poderia parecer, à primeira vista, que a atividade sob análise deve envolver apenas a interferência no domínio privado.

No entanto, o exame do ordenamento jurídico-positivo brasileiro revela que tais atos de intervenção também podem atingir bens públicos.

Já observou Diógenes Gasparini que se fala "em intervenção na propriedade particular, mas essa atuação estatal, em alguns casos, incide sobre a propriedade pública, como ocorre com a limitação administrativa, (...)".[19]

Também Carlos Ari Sundfeld admite que a intervenção pode alcançar bens públicos. Ao versar sobre a interferência administrativa do Estado na esfera de ação própria dos particulares – atividade que define como administração ordenadora –, sustenta o autor que, entre entidades públicas, o fundamento da intervenção não é a supremacia de uma sobre outra, que não existe diante da Constituição Federal, mas, sim, a "mera projeção da autoridade" que tais pessoas exercem "em relação aos interesses privados".[20] Desse modo, Sundfeld limita a hipótese apenas aos casos em que a entidade que sofre tal intervenção desenvolve atividades, "no essencial, equiparáveis às dos particulares". Por isso, ainda ressalva que a intervenção de uma entidade pública no direito de propriedade titularizado por outra somente seria possível quando se tratar de condicionamentos de direitos,[21] pois o ordenamento jurídico brasileiro admite que o domínio público sofra a

---

19. Diógenes Gasparini, *Direito Administrativo*, 7ª ed., São Paulo, Saraiva, 2002, p. 604.
20. Carlos Ari Sundfeld, *Direito Administrativo Ordenador*, cit., 1ª ed., 3ª tir., pp. 20-22.
21. Renato Alessi, *Principi di Diritto Amministrativo: II – I Soggetti Passivi e la Reazione*, 4ª ed., Milão, Giuffré, 1978, pp. 597-632. O tema dos *condicionamentos administrativos* e dos *sacrifícios de direito* é objeto de tratamento mais detalhado no Capítulo 7 deste trabalho.

incidência de sacrifícios de direito sem que se configure situação de contraste entre um interesse público e um interesse, embora não "propriamente privado", a ele equiparado.[22]

Ora, é certo que figuras classicamente definidas pela doutrina como formas de intervenção estatal na propriedade particular – como é o caso da servidão administrativa, da ocupação temporária e da requisição administrativa[23] –, diante da legislação brasileira em vigor, podem alcançar bens públicos.

Caso típico de condicionamento administrativo, as limitações atinentes às construções em área urbana se impõem tanto sobre bens particulares como sobre bens públicos.[24]

Por outro lado, além da desapropriação regulada no Decreto-lei 3.365/1941 (art. 2º, §§ 2º e 3º), o ordenamento jurídico vigente prevê outras situações qualificáveis como sacrifícios de direito nas quais se vislumbra a nítida possibilidade de interferência na propriedade pública. Por exemplo, o art. 122 do Código de Águas (Decreto 24.643, de

22. Para propor essa restrição, Carlos Ari Sundfeld toma por base a desapropriação de bens públicos regulada no Decreto-lei 3.365, de 21.6.1941. Para o autor, do ponto de vista lógico somente se poderia admitir a instituição de sacrifícios do direito de propriedade de bens públicos se qualquer entidade política pudesse desapropriar apenas bens dominicais de outra, a fim de destiná-los a uma finalidade pública (só assim se estaria diante do contraste entre um interesse público e um interesse, embora não "propriamente privado", a ele equiparado). Porém, a legislação mencionada não adota esse critério (art. 2º, §§ 2º e 3º), pois permite a desapropriação de bens de uso comum, de uso especial e dominicais, restringindo, ademais, o campo de ação das entidades federativas (as pessoas de maior abrangência territorial podem desapropriar bens das de menor extensão, não admitindo o inverso). Desse modo, o autor entende que a desapropriação de bens públicos não constitui autêntica forma de intervenção na propriedade, mas tão somente um "mecanismo de solução de conflitos de interesses entre pessoas políticas" (Carlos Ari Sundfeld, *Direito Administrativo Ordenador*, cit., 1ª ed., 3ª tir., p. 23).

23. Nesse sentido: Maria Sylvia Zanella Di Pietro, *Direito Administrativo*, cit., 15ª ed., pp. 128, 130 e 144; Hely Lopes Meirelles, *Direito Administrativo Brasileiro*, cit., 38ª ed., pp. 688, 694 e 692; Diogo de Figueiredo Moreira Neto, *Curso de Direito Administrativo: Parte Introdutória, Parte Geral, Parte Especial*, cit., 14ª ed., pp. 374, 375 e 378.

24. Diógenes Gasparini registra que o STF "decidiu a favor do Município de São Paulo quando exigiu da Administração Estadual a sua submissão à legislação edilícia para a construção de certo edifício público (*RT* 314/624)" (*Direito Administrativo*, cit., 7ª ed., p. 609). V. também Carlos Ari Sundfeld, *Direito Administrativo Ordenador*, cit., 1ª ed., 3ª tir., p. 22.

10.7.1934), ao regular a servidão de aqueduto, prevê: "Se o aqueduto tiver de atravessar estradas, caminhos e vias públicas, sua construção fica sujeita aos regulamentos em vigor, no sentido de não prejudicar o trânsito". Ou seja: do dispositivo transcrito se extrai que bens públicos ("estradas, caminhos e vias públicas") podem figurar como imóveis servientes, cabendo apenas que se observem as normas legais pertinentes à finalidade de interesse público a ser por eles especificamente atendida, sem que, com isso, se altere a essência do regime jurídico da servidão. Um caso de ocupação temporária de bem público pode ocorrer com base no art. 36 do mesmo Decreto-lei 3.365/1941, bastando, por exemplo, que um terreno não edificado, vizinho a obra federal e necessário à sua realização, pertença ao Estado ou ao Município. Outra hipótese de intervenção na propriedade pública está prevista no Código Eleitoral (Lei 4.737, de 15.7.1965), que, ao autorizar a requisição administrativa de imóveis para a instalação de mesas receptoras de votos, quanto à escolha dos locais apropriados, determina: "Dar-se-á preferência aos edifícios públicos, recorrendo-se aos particulares se faltarem aqueles em número e condições adequadas" (art. 135, § 2º).

Está claro que nas situações apontadas existe interferência de uma pessoa política no campo da atuação de outra, no que respeita à gestão de bens de sua propriedade. E convém frisar que o regime jurídico de cada instrumento de intervenção não sofre alterações fundamentais (isto é, quanto a seus efeitos típicos) conforme seja aplicado a bens particulares ou a bens públicos. Assim, nada justificaria afirmar que no primeiro caso (incidência sobre bens particulares) ocorre típica intervenção; e, no segundo (incidência sobre bens públicos), atividade de outra natureza, como a simples aplicação de medida de ponderação dos interesses públicos em jogo.[25]

25. Neste ponto, é oportuno recordar a lição do professor Celso Antônio Bandeira de Mello a propósito da formulação de conceitos jurídicos: "Deveras, quando a lei ou o próprio jurista formulam um conceito qualquer, não podem ter outro interesse senão o de isolar algo que está sujeito a um dado conjunto de disposições e de princípios distintos daqueles que regem outro objeto. Assim, o que se está a procurar não é uma realidade substancial, mas um termo de imputação de efeitos jurídicos. Isto ocorre porque a identidade jurídica de um dado objeto resulta da qualificação que o Direito lhe irroga, e não de atributos substanciais que possua. Por isto, duas realidades substancialmente iguais podem ser regidas de maneira diferente, assim como duas realidades substancialmente diferentes podem estar parificadas sob um mesmo regime" (*Curso de Direito Administrativo*, cit., 29ª ed., p. 35, nota de rodapé 7).

Resta, porém, distinguir em que circunstâncias e sob que fundamento a atividade de intervenção na propriedade pública é legítima, considerando-se especialmente que, por sua natureza, tais tipos de bens já se destinam ao provimento dos interesses sociais.

Cuidando-se de intervenção no domínio privado, a atuação do Estado tem por objetivo evitar que os interesses sociais sejam afrontados pelo exercício do direito de propriedade, visto que este se dá, como regra, no exclusivo interesse do particular, consoante a já citada lição de Sílvio Luís Ferreira da Rocha.[26] Recaindo sobre bens públicos, não há supremacia de uma entidade política sobre outra, como bem consignou Carlos Ari Sundfeld.[27] No entanto, a relação de administração, de um lado, e, de outro, a possibilidade de se impor condicionamentos e sacrifícios de direitos sobre bens públicos *afetados* e não afetados – sempre, é claro, na forma da lei – indicam que também não se poderia sustentar que a ação do Estado corresponde a uma espécie de "projeção da autoridade que exerce em relação aos interesses privados".[28]

Como visto, a gestão dos bens públicos (inclusive dos bens dominicais) somente pode ter como fim o atendimento dos interesses da coletividade. Consoante a destacada lição de Ruy Cirne Lima,[29] tais bens participam da atividade administrativa do Estado e, assim, se inserem, como objeto, na relação de administração, que é essencialmente distinta da propriedade, porque presidida por um fim – e não pela vontade. Logo, não se pode considerar que a gestão de bens públicos venha, de algum modo, a se equiparar à gestão, pelo particular, de bens que integram seu patrimônio.

O que parece exato entender é que a intervenção no domínio público se explica, antes, pela forma federativa do Estado Brasileiro, da qual decorre a repartição de competências administrativas entre os entes que integram a Federação. Decerto, nos Estados Unitários e sem descentralização administrativa não faz sentido supor a intervenção na propriedade pública, pois o que ocorre é a prática de atos de gestão

---

26. Sílvio Luís Ferreira da Rocha, *Função Social da Propriedade Pública*, São Paulo, Malheiros Editores, 2005, p. 125 (cf. nota de rodapé 18 deste capítulo).
27. Carlos Ari Sundfeld, *Direito Administrativo Ordenador*, cit., 1ª ed., 3ª tir., p. 22.
28. Idem, ibidem.
29. Ruy Cirne Lima, *Princípios de Direito Administrativo*, cit., 7ª ed., pp. 188-190.

do próprio patrimônio. Porém, no âmbito de um Estado federado há diferentes pessoas políticas, às quais são atribuídas competências específicas, para comum exercício ou para atuação em caráter exclusivo. Ora, no referido contexto, o cumprimento da função de prover o interesse público pode depender da interferência não apenas no exercício do direito de propriedade do particular, mas também na gestão de bens públicos, afetados ou não, cuja titularidade não toca à pessoa política que dispõe da competência para agir.

É bom esclarecer que não se está a postular a existência de uma autorização legal genérica para a interferência de qualquer das pessoas políticas na propriedade titularizada por outra, pois isso poderia resvalar em ilegítima violação da autonomia das entidades federativas. De fato, ao tempo em que explica a intervenção administrativa na propriedade pública, a Federação também lhe impõe limites, pois que a intromissão de uma pessoa política *em outra* não é consentida senão em casos excepcionalíssimos e sob rigorosas condições (tais casos estão regulados nos arts. 34, 35 e 36 da CF de 1988). Assim, somente a análise criteriosa das regras de competência aplicáveis é que permitirá afirmar se, em cada caso concreto, estará autorizada a intervenção na propriedade pública, que, de todo modo, não está *a priori* excluída, quer se trate de condicionamento administrativo, quer se trate de sacrifício de direito.

Em suma, é o atendimento do interesse público que autoriza a intervenção estatal no domínio particular, a fim de evitar atuações privadas com ele conflitantes. Quanto ao domínio público, tal intervenção se justifica, de um lado, igualmente pela necessidade de prover os interesses sociais e, de outro, pelo fato de, no caso concreto, tocarem a pessoas distintas a competência para agir e a titularidade do bem necessário para o regular cumprimento de tal função. Portanto, o que demarca essencialmente a atividade estatal de intervenção administrativa na propriedade é o alcance do patrimônio de *terceiros*, não importando, para o mencionado fim, se os bens envolvidos são particulares ou públicos.

Neste contexto, não parece exato que se defina o tombamento como instrumento do referido tipo de ação estatal (intervenção na propriedade), e não porque ele pode alcançar tanto bens particulares como bens públicos, mas sim porque, dentre os últimos, pode recair inclusive sobre bens que pertencem à própria entidade competente para efetuá-lo.

Não existe possibilidade lógica de que, por ato administrativo concreto, uma entidade pública institua em seu proveito servidão sobre os próprios bens, já que a figura se define como a imposição de ônus real sobre coisa *alheia*.[30] Não há que se falar, igualmente, em requisição administrativa, desapropriação ou ocupação temporária de bens próprios. Diante dos bens que lhe pertencem, a entidade competente para agir praticará simples atos de gestão do patrimônio de que é titular.

Isto, porém, não ocorre no caso do tombamento, que se aplica indiferentemente a bens alheios (particulares ou públicos) e a bens que integram o patrimônio da pessoa política ou administrativa que o determinar, sem que, de um caso para outro, exista diferença no que concerne a seus efeitos típicos. Assim, quando incide sobre bens de terceiros (relativamente à entidade que o estabelece), o tombamento se oferece como um instrumento da intervenção administrativa do Estado na propriedade. Entretanto, quando alcança bens próprios o instituto em apreço figura como verdadeiro instrumento de gestão do patrimônio público.

Desse modo, nem sempre que ocorre tombamento há intervenção do Estado na propriedade. O instituto é, sem dúvida, um instrumento da ação administrativa do Estado, mas tanto pode ser manejado no âmbito de sua intervenção na propriedade quanto no desenvolvimento da atividade de gestão, embora sempre constitua restrições sobre o direito de propriedade, como se verá mais adiante, no Capítulo 7.

Logo, o tipo de ação administrativa (gestão ou intervenção) desempenhado ao se proceder ao tombamento não pode ser considerado elemento hábil para designar a essência do instituto, porque varia de acordo com a titularidade do objeto tombado. Não há coerência em se atribuir a uma mesma figura naturezas jurídicas diversas, alteráveis de

---

30. Sem embargo, no âmbito do direito civil a doutrina e a jurisprudência admitem a constituição de servidão por destinação do pai de família ou do proprietário, o que se dá quando o titular de dois imóveis institui, de fato, a serventia de um em favor do outro. Sobre o tema: Caio Mário da Silva Pereira, *Instituições de Direito Civil: Introdução ao Direito Civil, Teoria Geral de Direito Civil*, 22ª ed., vol. I, Rio de Janeiro, Forense, 2007, pp. 281-282. V., também, a decisão da 4ª Turma do STJ no julgamento do REsp 2.403-RS (*DJU* 24.9.1990).

acordo com as circunstâncias concretas de cada situação em que for aplicada. Para que se possa bem definir o tombamento, importa, pois, buscar sua característica fundamental, o aspecto que se faz invariavelmente presente, sejam quais forem as peculiaridades das hipóteses admitidas no quadro legal de sua incidência.

5.3 Instrumento de proteção do patrimônio cultural

Toda ação administrativa do Estado deve ter como propósito a consecução do interesse público. Seja ao exercer atividade de gestão, seja ao interferir na esfera particular, o Estado somente pode agir para atender aos interesses da coletividade, resguardando, ao mesmo tempo, o harmônico exercício dos direitos individuais.

Maria Sylvia Zanella Di Pietro[31] esclarece que se pode atribuir à finalidade do ato administrativo um sentido amplo e um sentido restrito. O primeiro compreende a realização do interesse público, de modo geral. O segundo corresponde ao objetivo a ser especificamente cumprido pelo ato, de acordo com o que define a lei que o fundamenta. Vale dizer: cada tipo de ato administrativo é previsto na lei, de modo abstrato, como um instrumento destinado a produzir certo resultado, uma finalidade específica. Nessa linha, Celso Antônio Bandeira de Mello[32] explica que:

> Não se pode buscar através de um dado ato a proteção de bem jurídico cuja satisfação deveria ser, em face da lei, obtida por outro tipo ou categoria de ato. Ou seja: cada ato tem a finalidade em vista da qual a lei o concebeu. Por isso, por via dele só se pode buscar a finalidade que lhe é correspondente, segundo o modelo legal. (...).

Considerada em seu sentido restrito, a finalidade singulariza o ato administrativo, conferindo-lhe tipicidade e, assim, ensejando sua alocação em determinada categoria. Com efeito, a finalidade específica é condição inerente ao padrão legal do ato. Logo, como não sofre variações diante das circunstâncias fáticas em vista das quais um ato administrativo é editado, a finalidade apresenta-se como critério satisfató-

---

31. Maria Sylvia Zanella Di Pietro, *Direito Administrativo*, cit., 15ª ed., p. 203.
32. Celso Antônio Bandeira de Mello, *Curso de Direito Administrativo*, cit., 29ª ed., p. 409.

rio para a identificação da natureza jurídica do tombamento, ou seja, para revelar sua precisa situação no quadro das formas de atuação administrativa do Estado.

O Decreto-lei 25/1937 instituiu o tombamento como principal instrumento de proteção do então denominado patrimônio histórico e artístico nacional. No § 1º de seu art. 216, a Carta de 1988 o aponta expressamente dentre os meios de ação de que dispõe o Poder Público tendo em vista a promoção e a proteção do patrimônio cultural brasileiro.

Quando utilizado como instrumento de intervenção estatal na propriedade, o tombamento destina-se, de modo específico, a conciliar o exercício do direito de propriedade com o interesse público de salvaguardar os bens portadores de valor cultural. De igual sorte, no âmbito da gestão do patrimônio público o tombamento somente se legitima desde que aplicado com o objetivo de proteger bens que apresentem o mencionado valor, sobretudo diante da obrigação constitucional de garantir a todos o pleno exercício dos direitos culturais e o acesso às fontes de cultura nacional. Está certo, portanto, que, independentemente das características peculiares a cada situação em que aplicável o tombamento, sua finalidade específica reside, invariavelmente, na tutela do patrimônio cultural.

Chega-se, assim, a uma primeira e parcial conclusão acerca da definição do tombamento: trata-se de instrumento da ação administrativa do Estado destinado a proteger bens revestidos de valor cultural.

É claro que a identificação de gêneros e de espécies tem caráter relativo, pois que uma classe tanto pode ser considerada gênero (frente a suas subclasses) quanto espécie (diante de classes mais amplas). Feita a ressalva, vislumbra-se que, quanto ao gênero a que pertence, afastados os critérios do meio de sua externação (ato, fato ou procedimento) e do tipo de atividade administrativa executado (intervenção ou gestão), o tombamento pode ser definido essencialmente por sua finalidade, circunscrito que está, sempre e em qualquer hipótese, ao atendimento de um interesse público de natureza determinada: a defesa e a preservação de bens culturais.

Entretanto, a caracterização ora proposta não é suficiente para, por si só, individualizar o instituto, sobretudo quando se leva em conta a existência de outras formas de proteção do patrimônio cultural no ordenamento jurídico brasileiro, como previsto, aliás, no próprio § 1º do art. 216 da CF de 1988. Assim, importa investigar os traços peculiares do tombamento, os quais permitem distingui-lo das demais figuras do gênero; características que residem precisamente no conjunto dos efeitos que lhe são atribuídos pelo Decreto-lei 25/1937.

6
EFEITOS JURÍDICOS DO TOMBAMENTO

6.1 Efeitos principais: 6.1.1 Proibição de danificar – 6.1.2 Dever de preservar – 6.1.3 Restrições à alienação – 6.1.4 Proibição de tolher a visibilidade dos imóveis tombados – 6.1.5 Proibição de exportar bens móveis tombados. 6.2 Efeitos instrumentais: 6.2.1 Registro do tombamento – 6.2.2 Vigilância sobre os bens tombados e competências correlatas – 6.2.3 Outros deveres instrumentais de fazer e não fazer.

Como outras medidas de proteção do patrimônio cultural brasileiro, o tombamento confere ao bem sobre o qual recai a qualidade de bem cultural em sentido formal. Ou seja: reconhece que o mesmo apresenta características que o tornam portador de valor peculiar do ponto de vista da "referência à identidade, à ação, à memória dos diferentes grupos formadores da sociedade brasileira" (art. 216 da CF de 1988) e, em razão disso, determina sua inclusão na universalidade denominada *patrimônio cultural brasileiro*, submetendo-o, assim, a um regime jurídico especial.

Esse regime é definido pela Constituição Federal de 1988, por leis aplicáveis indistintamente a todos os bens culturais em sentido formal (como a Lei 9.605/1998, por exemplo) e, por fim, pela legislação que rege, de modo específico, o instrumento de tutela adotado em cada caso concreto (o Decreto-lei 25/1937, por exemplo, quanto ao tombamento). Assim, embora, por si só, não permita individualizar os instrumentos de proteção do patrimônio cultural, a noção de *regime jurídico especial* evidencia a existência de conjuntos de normas que incidem restritamente sobre cada meio de tutela.

O conjunto específico das normas estabelecidas no Decreto-lei 25 é que define o tombamento e, ao determinar seus efeitos típicos, possibilita estremá-lo das demais medidas de proteção de bens materiais portadores de valor cultural.

Os efeitos jurídicos de um ato administrativo são as consequências a ele atribuídas pelo direito positivo. Consistem na criação, na modificação ou na extinção de relações ou de qualificações jurídicas, de modo a provocar uma alteração da realidade *jurídica* existente antes da edição do ato do qual decorrem.[1] Nesse sentido, tais consequências não designam necessariamente resultados na ordem dos fatos, pois que a norma jurídica não descreve o modo como os sujeitos, factualmente, se comportam, mas apenas prescreve o comportamento que os mesmos *devem* adotar.[2] Portanto, o tombamento não produz, de per si, a automática preservação do estado físico dos bens que a ele se sujeitam. Em vez disso, estabelece um complexo de relações jurídicas envolvendo obrigações, proibições, permissões e, no que concerne ao Poder Público que o aplica, competências, tudo com o propósito de que, concretamente, se alcance a referida preservação.

Alguns dos efeitos em apreço estão diretamente ligados à finalidade de proteção de bens materiais de valor cultural, no sentido de preservar seu estado e sua permanência no território nacional, impedindo sua destruição ou, mesmo, sua descaracterização. O que se pretende com essa proteção é resguardar o valor cultural presente no bem, de modo a oferecer condições para o exercício dos direitos culturais, especialmente, dentre eles, do direito de fruição.

Outros efeitos apresentam nítida finalidade instrumental no que se refere aos primeiros, voltando-se apenas mediatamente para assegurar o exercício dos direitos culturais. De modo direto, têm o propósito de criar condições para a produção dos efeitos principais.

6.1 Efeitos principais

Quando se tem em conta a finalidade específica dos atos administrativos, seus efeitos podem ser classificados em duas categorias, como propõe Flávio Bauer Novelli. Segundo o autor, os efeitos que correspondem justamente ao cumprimento dessa "função específica

---

1. Flávio Bauer Novelli, "A eficácia do ato administrativo", *RDA* 60/20-21, Rio de Janeiro, abril-junho/1960.
2. Lourival Vilanova, *As Estruturas Lógicas e o Sistema do Direito Positivo*, São Paulo, Max Limonad, 1997, p. 69.

do ato" são denominados *típicos* ou *principais*, enquanto os demais efeitos são considerados *marginais* ou *secundários*, relativamente aos primeiros.[3]

Analisando-se o regime estatuído no Decreto-lei 25/1937, percebe-se que o objetivo precípuo do tombamento consiste em preservar o estado físico de bens que se revestem de importância do ponto de vista da cultura, bem como garantir que se possa a eles ter acesso. Ao promover a integração de determinado bem no patrimônio cultural brasileiro, o ato de tombamento declara que o mesmo é um repositório da cultura nacional, para lhe conferir a qualidade de bem cultural em sentido formal. Desse modo, a preservação da integridade física de tais bens constitui verdadeira condição para a realização do dever estatal de garantir a todos o pleno exercício dos direitos culturais e o acesso às fontes de cultura nacional, consoante o art. 215 da Carta de 1988.

A função específica do tombamento no quadro dos instrumentos de tutela do patrimônio cultural está definida nos arts. 11, 14, 17, 18, 19 e 22 do Decreto-lei 25, que estipulam como seu efeito principal a instauração de relações jurídicas que concernem a cinco focos de interesse distintos, mas correlatos: (a) defesa da coisa tombada contra destruição ou descaracterização; (b) preservação de seu estado físico; (c) alienação de bens tombados; (d) visibilidade externa dos imóveis tombados; e (e) permanência dos móveis tombados no território nacional. Tais aspectos estão regulados em comandos normativos de conteúdos diversos, os quais estabelecem, respectivamente, proibição de causar danos, dever de preservar, restrições à alienação, proibição de impedir a visibilidade de imóveis tombados e proibição de exportar bens móveis tombados. Todos, entretanto, tendem para a mesma finalidade, ou seja, a proteção da integridade física e da autenticidade dos bens tutelados, como garantia de condição mínima para que se possa ter acesso aos mesmos e desfrutar do valor cultural neles presente.

6.1.1 Proibição de danificar

Tendo em vista a defesa (em sentido restrito) dos bens tombados, o art. 17 do Decreto-lei 25/1937 proíbe terminantemente sua destrui-

---

3. Flávio Bauer Novelli, "A eficácia do ato administrativo", *RDA* 61/29, Rio de Janeiro, julho-setembro/1960.

ção, total ou parcial, nos seguintes termos: "As coisas tombadas não poderão, em caso nenhum, ser destruídas, demolidas ou mutiladas, (...)".

A regra em apreço institui proibição de danificar o bem protegido, seja ele móvel ou imóvel, particular ou público. A vedação compreende a produção de danos que provoquem não só o total perecimento da coisa, sua destruição completa (proibição de destruir ou demolir), mas, ainda, uma descaracterização parcial (proibição de mutilar).

A norma legal não estabelece distinções do ponto de vista dos sujeitos aos quais se dirige: a proibição se impõe a toda e qualquer pessoa, incluindo-se o proprietário da coisa tutelada e as entidades públicas competentes em cuja esfera foi promovido o tombamento.

Diante do amplo quadro dos sujeitos alcançados pela proibição, percebe-se que o dano pode decorrer da prática direta e deliberada de atos contra o bem sob proteção ou de ações indiretas, pertinentes a situações que possam de algum modo afetá-lo.[4]

De outro lado, não se exclui a possibilidade de lesões devidas ao uso do bem tombado, o que leva à conclusão de que, por força da proibição de causar dano, muito embora não impeça o uso, o tombamento acaba, inevitavelmente, por limitá-lo. Ou seja: a aplicação do instituto sob exame sempre atinge, em maior ou menor medida, prerrogativas inerentes ao direito de propriedade, podendo, assim, gerar o dever de indenizar o proprietário do bem tombado.[5]

Por fim, o dano ainda pode resultar de omissão quanto à adoção de providências destinadas a impedir o perecimento ou a degradação do bem sob proteção.

Ora, a inação juridicamente relevante restringe-se à conduta daqueles a quem a lei obriga a agir. Portanto, somente podem causar dano por omissão o proprietário do bem ou as entidades públicas responsáveis pelo tombamento, uma vez que eles é que figuram como

---

4. V. os exemplos apontados por Sônia Rabello de Castro: "(...) incidência de bate-estacas na vizinhança do prédio tombado, que lhe cause estremecimentos na estrutura; (...) expedição de gás corrosivo por uma fábrica que, aos poucos, altere a conservação dos prédios de um núcleo urbano tombado" (*O Estado na Preservação de Bens Culturais: o Tombamento*, Rio de Janeiro, Renovar, 1991, p. 109).

5. Sobre o *dever de indenizar* em decorrência do tombamento, v. o Capítulo 7, a seguir.

sujeitos passivos do dever de preservar, também inerente ao regime jurídico do instituto.

6.1.2 Dever de preservar

Ao lado da proibição de causar danos ao bem tombado, o dever de preservá-lo compõe a base dos principais efeitos do tombamento.[6]

A preservação de bens culturais envolve dois núcleos fundamentais de significação, polarizados pelas noções de *conservação* e de *reparação* ou *restauração*.[7] A primeira abrange o conjunto de ações destinadas à permanência da integridade do bem, a fim de mantê-lo em suas regulares condições de uso e fruição. Encerra, pois, a ideia de proteção contínua, destinada a impedir que a coisa seja exposta a processos de deterioração. A restauração, de seu turno, é tarefa mais árdua, que ordinariamente exige ação especializada, porque consiste na recuperação do estado de bens que já tenham sofrido degradação, em maior ou menor grau. A restauração compreende, assim, a recomposição da integridade do estado físico do bem, sem descurar de sua autenticidade.

Nesse sentido, a prestação positiva cujo conteúdo é a preservação do bem tombado, seja ele móvel ou imóvel, público ou particular, constitui o mais rigoroso vínculo inerente ao regime jurídico do tombamento. Ou seja: em lugar de uma simples obrigação de não fazer traduzida na impossibilidade de modificar a coisa, como por vezes se postula em sede doutrinária, o que o tombamento estabelece é o paradoxal dever de, em certa medida, alterá-la, mediante o custeio das intervenções necessárias a título de manutenção ou de restauração, a fim de que a mesma seja mantida íntegra no que diz respeito às características originais responsáveis por sua qualificação como bem cultural.

---

6. Os referidos efeitos, assim como as restrições à alienação (item 6.1.3, a seguir), ocorrem em todos os casos em que aplicada a medida, diversamente da proibição de tolher a visibilidade e da vedação à exportação, que se reduzem, por sua natureza e nos termos do diploma normativo de regência, ao tombamento de determinados tipos de bens – ou seja: respectivamente, ao tombamento de imóveis e de móveis.

7. Tais noções foram construídas ao longo de debates promovidos por organismos internacionais que se ocupam da promoção e da proteção do patrimônio cultural, como a UNESCO e o ICOMOS. V., por exemplo, as conclusões do II Congresso Internacional de Arquitetos e Técnicos dos Monumentos Históricos, promovido pelo Conselho Internacional de Monumentos e Sítios/ICOMOS em 1964, sintetizadas no documento denominado *Carta de Veneza* (disponível em *http://portal.iphan.gov.br/portal/baixaFcd Anexo.do?id=236*, acesso em 21.11.2009).

Enquanto a proibição de danificar se dirige a toda e qualquer pessoa, o dever de preservar toca primeiramente ao proprietário do bem, e em caráter subsidiário aos entes públicos que aplicaram a medida, como se extrai da análise dos arts. 17 e 19 do Decreto-lei 25.

Desde logo, convém observar que, estipulando os efeitos típicos do tombamento, tais artigos veiculam normas que definem o instituto. Porém, os mencionados textos legais também delimitam competências de entidades federais no que tange à concreta adoção da providência. Diante desse panorama, há que se reconhecer que a proibição de causar danos e o dever de preservar bens tombados, porque configuram o próprio instituto do tombamento, foram recepcionados pela Carta de 1988 na condição de normas gerais,[8] a cujo cumprimento se vinculam todas as instâncias federativas.[9] Já, na parte em que demarcam competências, os arts. 17 e 19 devem ser considerados normas específicas, aplicáveis, por óbvio, apenas aos tombamentos promovidos no âmbito federal.

Feita a ressalva, o exame do dever de preservar há, pois, que partir do art. 17 do Decreto-lei 25/1937, cujo integral teor é o seguinte:

Art. 17. As coisas tombadas não poderão, em caso nenhum, ser destruídas, demolidas ou mutiladas, nem, sem prévia autorização especial do IPHAN, ser reparadas, pintadas ou restauradas, sob pena de multa de 50% (cinquenta por cento) do dano causado.

Parágrafo único. Tratando-se de bens pertencentes à União, aos Estados ou aos Municípios, a autoridade responsável pela infração do presente artigo incorrerá pessoalmente na multa.

Como se vê, o *caput* do art. 17 se limita a estabelecer a exigência de autorização especial da entidade competente (no caso da instância federal, o IPHAN) para as intervenções de que necessite o bem tombado, mas não identifica o sujeito ao qual atribui o encargo de postular a referida anuência. Sem embargo, a regra jurídica se completa na dicção do art. 19 do mesmo decreto-lei, que prescreve:

8. Cf. item 4.2.2.1 do presente trabalho.
9. O TJRS, no Processo 70018882613, declarou a inconstitucionalidade de artigo constante da Lei do Plano Diretor de Santa Cruz do Sul o qual transferia para o Município o dever de conservar o acervo do patrimônio cultural local. Entendeu a referida Corte que, à luz do art. 30, IX, da CF, a lei municipal não poderia transferir à Municipalidade uma obrigação que, nos termos do art. 19 do Decreto-lei 25, cabe aos proprietários dos bens.

Art. 19. O proprietário de coisa tombada, que não dispuser de recursos para proceder às obras de conservação e reparação que a mesma requerer, levará ao conhecimento do IPHAN a necessidade das mencionadas obras, sob pena de multa correspondente ao dobro da importância em que for avaliado o dano sofrido pela mesma coisa.

§ 1º. Recebida a comunicação, e consideradas necessárias as obras, o diretor do IPHAN mandará executá-las, a expensas da União, devendo as mesmas ser iniciadas dentro do prazo de 6 (seis) meses ou providenciará para que seja feita a desapropriação da coisa.

§ 2º. À falta de qualquer das providências previstas no parágrafo anterior, poderá o proprietário requerer que seja cancelado o tombamento da coisa.

§ 3º. Uma vez que verifique haver urgência na realização de obras e conservação ou reparação em qualquer coisa tombada, poderá o IPHAN tomar a iniciativa de projetá-las e executá-las, a expensas da União, independentemente da comunicação a que alude este artigo, por parte do proprietário.

O *caput* do dispositivo transcrito impõe sanção pecuniária ao proprietário de coisa tombada que, não dispondo de recursos suficientes para empreender a respectiva conservação ou reparação, deixe de comunicar à entidade competente a necessidade de tais trabalhos. O § 1º revela o objetivo da imposição, pois determina que a manifestação do proprietário deve ser analisada pelo IPHAN e, uma vez acolhida, instaura a competência da referida autarquia para a execução das obras.

Vale observar que quando da edição do Decreto-lei 25/1937 a estrutura estatal incumbida de efetuar o tombamento – o Serviço do Patrimônio Histórico e Artístico Nacional – integrava a Administração direta.[10] Essa é a razão pela qual foi previsto no § 1º do art. 19 que as obras de preservação deveriam ser realizadas a expensas da União. Atualmente as competências concernentes à matéria situam-se na alçada de entidade autárquica – o IPHAN –, que, assim, é titular de personalidade jurídica própria e dispõe de autonomia administrativa e financeira nos termos da legislação que a instituiu.

Portanto, cabe entender que a competência demarcada no *caput* e no § 1º do art. 19 do Decreto-lei 25, consoante a legislação em vigor, toca ao IPHAN, que deve promover as obras de conservação e restau-

10. Cf. nota de rodapé 38 do Capítulo 2 deste trabalho.

ração do bem tombado às próprias expensas, no quadro de seus recursos orçamentários e financeiros. Somente se esgotados tais recursos é que se legitima a imposição do custeio das intervenções à União, na condição de pessoa jurídica de direito público instituidora da autarquia.

Seja quanto ao IPHAN, seja quanto à União, trata-se de dever estatal que assume caráter subsidiário, porque sua existência está condicionada à presença de determinada condição – ou seja: somente caberá às entidades públicas providenciar a preservação do bem tombado quando o proprietário não possuir meios suficientes para custeá-la. A *contrario sensu*, cabe concluir que, desde que disponha dos recursos financeiros necessários, ao proprietário do bem é que cumpre, como principal destinatário, o dever de preservá-lo.[11]

Com efeito, outro entendimento tornaria sem sentido a exigência de "prévia autorização especial do IPHAN", fixada no art. 17 do Decreto-lei 25, já que na esfera estatal o dever de executar as obras foi atribuído justamente ao IPHAN. Portanto, dispondo de condições financeiras para arcar com a conservação ou com a reparação, caberá ao proprietário requerer a autorização de que cuida o art. 17 e, uma vez obtida a anuência, executar as intervenções; caso contrário cumpre-lhe promover a comunicação prevista no art. 19, situação em que, consideradas necessárias as obras, o dever de realizá-las se transfere à referida autarquia.

O procedimento excepcional previsto no § 3º do art. 19 do Decreto-lei 25 não infirma a exegese. Apenas estabelece que, caso o IPHAN constate, no exercício do seu dever de vigilância (art. 20 do Decreto-lei 25), que o bem tombado carece de urgente intervenção, sua competência para realizá-la se instaura imediatamente, mesmo que o proprietário não tenha solicitado autorização para efetuar obras nem tenha promovido a comunicação de que cuida o *caput* do mesmo artigo. De todo modo, há que se entender cabível o ressarcimento do valor despendido pela entidade estatal sempre que o proprietário deti-

---

11. Nesse sentido: STJ, REsp 25.371; TRF-1ªRegião, ACi 200037000012301-MA, 199837000012517-MA, 199837000029513-MA e 199837000012415; e TRF-2ª Região, ACi 425.549-RJ e 376.867-RJ. No julgamento da ACi 95.02.24411-9, a 8ª Turma do TRF-2ª Região decidiu, à unanimidade, que a obrigação de reparar os danos sofridos por imóvel tombado é objetiva e, por força do Decreto-lei 25/1937, cabe ao seu proprietário, mesmo que ele não detenha a posse direta do bem (disponível em *www.trf2.gov.br*, acesso em 26.2.2009).

ver condições financeiras para tanto.[12] Ou seja: a exceção posta pela norma diz respeito tão somente ao modo de intervenção do Poder Público nos casos de urgência, e não à responsabilidade final pelo pagamento das obras.

Convém esclarecer que o Decreto-lei 25 não exige, como requisito para o nascimento da competência estatal de preservação, que o proprietário se encontre em situação de pobreza, sendo bastante que o mesmo demonstre não possuir os recursos suficientes para custear a manutenção ou a restauração requeridas pelo bem tombado.[13] Desde que constatadas a necessidade dos trabalhos e a falta de recursos do proprietário, não é dado ao IPHAN escolher entre executar ou não as obras. Por outras palavras: verificados tais pressupostos, é inevitável a transferência do dever ao IPHAN, ainda que o proprietário tenha deixado de comunicar a necessidade das intervenções, na forma do art. 19 do decreto-lei referido.[14]

A desapropriação regulada no § 1º do art. 19 do Decreto-lei 25 não elide, obviamente, o dever estatal de preservar o bem. Desde que efetuado o tombamento, a proteção da coisa tombada constitui aspecto vinculado da atuação administrativa, conquanto não exclua, em tese, a possibilidade de existir uma margem de avaliação quanto à identificação dos meios de intervenção mais adequados e até mesmo quanto ao momento mais propício para agir, tendo-se em conta razões de ordem prática que, por sua natureza, escapam aos limites da ação legislativa, sendo verificáveis apenas em cada situação concreta. É o

12. Nesse sentido: Sônia Rabello de Castro, *O Estado na Preservação de Bens Culturais: o Tombamento*, cit., p. 115.
13. V. o seguinte trecho do voto proferido pelo Des. federal Guilherme Calmon Nogueira da Gama no julgamento da ACi 327.237 (Processo 1996.51.06.000996-6) pela Turma do TRF-2ª Região: "A previsão legal diz respeito tão somente à circunstância de o proprietário do bem tombado não dispor de recursos para proceder às obras de conservação e reparação que o bem necessitar" (disponível em *www.trf2.gov. br*, acesso em 26.2.2009).
14. Decidiu o STJ, no REsp 1.051.687: "O fato de a ré não ter comunicado ao IPHAN a necessidade das obras e sua carência de recursos financeiros não modifica a responsabilidade da autarquia em efetivar diretamente a conservação, pois o art. 19 do Decreto-lei n. 25/1937 apenas imputa multa à pessoa que não faz tal comunicação (...). Em outras palavras, a falta de comunicação não gera responsabilidade pela obra, mas sim pelo pagamento da multa. A responsabilidade pela obra é do Poder Público, simplesmente porque o particular não tem recursos financeiros" (disponível em *www. stj.gov.br*, acesso em 16.6.2009).

caso, por exemplo, do grau de complexidade da intervenção necessária, do volume dos recursos públicos a serem despendidos e da urgência, ou não, da realização das obras, diante do risco de perecimento da coisa tombada.

Portanto, o § 1º do art. 19 do Decreto-lei 25 não faculta uma espécie de escolha entre preservar e desapropriar, sendo certo que somente se pode conceber a desapropriação, no caso sob exame, a fim de que seja o bem submetido às obras de conservação ou restauração de que carece.

Em verdade, o dispositivo mencionado instituiu, ao lado do tombamento e dele dependente, uma hipótese de aplicação da desapropriação como instrumento de proteção do patrimônio cultural. Cabe relembrar, que, como meio autônomo, a desapropriação somente veio a ser regulada em 1941, na forma do Decreto-lei 3.365, no qual foi inserida a hipótese de aplicação da medida para a proteção de "monumentos históricos e artísticos" e "paisagens e locais particularmente dotadas pela Natureza". Ou seja: quando da edição do Decreto-lei 25/1937 a possibilidade de desapropriação de um bem portador de valor cultural com o objetivo de preservá-lo se reduzia à situação prevista no comentado art. 19, § 1º, condicionando-se a seu prévio tombamento e à ausência de meios para sua proteção pelo particular. Com o advento do Decreto-lei 3.365/1941 o emprego da desapropriação como meio de proteção de bens culturais já não se subordina ao atendimento de tais requisitos. De qualquer sorte, dessa regra (art. 19, § 1º) remanesce o limite temporal para a solução de impasses que podem ocorrer diante da necessidade de intervenções no bem tombado, ao menos no que tange aos interesses do proprietário, pois que o § 2º do art. 19 confere ao mesmo a faculdade de requerer seja cancelado o tombamento desde que as entidades públicas não tenham iniciado as obras no prazo de seis meses nem determinado a desapropriação da coisa.

Neste ponto, identificados o conteúdo, o objeto e os sujeitos passivos do dever de preservar, percebe-se que entre este e a proibição de danificar existe intrínseca relação. Considerando-se que o proprietário e as entidades públicas competentes são titulares da referida obrigação de fazer, sua inércia diante de circunstâncias capazes de lesar o bem tombado qualifica-se como omissão juridicamente relevante. Assim, a conduta omissiva dos mencionados sujeitos pode configurar não apenas o desatendimento do dever de agir, mas também a violação da proibição de causar danos.

6.1.3 Restrições à alienação

Superada a concepção tradicional do direito de propriedade, a tutela do patrimônio cultural independe, em princípio, da transferência de bens ao domínio público.

Aliás, é oportuno relembrar que com a edição do Decreto-lei 25/1937 surgiram acesas discussões quanto à constitucionalidade do tombamento justamente com base na alegação de que sua incidência somente seria possível com a desapropriação dos bens afetados, ou seja, mediante a transformação dos mesmos em bens públicos. Porém, o STF repeliu essa tese no clássico julgamento da ACi 7.377,[15] a propósito do qual Victor Nunes Leal[16] anotou o seguinte:

15. No referido caso questionou-se a aplicação da medida a um prédio situado na Praça 15 de Novembro, no Rio de Janeiro/RJ, no conjunto arquitetônico denominado Arco do Teles. O julgamento foi iniciado no dia 24.11.1941, quando a 1ª Turma do STF decidiu submeter a matéria à apreciação do Tribunal Pleno, diante da discussão acerca da compatibilidade do tombamento com a Constituição Federal de 1937. Em sessão realizada no dia 17.6.1942, o Tribunal Pleno afirmou a constitucionalidade do Decreto-lei 25, na linha dos votos proferidos pelos Mins. Castro Nunes (Relator), Orozimbo Nonato, Goulart de Oliveira, Waldemar Falcão, Aníbal Freire, Barros Barreto, José Linhares e Bento de Faria, vencidos os Mins. Laudo de Camargo e Octávio Kelly. O julgamento do mérito da ACi 7.377 foi concluído pela 1ª Turma no dia 19.8.1943. A ementa do acórdão foi lavrada nos seguintes termos:

"Patrimônio histórico – Serviço de proteção, tombamento – Questão constitucional – Apreciação judiciária – Inscrição de bens particulares, desnecessidade de desapropriação – Instâncias administrativas, recurso.

"Os atos administrativos, de qualquer natureza, estão sujeitos ao exame dos tribunais.

"Ao Judiciário cabe decidir se o imóvel inscrito no Serviço do Patrimônio Histórico e Artístico Nacional tem ou não valor histórico ou artístico, não se limitando a sua competência a verificar, apenas, se foram observadas as formalidades legais no processo de tombamento.

"Verificada a procedência do valor histórico do imóvel de domínio particular como integrante de um conjunto arquitetônico, subsiste o tombamento compulsório, com as restrições que dele decorrem para o direito de propriedade, sem necessidade de desapropriação" (disponível em *http://www.stf.gov.br/portal/inteiro_Teor/pesquisarInteiroTeor.asp*, acesso em 10.3.2008).

16. Victor Nunes Leal, *Problemas de Direito Público*, Rio de Janeiro, Forense, 1960, p. 241.

Mostraram (...) os votos vencedores, com proficiência, que a desapropriação prevista era somente um dos modos de proteção dos bens considerados de valor histórico e artístico. Não era, contudo, o único. Também estavam previstos os meios de protegê-los e conservá-los continuando eles no domínio do particular.

Não obstante, é certo que a transferência da titularidade de bens culturais para o domínio público em muitas situações pode convir aos interesses sociais, não só no que concerne às ações destinadas a preservá-los, mas também porque a gestão pública de seu uso pode ampliar o acesso aos mesmos. Por vezes trata-se mais que de mera conveniência, pois a apropriação de bens particulares pelo Estado pode constituir a única solução cabível, como ocorre, por exemplo, nos casos em que as exigências destinadas a preservar o bem são de tal forma rigorosas que chegam a esvaziar totalmente o conteúdo econômico da propriedade.

Embora não altere a titularidade do domínio exercido sobre coisas revestidas de valor cultural, o tombamento restringe sua alienação, de modo a facilitar que sejam incorporadas ao domínio público quando tal providência se afigure conveniente e oportuna, tendo em vista o interesse de preservá-las. Nesse quadro, o tombamento produz dois efeitos diferentes, mas orientados no mesmo sentido, no que diz respeito à alienação de bens tombados: recaindo sobre bens públicos, proíbe sua privatização, eis que autoriza sejam alienados apenas à União, aos Estados e aos Municípios; quando alcança bens particulares, o instituto estabelece direito de preferência em favor da União, do Estado e do Município em que se encontrarem.

Consoante o art. 11 do Decreto-lei 25, "as coisas tombadas, que pertençam à União, aos Estados ou aos Municípios, inalienáveis por natureza, só poderão ser transferidas de uma à outra das referidas entidades".

De plano, salta aos olhos a imprecisão do texto legal. Enquanto os bens públicos de uso comum e os de uso especial são inalienáveis, porque estão afetados ao atendimento de finalidades de interesse público, os chamados bens dominicais podem ser alienados nos termos da lei – como, aliás, dispõem os arts. 99 a 101 do CC brasileiro. Logo, a inalienabilidade de bens públicos sempre decorre de lei, não havendo sentido na menção a bens "inalienáveis por natureza" no referido art. 11.

Por outro lado, o propósito da restrição instituída no referido artigo é impedir que bens tombados já integrantes do domínio público sejam transferidos para a esfera privada. Assim, impõe-se compreender que a regra abrange bens públicos de qualquer espécie, isto é, alienáveis (dominicais) ou não (de uso comum ou de uso especial). Ademais, ainda que o Decreto-lei 25 não abrigue referência expressa aos bens pertencentes às entidades integrantes da Administração indireta, a mencionada finalidade legal e o conceito de bens públicos[17] indicam que a proibição alcança tanto os bens de propriedade das autarquias e fundações públicas (que são pessoas jurídicas de direito público interno) quanto os bens de propriedade de empresas públicas e de sociedades de economia mista afetados à prestação de serviço público.[18]

O tombamento de bens particulares também não altera a titularidade do domínio sobre eles exercido, nem os torna inalienáveis. Porém, o elenco dos efeitos típicos do tombamento inclui o dever de ceder a preferência, em sua alienação onerosa, à União, ao Estado e ao Município em que localizados, a fim de favorecer sua integração ao domínio público, quando isto aproveitar aos interesses sociais.

O direito de preferência é instituto tradicional do direito civil, adotado na generalidade dos ordenamentos jurídicos de tradição romanista.[19] Segundo Joseph Comby e Vincent Renard,[20] as raízes do

17. Cf. nota de rodapé 16 do Capítulo 5 deste trabalho.
18. No mesmo sentido, quanto às autarquias, e em sentido contrário, quanto a empresas públicas e sociedades de economia mista: Sônia Rabello de Castro, *O Estado na Preservação de Bens Culturais: o Tombamento*, cit., p. 100.
19. Diógenes Gasparini, "Direito de preempção", in Adilson Abreu Dallari e Sérgio Ferraz (coords.), *Estatuto da Cidade (Comentários à Lei Federal 10.257/2001)*, 3ª ed., São Paulo, Malheiros Editores, 2010, p. 193.
20. Joseph Comby e Vincent Renard, *Évaluation du Droit de Préemption* (disponível em *http://www.comby-foncier.com/preemption.pdf*, acesso em 21.11.2009): "(...) permitia ao detentor da autoridade local selecionar seus futuros devedores, opondo-se, em particular, a um adquirente que poderia contrariar sua autoridade; (...) podia ensejar uma reorganização territorial vantajosa para sua propriedade; (...) era um bom instrumento de controle fiscal: os direitos de transmissão (quinto) se tornaram, com efeito, no curso do tempo, o benefício senhorial mais lucrativo e a ameaça de adquirir o bem (pelo preço declarado) era medida dissuasiva de eventuais fraudes por subavaliação" (tradução livre). Explicam os autores que, mesmo suprimido com a queda do Antigo Regime, o direito de preferência não tardou a ser recriado na França, já então em favor do Estado, constituindo atualmente importante meio de intervenção urbanística.

direito de preferência na França remontam ao feudalismo, eis que assistia aos senhores feudais o direito de anular em proveito próprio a venda de imóveis situados em seus domínios, mediante o reembolso do comprador. O instituto, assim, cumpria três funções específicas:

> (...) permettait au détenteur de l'autorité locale de filtrer ses futurs redevables et de s'opposer en particulier à l'arrivée d'un acquéreur qui aurait pu contrecarrer son autorité; (...) pouvait être l'occasion d'une certaine réorganisation foncière au profit du domaine; (...) était un bon outil de contrôle fiscal: les droits de mutation (le quint) étaient en effet devenus au fil du temps le bénéfice seigneurial le plus productif et la menace du retrait (au prix déclaré) était une mesure dissuasive d'éventuelles fraudes par déclaration sous-évaluée.

Como instrumento de proteção de bens culturais, o direito de preferência permite sua integração ao patrimônio público de forma menos agressiva que a desapropriação.[21] Primeiro, porque o interesse público de adquiri-los está em harmonia com os interesses dos respectivos proprietários, que desejam aliená-los. Segundo, porque evita as discussões e a demora características dos processos de desapropriação, nos quais, inclusive, o valor a ser despendido pelo Poder Público pode sofrer alterações substanciais, dependendo do resultado de prova pericial.

No Brasil a aplicação do direito de preferência com esse intuito foi inicialmente proposta no anteprojeto de lei elaborado por Jair Lins, no qual figurava como o principal efeito jurídico da então denominada catalogação.[22] No Decreto-lei 25/1937 o instituto está associado ao tombamento, nos seguintes termos:

> Art. 22. Em face da alienação onerosa de bens tombados, pertencentes a pessoas naturais ou a pessoas jurídicas de direito privado, a União, os Estados e os Municípios terão, nesta ordem, o direito de preferência.

---

21. Carlos Bastide Horbach, in Odete Medauar e Fernando Dias Menezes de Almeida (coords.), *Estatuto da Cidade – Lei 10.257, de 10.7.2001: Comentários*, São Paulo, Ed. RT, 2002, p. 135.
22. Jair Lins, "Anteprojeto de lei federal", in Secretaria do Patrimônio Histórico e Artístico Nacional (SPHAN)/Fundação Nacional Pró-Memória (Pró-Memória), *Proteção e Revitalização do Patrimônio Cultural no Brasil: uma Trajetória*, Brasília, 1980, p. 39 (disponível em *http://portal.iphan.gov.br/portal/montarDetalheConteudo.do?id=13129&sigla=Institucional&retorno=detalheInstitucional*, acesso em 21.11.2009).

§ 1º. Tal alienação não será permitida, sem que previamente sejam os bens oferecidos, pelo mesmo preço, à União, bem como ao Estado e ao Município em que se encontrarem. O proprietário deverá notificar os titulares do direito de preferência a usá-lo, dentro de 30 (trinta) dias, sob pena de perdê-lo.

§ 2º. É nula alienação realizada com violação do disposto no parágrafo anterior, ficando qualquer dos titulares do direito de preferência habilitado a sequestrar a coisa e a impor a multa de 20% (vinte por cento) do seu valor ao transmitente e ao adquirente, que serão por ela solidariamente responsáveis. A nulidade será pronunciada, na forma da lei, pelo juiz que conceder o sequestro, o qual só será levantado depois de paga a multa e se qualquer dos titulares do direito de preferência não tiver adquirido a coisa no prazo de 30 (trinta) dias.

(...).

Consoante os dispositivos transcritos, no que diz respeito à alienação dos bens particulares tombados (móveis ou imóveis) o regime jurídico do tombamento impõe uma típica prestação positiva: o dever de oferecê-los prioritariamente à União, ao Estado e ao Município em que situados, pelo mesmo preço e nas mesmas condições de pagamento exigidos, sempre que se pretender aliená-los. Ou seja: a legislação não institui inalienabilidade.[23] Antes, apenas condiciona o exercício da faculdade de dispor da coisa, em determinadas situações, à observância do direito de preferência atribuído à União, ao Estado e ao Município em que a mesma se encontrar.

No regime jurídico do tombamento o direito de preferência na alienação de bens particulares assume a feição de direito real, pois não se resolve em perdas e danos. Como prevê o § 2º do art. 22 do Decreto-lei 25, a violação do mencionado direito acarreta a nulidade da

---

23. Isto revela a atecnia do art. 12 do Decreto-lei 25, que declara: "A inalienabilidade das obras históricas ou artísticas tombadas, de propriedade de pessoas naturais ou jurídicas de direito privado, sofrerá as restrições constantes da presente Lei". Sobre o tema, no julgamento da ACi 1.0012.04.001453-7/001, assim decidiu a 6ª Câmara Cível do TJMG: "No tocante ao particular, o art. 22 do Decreto-lei n. 25/1937 admite sua alienação, contanto que haja a oferta da coisa tombada à pessoa jurídica de direito público interno em cujo território a coisa estiver, de tal modo que, usando da preferência, aquela pessoa jurídica possa adquiri-lo em igualdade de condição de oferta, quando então adquirirá a sua propriedade legal e plena. Caso contrário liberará o proprietário da coisa tombada para aliená-la para quem mais lhe convier" (disponível em *http://www.tjmg.gov.br*, acesso em 3.7.2009).

alienação e a imposição de sanção pecuniária ao transmitente e ao adquirente, autorizando, inclusive, o sequestro da coisa, como medida de cautela, a fim de garantir o pagamento da multa.

O dever de ceder a preferência somente se estabelece em face da alienação onerosa do bem tombado, isto é, de qualquer ato de transferência do respectivo domínio mediante contraprestação a cargo do adquirente.

Consequentemente, toca não apenas ao proprietário da coisa, mas também a outras figuras, como ao foreiro, quanto à alienação do domínio útil de imóvel objeto de enfiteuse, e ao promitente comprador que tenha efetuado o integral pagamento do preço estipulado em contrato de promessa de compra e venda regularmente levado a registro (arts. 1.417 e 1.418 do CC).[24]

Por outro lado, o direito de preferência não subsiste quando a alienação ocorre por força de doação típica, sucessão hereditária ou usucapião, eis que em semelhantes circunstâncias não se faz presente o requisito da onerosidade. Aplica-se, ao revés, quando a transferência resulta, por exemplo, de compra e venda, permuta, contrato estimatório (vendas em consignação) ou venda judicial.

Com efeito, o tombamento não impede que bens particulares tombados sejam gravados de penhor, hipoteca ou anticrese (art. 22, § 3º). Também não embaraça sua constrição em processos de execução. Entretanto, o direito de preferência há que ser respeitado também na venda judicial de tais bens.

O § 4º do art. 22 estabelece que os titulares do direito de preferência devem ser notificados antes da expedição dos editais de praça, abrindo para eles, com isso, a oportunidade de arrematação prioritária do bem, pelo preço de sua avaliação. Ademais, os §§ 5º e 6º do mesmo artigo lhes outorgam o direito de remição, pelo prazo de cinco dias a contar da arrematação ou da sentença de adjudicação, desde que tal direito não tenha sido exercido no tempo oportuno pelas pessoas a quem a lei conferia a faculdade de remir. Eis o texto dos dispositivos mencionados:

---

24. Diógenes Gasparini, "Direito de preempção", cit., in Adilson Abreu Dallari e Sérgio Ferraz (coords.), *Estatuto da Cidade (Comentários à Lei Federal 10.257/2001)*, 3ª ed., p. 201.

Art. 22. (...).
(...).

§ 4º. Nenhuma venda judicial de bens tombados se poderá realizar sem que, previamente, os titulares do direito de preferência sejam disso notificados judicialmente, não podendo os editais de praça ser expedidos, sob pena de nulidade, antes de feita a notificação.

§ 5º. Aos titulares do direito de preferência assistirá o direito de remissão, *[sic]* se dela não lançarem mão, até a assinatura do auto de arrematação ou até a sentença de adjudicação, as pessoas que, na forma da lei, tiverem a faculdade de remir.

§ 6º. O direito de remissão *[sic]* por parte da União, bem como do Estado e do Município em que os bens se encontrarem, poderá ser exercido, dentro de 5 (cinco) dias a partir da assinatura do auto de arrematação ou da sentença de adjudicação, não se podendo extrair a carta, enquanto não se esgotar este prazo, salvo se o arrematante ou o adjudicante for qualquer dos titulares do direito de preferência.

Acontece que a Lei 11.382, de 6.12.2006, alterou substancialmente o processo judicial de execução. Como medidas destinadas a agilizar a satisfação dos créditos exequendos, adotou, sucessivamente, a adjudicação, a alienação particular e a alienação em hasta pública (arts. 685-A, 685-C e 686 e ss. do CPC).

Segundo a atual sistemática, a primeira hipótese de alienação do bem penhorado reside na sua adjudicação, por preço não inferior ao da correspondente avaliação, que pode ser requerida pelo exequente, pelo credor com garantia real, pelos credores concorrentes na penhora, assim como pelo cônjuge, descendentes e ascendentes do executado, antigos titulares do direito de remição, abolido pela lei superveniente (redação originária dos arts. 788 e 789 do CPC e art. 685-A do mesmo estatuto, incluído pela Lei 11.382). Caso não tenha ocorrido adjudicação, pode o exequente postular a alienação particular dos bens penhorados, "por sua própria iniciativa ou por intermédio de corretor credenciado perante a autoridade judiciária" (art. 685-C do CPC). Por fim, apenas quando não verificadas as duas primeiras situações (adjudicação e alienação particular) é que terá lugar a alienação em hasta pública.

Nesse quadro, a fim de se resguardarem as prerrogativas da União, do Estado e do Município em que localizado o bem tombado, nos casos de sua venda judicial, não basta que a notificação a que alude o § 4º do art. 22 do Decreto-lei 25 ocorra antes da expedição dos editais de praça. Tal medida, é claro, garante o exercício do direito de preferência na arrematação em hasta pública. Porém, consoante o atual rito processual, o bem pode ser alienado antes disso, em virtude tanto de adjudicação quanto de alienação por iniciativa particular.

Ora, consoante o Decreto-lei 25, aos titulares do direito de preferência assiste também o direito de remir – em caráter subsidiário, é verdade, porque subordinado ao não exercício do mesmo direito pelo cônjuge, pelos descendentes e pelos ascendentes do executado (art. 22, § 5º, do Decreto-lei 25 e redação originária do art. 787 do CPC). No entanto, a Lei 11.382/2006 aboliu a remição posterior à alienação, assegurando a seus antigos titulares, em substituição, a faculdade de adjudicar o bem penhorado.

Assim, para que seja respeitada a integridade das prerrogativas reguladas no art. 22 do Decreto-lei 25/1937, em harmonia com as alterações introduzidas pela mencionada lei, há que se ensejar aos titulares do direito de preferência na alienação de bens particulares tombados a oportunidade de adjudicá-los, desde que tal faculdade não tenha sido exercida pelo cônjuge, pelos descendentes ou pelos ascendentes do executado. Logo, diante da atual sistemática da execução, entende-se que, em lugar da notificação prevista no § 4º do art. 22 do Decreto-lei 25, cumpre aplicar, por analogia, no que tange às entidades públicas titulares do direito de preferência, a regra instituída no art. 698 do CPC, com a redação dada pela Lei 11.382/2006, cujo teor é o seguinte:

> Art. 698. Não se efetuará a adjudicação ou alienação de bem do executado sem que da execução seja cientificado, por qualquer modo idôneo e com pelo menos 10 (dez) dias de antecedência, o senhorio direto, o credor com garantia real ou com penhora anteriormente averbada, que não seja de qualquer modo parte na execução.

Em suma, nos casos de venda judicial de bem particular tombado cabe à União, ao Estado e ao Município em cujo território o mesmo estiver situado o direito de preferência na respectiva arrematação, em igualdade de condições com os demais pretendentes. Assiste-lhes, ainda, a primazia no direito de adjudicá-lo, se não o fizerem o cônjuge, os descendentes ou os ascendentes do executado. Para tanto, sob pena de nulidade, os titulares do direito de preferência sob exame devem ser regularmente intimados pelo menos 10 dias antes da adjudicação e da alienação.

6.1.4 Proibição de tolher a visibilidade dos imóveis tombados

Como visto, a proteção que se busca por meio do tombamento destina-se, em última instância, a propiciar condições para o exercício do direito cultural de fruição. Acontece que a existência dos bens culturais e a manutenção de suas características são apenas pressupostos do mencionado direito, que, a rigor, também exige o acesso a tais bens. Realmente, a preservação de seu estado físico não basta para assegurar a efetividade do direito cultural de fruição, porque, como medida isolada, não é suficiente para ensejar a possibilidade de apreciá-los, de conhecê-los e de usufruir do próprio conteúdo cultural neles presente.

Em razão dessa finalidade última, nota-se que os efeitos típicos do tombamento se estendem – embora em pequena medida – além da preservação física de bens corpóreos, para abranger a proteção da visibilidade de imóveis tombados e, no que tange a bens móveis, ao menos a sua permanência no território nacional.

A proibição de tolher a visibilidade alcança unicamente bens imóveis tombados e, de acordo com o que determina o art. 18 do Decreto-lei 25, tem o propósito de evitar que se instalem na respectiva vizinhança quaisquer elementos que impeçam ou reduzam a percepção de seu aspecto exterior.[25] Assim estabelece o referido art. 18:

> Art. 18. Sem prévia autorização do IPHAN, não se poderá, na vizinhança da coisa tombada, fazer construção que lhe impeça ou reduza a visibilidade, nem nela colocar anúncios ou cartazes, sob pena de ser mandada destruir a obra ou retirar o objeto, impondo-se neste caso multa de 50% (cinquenta por cento) do valor do mesmo objeto.

A aplicação da proibição em tela envolve, pois, duas noções fundamentais: *vizinhança* e *visibilidade*.

---

25. Além da visibilidade externa dos imóveis protegidos, segundo Pontier, Ricci e Bourdon, na França, por meio de benefícios fiscais, o Estado incentiva fortemente a exposição de bens culturais particulares a visitação pública (*Droit de la Culture*, 2ª ed., Paris, Dalloz, 1996, p. 348).

Nota-se facilmente que as áreas limítrofes aos imóveis tombados integram a sua vizinhança. Entretanto, considerando-se que o objetivo da norma é resguardar a visualização externa do bem tombado, há que se admitir que, conquanto norteado pelo critério da proximidade física, o núcleo de significação da noção de vizinhança não se restringe às áreas contíguas. Por outras palavras: sua delimitação depende das características de cada imóvel tombado e da região em que o mesmo se localiza, estando, ademais, essencialmente subordinada ao critério da visibilidade.

Em perspicaz análise, Luiz Rafael Mayer observou que o dano à visibilidade é que "induz e qualifica a vizinhança".[26] No mesmo sentido, alinha-se o entendimento de Adroaldo Mesquita da Costa:[27]

> Não basta que a construção esteja na vizinhança da coisa tombada, é necessário que a mesma impeça ou reduza sua visibilidade. Essa vizinhança não está – nem poderia estar – delimitada matematicamente. Está, entretanto, condicionada ao prejuízo da visibilidade da coisa tombada. Se esse prejuízo não existir, também inexiste a possibilidade de aplicação do art. 18 do Decreto-lei 25, de 1937.

Com efeito, a finalidade da norma reside em assegurar a fruição do bem tombado, ao menos no que tange à contemplação de sua face externa. Desse modo, a noção de visibilidade é imprescindível para que se possa identificar a delimitação da área a ser considerada vizinhança.

"Visibilidade" significa possibilidade de acesso visual ao imóvel tombado. No entanto, a proibição de turbar a visibilidade transcende a evidente acepção literal do termo, para vedar não só que se impeça ou que se reduza a visão da coisa em si, mas também que se ofenda a própria "harmonia do conjunto",[28] ou seja, a coisa inserida no seu

---

26. Luiz Rafael Mayer, "Parecer L-052", *RDA* 120/412, Rio de Janeiro, abril-junho/1975.
27. Adroaldo Mesquita da Costa, "Parecer", *RDA* 93/381, Rio de Janeiro, outubro/1968.
28. Hely Lopes Meirelles ressaltou que: "(...). O conceito de *redução de visibilidade*, (...) é amplo, abrangendo não só a tirada da vista da coisa tombada, como a modificação do ambiente ou da paisagem adjacente, a diferença de estilo arquitetônico e tudo o mais que contraste ou afronte a harmonia do conjunto, tirando o valor histórico ou a beleza original da obra ou do sítio protegido" (*Direito Administrativo Brasileiro*, 38ª ed., São Paulo, Malheiros Editores, 2012, p. 638). No mesmo sentido,

ambiente. Como esclarece Sônia Rabello de Castro, o conceito de *visibilidade* "ampliou-se para o de ambiência, isto é, harmonia e integração do bem tombado à sua vizinhança, sem que exclua com isso a visibilidade literalmente dita".[29] Em síntese, pois, cuida a norma de resguardar a fruição estética e paisagística do bem cultural, preservando seu entorno a partir do estado em que se encontrava quando da realização do tombamento.

Não obstante a existência de parâmetros para a definição teórica das noções de vizinhança e visibilidade, é inegável que a interpretação das mesmas ainda comporta certa subjetividade. Isto se torna evidente diante da concreta aplicação do art. 18 do Decreto-lei 25, sobretudo porque as normas gerais que traçam o regime jurídico do tombamento não estipulam critérios para a delimitação da área de vizinhança do imóvel tombado.

Há casos, é certo, em que normas específicas fixam determinado perímetro de proteção – como ocorre, por exemplo, no Estado de São Paulo, que, no Decreto 13.426, de 15.3.1979, considera *vizinhança* a circunferência formada pelo raio de 300m a partir da coisa tombada.[30] A prescrição de critérios legais objetivos foi também adotada inicialmente na França, por meio da Lei de 25.2.1943, que passou a exigir autorização especial para construções novas, demolições, reformas e

v.: Maria Coeli Simões Pires, *Da Proteção ao Patrimônio Cultural: o Tombamento como Principal Instituto*, Belo Horizonte, Del Rey, 1994, p. 162.
29. Sônia Rabello de Castro, *O Estado na Preservação de Bens Culturais: o Tombamento*, cit., p. 119. Na ACi 8901226537-MG a 3ª Turma Suplementar do TRF-1ª Região decidiu que: "1. O alcance da norma prevista no art. 18 do Decreto-lei n. 25/1937 é realmente bem mais abrangente do que o mero significado literal das expressões 'impedir' e 'reduzir' nela constantes, devendo ser entendido como a própria incompatibilidade entre a obra pretendida e a ambiência do bem tombado. Busca-se, com a proteção do entorno, harmonizar as construções modernas com o espaço urbano no qual se insere o monumento objeto de proteção especial, evitando-se qualquer tipo de obra que, pelo seu estilo ou característica, promova a quebra do equilíbrio do conjunto arquitetônico. 2. A norma pretende resguardar a própria atmosfera ambiental e urbana que imprime sentido ao bem tombado, delimitando critérios que evitem a descaracterização não só do monumento em si, mas igualmente daquelas construções que originalmente fizeram ou ainda fazem parte do contexto do seu surgimento" (disponível em *http://www.trf1.gov.br*, acesso em 16.6.2009).
30. São Paulo, *Decreto n. 13.426, de 16 de março de 1979. Cria a Secretaria de Estado da Cultura e dá outras providências* (disponível em *http://www.jusbrasil.com.br/legislacao/207905/decreto-13426-79-são-paulo-sp*, acesso em 21.11.2009).

modificações da Natureza a serem realizadas em imóveis visíveis a partir de bem protegido ou visíveis ao mesmo tempo em que ele, situados num raio de 500m. Mais recentemente a legislação francesa passou a admitir que, quando da revisão dos planos urbanísticos locais, tais limites sejam adaptados, de modo a que na área de proteção restem apenas os imóveis e espaços urbanos que formam diretamente o ambiente do bem protegido.[31]

Vale referir, ainda, a existência de leis que conferem a órgãos ou entidades técnicos a competência para que definam a mencionada área de influência por ocasião de cada tombamento. É o que prevê, por exemplo, a Lei 5.775, de 30.9.1971, do Estado de Minas Gerais,[32] cujo art. 4º, § 2º, determina o seguinte:

§ 2º. O tombamento de bem imóvel lhe delimitará a área de entorno ou vizinhança, para o efeito da proteção prevista no art. 18 do Decreto-lei n. 25, de 30 de novembro de 1937, devendo o Instituto, no prazo de 180 (cento e oitenta) dias da vigência desta Lei, delimitar o entorno dos monumentos já inscritos nos Livros de Tombo, para aprovação do Conselho Curador.

Em resumo, no plano normativo, tanto a definição da vizinhança do bem tombado quanto a caracterização dos atos que constituem gravame à respectiva visibilidade implicam o exercício de discricionariedade técnica, que, embora não envolva juízo político e, por isso, constitua autêntica vinculação, depende da avaliação de critérios complexos, a cargo de especialistas.[33] Isso não gera, por si só, dificuldades

31. Michel Prieur, *Droit de l'Environnement*, 5ª ed., Paris, Dalloz, 2004, pp. 865-866. V., a propósito, os arts. L621-30 a L621-32 do *Code du Patrimoine* (disponível em *http://www.legifrance.gouv.fr/./affichCode.do?dateTexte=20091120&cid Texte=LEGITEXT000006074236&fastReqId=120356252&fastPos=1&oldAction=r echCodeArticle*, acesso em 21.11.2009).
32. Minas Gerais, *Lei n. 5.775, de 30 de setembro de 1971. Autoriza o Poder Executivo a instituir, sob forma de Fundação, o Instituto Estadual do Patrimônio Histórico e Artístico (IEPHA/MG) e dá outras providências* (disponível em *http:// www.almg.gov.br/index.asp?grupo=legislacao&diretorio=njmg& arquivo=legislacao_mineira*, acesso em 21.11.2009). V., de semelhante teor, a Lei 10.032, de 27.12.1985, do Município de São Paulo.
33. Renato Alessi, *Principi di Diritto Amministrativo: I – I Soggetti Attivi e l'Esplicazione della Funzione Amministrativa*, 4ª ed., Milão, Giuffrè, 1978, pp. 244-250. Porém, no julgamento do RE 41.279, em que o STF determinou a demolição de pavimentos de prédio construído nas cercanias do Outeiro da Glória, no Rio de

excepcionais na aplicação da restrição legal sob exame. Contudo, pode concorrer para o surgimento de situação de incerteza jurídica quanto à própria identificação dos sujeitos diretamente afetados pela proibição, à qual, ademais, se associa o exercício de um encargo, isto é, a obrigação de postular autorização especial ao IPHAN previamente à modificação do estado de áreas vizinhas.

Ora, os proprietários dos imóveis vizinhos são típicos destinatários do ato de tombamento, pois uma das funções inerentes ao regime jurídico do referido instituto é garantir a fruição estética e paisagística do imóvel portador de valor cultural. A posição de tais sujeitos não se confunde com a de terceiros juridicamente indiferentes, porque os efeitos do ato se projetam de modo direto em suas esferas jurídicas, alcançando o direito de propriedade por eles titularizado sobre as áreas vizinhas ao bem tombado.

É evidente que, para que o ato de tombamento possa produzir seus regulares efeitos, é preciso, antes de mais nada, que não haja dúvidas quanto a seus destinatários. Vale observar que o proprietário do bem tombado deve ser regularmente notificado no curso do processo de tombamento. Porém, o referido diploma não só não impõe a notificação dos proprietários das áreas vizinhas, como também não exige que se proceda à averbação do tombamento nos correspondentes Registros Imobiliários, como se extrai do art. 13 do Decreto-lei 25/1937.

Em regra, quando for evidente a relação de vizinhança, a ausência de tais medidas não afasta a proibição de transtornar a visibilidade do bem tombado, estabelecida no art. 18 do Decreto-lei 25. Isto quer dizer que, ainda que o proprietário de imóvel vizinho tenha obtido, junto ao órgão municipal competente, o consentimento para construir ou realizar reformas, caso posteriormente se constate que ocorreu

Janeiro, o Min. Villas Bôas, na condição de Relator, registrou: "Do ponto de vista legal e também constitucional, o critério prevalecente havia de ser o da Diretoria do Patrimônio Histórico e Artístico, pois que a lei faz da sua autorização condição *sine qua non* para o início das obras. Poder-se-ia objetar que, assim, o exercício do direito de propriedade ficaria subordinado a exigências descabidas daquele Departamento. Entretanto, não é correto presumir o abuso de poder, e para coibi-lo, quando se manifesta, há o mandado de segurança e outros processos judiciais adequados" (disponívelem*http://www.stf.jus.br/portal/inteiroTeor/obterInteiroTeor.asp?numero=41279 &classe=RE*, acesso em 21.11.2009).

violação da proibição legal, a obra pode vir a ser embargada ou, se concluída, o excesso pode vir a ser demolido. Em tais circunstâncias, não tendo havido má-fé, cabe apenas cogitar acerca da responsabilidade patrimonial do Município, que expediu a licença,[34] e do IPHAN, que é competente para exercer vigilância permanente sobre os bens tombados, na forma do art. 20 do referido decreto-lei.[35]

Conclui-se, portanto, que, embora não exigida por lei, a notificação dos proprietários dos imóveis vizinhos é providência aconselhável não só do ponto de vista da certeza das relações jurídicas como também, até mesmo, das consequências que sua falta pode acarretar no âmbito da responsabilidade patrimonial das entidades estatais.

Sem embargo, em caráter excepcional, a adoção de tal medida em determinadas situações se impõe por força do princípio da segurança jurídica, como uma condição para a incidência da proibição legal.[36] Assim, quando não existir prévia definição da vizinhança, desde que não se trate de imóvel contíguo ou manifestamente sujeito ao comando do art. 18 do Decreto-lei 25, parece razoável exigir-se ao menos a

34. No julgamento do AI 26.603, o Min. Victor Nunes Leal notou: "(...) a Prefeitura (...) tinha de considerar implícita, em suas posturas, a observância da lei federal. Realmente, escapa à competência dos Municípios permitir construções que frustrem a proteção de lei federal aos monumentos históricos, artísticos ou paisagísticos". Porém, na linha do voto do Min. Ribeiro da Costa, a Suprema Corte manteve o acórdão proferido em recurso extraordinário, garantindo ao particular o prosseguimento da construção de prédio na vizinhança do Museu Imperial em Petrópolis/RJ, eis que amparada por alvará expedido pelo órgão municipal competente, embora sem atentar para as restrições decorrentes do tombamento (disponível em *http://www.stf.jus.br/portal/inteiroTeor/obterInteiroTeor.asp?numero=26603&classe=AI-embargos*, acesso em 21.11.2009).
35. Nesse sentido: Maria Sylvia Zanella Di Pietro, *Direito Administrativo*, 15ª ed., São Paulo, Atlas, 2003, p. 140.
36. Na mesma linha de entendimento, sustenta Sônia Rabello de Castro: "Não será (...) exigível a aplicação da tutela em áreas que, recognoscíveis como vizinhança apenas por olhos técnicos, não tenham sido previamente demarcadas, pois sua publicidade pela própria divulgação do tombamento não poderia ter sido ordinariamente presumida" (*O Estado na Preservação de Bens Culturais: o Tombamento*, cit., p. 123). Diversamente, afirma José Afonso da Silva: "A lei não impõe a notificação dos titulares das coisas vizinhas do bem tombado para que o tombamento seja eficaz em relação a eles. Tampouco submete essa eficácia a transcrição e averbação do tombamento no Registro Imobiliário; e nem haveria razão para fazê-lo, porque o tombamento já é uma inscrição pública, portanto já é um registro público, (...)" (*Ordenação Constitucional da Cultura*, São Paulo, Malheiros Editores, 2001, p. 167).

notificação dos proprietários das áreas vizinhas. Sem isso, na mencionada hipótese, o ato de tombamento não pode produzir o efeito típico em apreço, havendo que se prover o interesse público de preservar o entorno de bens imóveis tombados por outros meios (como, por exemplo, a desapropriação).

6.1.5 Proibição de exportar bens móveis tombados

Além da proibição de danificar e do dever de preservar, quando recai sobre bens móveis, o tombamento impõe restrições à sua deslocação para fora do território nacional, na forma do art. 14 do Decreto-lei 25/1937, que assim determina: "A coisa tombada não poderá sair do País, senão por curto prazo, sem transferência de domínio e para fim de intercâmbio cultural, a juízo do Conselho Consultivo do IPHAN".

Enquanto o primeiro eixo dos efeitos principais do tombamento se organiza a partir da preservação do estado físico dos bens por ele alcançados (proibição de causar danos e dever de preservar), o segundo se assenta na proteção do acesso aos mesmos. Nessa linha, no que concerne aos bens imóveis, resguarda a visibilidade de sua face exterior e, paralelamente, quanto aos bens móveis, busca ao menos garantir sua permanência no território nacional.

Portanto, o Decreto-lei 25 estabelece como efeito característico do tombamento a proibição da exportação[37] de bens móveis tombados. A título de exceção à regra geral proibitiva, admite a saída dos bens em caráter temporário e mediante o consentimento expresso da autoridade federal competente, apenas para fins de intercâmbio cultural, como exposições ou pesquisas, por exemplo.

Ao regular a matéria, a legislação brasileira alinha-se ao entendimento que vem sendo consolidado em documentos internacionais resultantes de discussões sobre o tema, nos quais se revela o propósito

---

37. Independentemente do tombamento, a proibição de exportar foi estendida, por leis posteriores, a determinadas classes de bens móveis. A Lei 4.845, de 19.11.1965, impôs restrições semelhantes à exportação de "obras de artes e ofícios tradicionais" produzidos "durante os regimes colonial e imperial" da história do País. A Lei 5.471, de 9.7.1968, submeteu "bibliotecas e acervos documentais constituídos de obras brasileiras ou sobre o Brasil, editadas nos séculos XVI a XIX", a regime equivalente.

de resguardar o acesso aos bens culturais, sem prejuízo da difusão da cultura. É o caso da Recomendação sobre medidas destinadas a proibir que, de modo ilícito, se promova a exportação, a importação e a transferência de propriedade de bens culturais, aprovada na 13ª Sessão da Conferência-Geral da ONU para a Educação, a Ciência e a Cultura/UNESCO.[38] Posteriormente, foi firmada em Roma, em junho/1995, a Convenção do Instituto Internacional para a Unificação do Direito Privado/UNIDROIT, para normatizar a restituição e a repatriação de bens culturais furtados ou ilicitamente exportados.[39]

No plano do direito positivo interno a disciplina guarda estreita consonância com a CF de 1988, cujo art. 215 impõe ao Estado que garanta a todos o pleno exercício dos direitos culturais e cujo art. 23, IV, atribui à União, aos Estados, ao Distrito Federal e aos Municípios a competência para "impedir a evasão (...) de obras de arte e de outros bens de valor histórico, artístico ou cultural". Tais bens constituem fontes da cultura nacional, e sua permanência no território brasileiro é condição necessária – embora não suficiente – para que a eles possam ter acesso os titulares do direito cultural de fruição.

6.2 Efeitos instrumentais

Ao lado dos efeitos principais examinados, o regime jurídico do tombamento comporta outros, que são considerados secundários ou acessórios, isto é, *instrumentais* relativamente aos primeiros. De fato, os efeitos instrumentais destinam-se a garantir a produção dos efeitos principais, vinculando-se, pois, de modo indireto à função específica do instituto.

Os efeitos instrumentais, previstos nos arts. 13, 16, 19 e 20 do Decreto-lei 25/1937, abrangem o registro do tombamento, o dever de exercer vigilância permanente sobre os bens tombados e outros deveres acessórios de fazer e não fazer.

38. Organização das Nações Unidas para a Educação, a Ciência e a Cultura/ UNESCO, *Recomendação*, Paris, 1964 (disponível em *http://portal.iphan.gov.br/ portal/baixa FcdAnexo.do?id=273*, acesso em 21.11.2009).

39. Essa Convenção foi promulgada no Brasil pelo Decreto 3.166, de 14.9.1999 (disponível em *http://www.planalto.gov.br/ccivil_03/decreto/D3166.htm*, acesso em 21.11.2009).

6.2.1 Registro do tombamento

De acordo com o art. 10 do Decreto-lei 25, o tombamento definitivo ocorre com a inscrição do bem afetado no Livro do Tombo próprio. Tal inscrição constitui elemento formal do ato de tombamento, correspondendo à derradeira etapa do processo de sua formação. Ademais, ao tempo em que materializa a declaração inerente ao ato, a inscrição também cumpre, em certa medida, a função de torná-lo público.

Além de externar o tombamento, a inscrição do bem no Livro do Tombo, por si, consubstancia a realização de um registro administrativo. Trata-se, em essência, de um registro público, porque destinado a guardar os atos de tombamento e a acolher a averbação de atos posteriores, referentes ao objeto de cada inscrição, assim como a exibi-los a quem o solicite, possibilitando, inclusive, a qualquer tempo, a extração de cópias e a expedição de certidões. Desse modo, a providência assegura a autenticidade e a certeza do tombamento, servindo como instrumento hábil para garantir sua publicidade em caráter permanente, ou seja, para além do momento em que, pelos meios usuais, foi realizada a publicação do ato.

Entretanto, o tombamento também se sujeita a escrituração no ofício competente dos Registros Públicos, atualmente regulados na Lei 6.015, de 31.12.1973. A exigência consta do art. 13, *caput* e §§ 1º e 2º, do Decreto-lei 25, cujo teor é o seguinte:

> Art. 13. O tombamento definitivo de bens de propriedade particular será, por iniciativa do órgão competente do IPHAN, transcrito para os devidos efeitos em livro a cargo dos oficiais do Registro de Imóveis e averbado ao lado da transcrição do domínio.
>
> § 1º. No caso de transferência de propriedade dos bens de que trata este artigo, deverá o adquirente, dentro do prazo de 30 (trinta) dias, sob pena de multa de 10% (dez por cento) sobre o respectivo valor, fazê-la constar do registro, ainda que se trate de transmissão judicial ou *causa mortis*.
>
> § 2º. Na hipótese de deslocação de tais bens, deverá o proprietário, dentro do mesmo prazo e sob pena da mesma multa, inscrevê-los no Registro do lugar para que tiverem sido deslocados.

Assim, devem ser levados a escrituração nos Registros Públicos tanto o ato de tombamento de bens particulares (art. 13, *caput*) quanto posteriores transferências de propriedade dos referidos bens (art. 13, § 1º), cabendo, respectivamente, ao IPHAN e ao adquirente, inclusive por força de transmissão judicial ou *causa mortis*, promover as correspondentes transcrições e averbações. Tratando-se de bens móveis, impõe-se ao proprietário a obrigação de promover sua inscrição no ofício competente do Registro de Títulos e Documentos em cada local para onde forem deslocados (art. 13, § 2º, do Decreto-lei 25/1937 e art. 127, parágrafo único, da Lei 6.01/1973).

Ora, diante da duplicidade de registros a que se expõe o tombamento (inscrição do ato no Livro do Tombo e escrituração nos Registros Públicos), assoma a necessidade de se explicitar a finalidade das medidas ordenadas no art. 13 do Decreto-lei 25.

Segundo entendem alguns autores,[40] tal dispositivo fixaria uma condição de eficácia do tombamento. Porém, o teria feito de modo insatisfatório, em especial porque submete à escrituração nos Registros Públicos apenas o tombamento de bens particulares, não havendo justificativa para não exigir a medida nos casos em que o instituto alcança bens públicos.

Contudo, a restrição da exigência ao tombamento de bens de propriedade particular só se explica satisfatoriamente em quadro diverso do postulado por essa corrente doutrinária.

É certo que o art. 13 não declina de modo expresso os "devidos efeitos" para os quais se orienta, não se podendo, assim, dele depreender que os registros em questão condicionam a produção de todas as consequências jurídicas do tombamento. Aliás, bem ao contrário, o art. 10, como já referido, estabelece que o processo do tombamento definitivo termina com a inscrição do bem no Livro do Tombo – ou seja: com sua escrituração em um Registro Público especial, que, assim como os Registros regulados na Lei 6.015/1973, também visa a garantir a autenticidade, a segurança e a eficácia dos atos a ele submetidos (art. 1º da Lei 6.015). Logo, é possível concluir que, com a inscrição nesse Registro especial e com a regular publicação do ato de

---

40. Partilham desse entendimento: Themístocles Brandão Cavalcanti, "Parecer", *RDA* 119/428-434, Rio de Janeiro, janeiro-março/1975; Edimur Ferreira de Faria, *Curso de Direito Administrativo Positivo*, 4ª ed., Belo Horizonte, Del Rey, 2001, p. 444; Carlos Medeiros Silva, "Parecer", *RDA* 108/440, Rio de Janeiro, abril-junho/1972.

tombamento, o mesmo se torna apto a produzir seus efeitos típicos, refletindo-se imediatamente na esfera jurídica de seus *destinatários*, para lhes impor a obrigação de preservar o bem tombado, as proibições de danificá-lo e, conforme o caso, de tolher a visibilidade de seu aspecto exterior ou de exportá-lo, bem como, por fim, as restrições atinentes à respectiva alienação.

Nesse contexto, a segunda escrituração do tombamento, imposta no art. 13 do Decreto-lei 25, cumpre o específico propósito de garantir a eficácia do tombamento relativamente a *terceiros*, no que tange ao direito de preferência na alienação do bem tombado.

De fato, como explica Sônia Rabello de Castro,[41] a exigência de escrituração nos Registros Públicos remonta ao anteprojeto de lei elaborado por Jair Lins, no qual estava prevista como condição de eficácia do direito de preferência na aquisição de bens "catalogados", instituído em favor da União e dos Estados. Eis o texto dos arts. 3º e 5º do referido anteprojeto:[42]

> Art. 3º. O direito de preferência surgirá desde o momento em que o proprietário for notificado para a catalogação e se tornará definitivo desde que inscrita em livro especial, anexo ao registro geral de hipotecas e a cargo dos respectivos oficiais.
>
> Este direito constitui ônus e acompanha a coisa no poder de quem quer que a detenha.
>
> (...).
>
> Art. 5º. A catalogação se fará por meio da inscrição em livros especiais, anexos ao registro geral de hipotecas (...).

O Decreto-lei 25 substituiu pelo tombamento a "catalogação" prevista no anteprojeto em referência, e em vez do sistema de escrituração do ato nos Registros Públicos, também constante de tal documento, instituiu o método de registro administrativo especial, consubstanciado na inscrição do bem em Livros do Tombo. No entanto, como uma

---

41. Sônia Rabello de Castro, *O Estado na Preservação de Bens Culturais: o Tombamento*, cit., pp. 102-103.
42. Jair Lins, "Anteprojeto de lei federal", in Secretaria do Patrimônio Histórico e Artístico Nacional (SPHAN)/Fundação Nacional Pró-Memória (Pró-Memória), *Proteção e Revitalização do Patrimônio Cultural no Brasil: uma Trajetória*, Brasília, 1980, pp. 40-41 (disponível em *http://portal.iphan.gov.br/portal/montarDetalheCon teudo.do?id=13129&sigla=Institucional&retorno=detalheInstitucional*, acesso em 21.11.2009).

das consequências jurídicas do tombamento, adotou o direito de preferência da União, dos Estados e dos Municípios na alienação onerosa de bens particulares tombados, associando-o à necessidade de transcrição, averbação e registro dos atos pertinentes nos ofícios próprios dos Registros Públicos.

Desse modo, a escrituração do tombamento, da transferência de propriedade dos bens e da deslocação de móveis tombados nos Registros Públicos tem o singelo condão de condicionar a eficácia de um dos efeitos típicos do tombamento – o direito de preferência – no que se refere aos interesses de *terceiros*, já que, quanto aos destinatários do ato, basta a inscrição no Livro do Tombo, seguida de regular publicação. Em resumo, a falta de transcrição e averbação do tombamento de bens particulares nos Registros Públicos enseja unicamente a ineficácia do direito de preferência contra terceiros, mas não impede a produção de seus demais efeitos típicos.

Vejam-se, nesse sentido, as conclusões de Luiz Rafael Mayer:[43]

(...). A transcrição e a averbação não constituem elementos do processo de tombamento, não o aperfeiçoam, nem condicionam os seus efeitos, senão em um plano e para fins estritos e especiais.

Com efeito, as inscrições registrárias, não tendo, de nenhum modo, o intento de constituição de direitos reais de natureza privada, visam apenas à publicidade que assegure a observância das restrições legais sobre a alienabilidade dos bens tombados e o exercício das preferências do Poder Público (arts. 12, 13 e 22 do Decreto-lei n. 25/19377).

(...).

---

43. Luiz Rafael Mayer, "Parecer L-052", cit., *RDA* 120/406. No mesmo sentido: Sônia Rabello de Castro, *O Estado na Preservação de Bens Culturais: o Tombamento*, cit., p. 107; José Afonso da Silva, *Ordenação Constitucional da Cultura*, cit., p. 165. No julgamento da ACi 90.01.12435-6-PA a 4ª Turma do TRF-1ª Região decidiu que: "2. A inscrição no Registro de Imóveis do ato de tombamento (art. 13 do Decreto-lei n. 25/1937) é necessária para a eficácia com relação a terceiros. 3. A averbação no Registro Imobiliário do ato de tombamento não é necessária para a eficácia da limitação administrativa ao proprietário titular do imóvel tombado, que é parte do procedimento administrativo do tombamento". Na ACi 1998.01.00.093579-2-MT entendeu a 3ª Turma Suplementar da mesma Corte que: "A ausência de averbação não constitui fundamento jurídico suficiente para afastar a obrigatoriedade da autorização administrativa para a realização de reforma no imóvel tombado, ou seja, a eficácia da limitação administrativa" (disponíveis em *http://www.trf1.gov.br*, acesso em 16.6.2009).

O eventual descumprimento, pelo IPHAN, do dever de promover o registro dos bens particulares, definitivamente tombados, resulta em prejuízo de interesses das entidades públicas em exercer a preferência na aquisição deles e exonera o adquirente da obrigação de notificá-las. Mas, ainda assim, no plano do direito administrativo, o tombamento produzirá todos os seus efeitos, facultando ao IPHAN pratique, nos limites de sua competência, os atos tendentes à vigilância e proteção dos bens tombados.

Resta acrescentar, por fim, que apenas a interpretação ora sustentada explica o fato de o Decreto-lei 25 restringir a exigência em questão ao tombamento de bens particulares: de fato, na forma do art. 22 do referido diploma, diante das razões analisadas no item 6.1.3 do presente trabalho, só há direito de preferência "em face da alienação onerosa de bens tombados, pertencentes a pessoas naturais ou a pessoas jurídicas de direito privado".

6.2.2 Vigilância sobre os bens tombados e competências correlatas

A vigilância está prevista no § 1º do art. 216 da CF de 1988 dentre os instrumentos de proteção e promoção do patrimônio cultural brasileiro. No âmbito do regime jurídico do tombamento a figura corresponde ao conteúdo do dever atribuído ao IPHAN na forma do art. 20 do Decreto-lei 25/1937:

> Art. 20. As coisas tombadas ficam sujeitas à vigilância permanente do IPHAN, que poderá inspecioná-las sempre que for julgado conveniente, não podendo os respectivos proprietários ou responsáveis criar obstáculos à inspeção, sob pena de multa de cem mil Réis, elevada ao dobro em caso de reincidência.

Diante do confronto entre a preservação de bens culturais em prol do interesse coletivo e o uso econômico dos mesmos bens em proveito do particular, não é difícil perceber que a efetividade da tutela do patrimônio cultural depende em muitos casos da adoção de medidas providas de força coercitiva, ou seja, da atuação do Estado. Nesse quadro, a vigilância está prevista no Decreto-lei 25 como uma competência pública, isto é, um dever-poder[44] conferido ao IPHAN (na esfera federal) com a finalidade específica de prevenir o descumprimento dos deveres e proibições decorrentes do tombamento.

Porém, as competências da Administração Pública não se exaurem na mera inspeção da coisa tombada. A teor do que dispõem os arts. 17, 18 e 19 do Decreto-lei 25, desdobram-se na avaliação da necessidade de obras de manutenção ou restauração, na aprovação ou não das intervenções que se pretende realizar, no acompanhamento de sua execução e, inclusive, no embargo de obras levadas a efeito sem prévia autorização ou empreendidas em desacordo com o consentimento obtido.

Além dessa atuação preventiva, cujo sentido é evitar que os bens tombados sofram danos (ou maiores danos), à Administração Pública também compete aplicar medidas de caráter tipicamente repressivo, seja desempenhando a atividade denominada *poder de polícia*, seja cominando sanções administrativas. Na primeira situação enquadram-se as ordens de destruição da obra ou de retirada do objeto que perturbam a visibilidade de imóveis tombados (art. 18). A segunda compreende a imposição das multas previstas em diversos dispositivos do Decreto-lei 25 (arts. 13, §§ 1º, 2º e 3º; 15, §§ 1º e 2º; 16; 17; 18; 19, *caput*; 20; e 22, § 3º) com o objetivo de induzir o cumprimento dos deveres e proibições inerentes ao regime jurídico do tombamento.

É importante observar que, ressalvada a existência de expressa autorização legal, os atos administrativos editados no exercício das competências sob exame somente se revestem do atributo da executoriedade quando houver urgência na intervenção estatal e quando não for possível alcançar a defesa ou a preservação do bem cultural por outro meio.[45] Assim, medidas que expressam o típico exercício da função administrativa, como a demolição de obra e a retirada de objeto que impedem ou reduzem a visibilidade de imóvel tombado, a imposição das multas previstas no Decreto-lei 25 e a exigência de reconstituição do estado original de bem modificado sem prévia autorização, constituem conteúdo de atos administrativos desprovidos de autoexecutoriedade. Ou seja: sua satisfação material depende da inter-

---

44. Celso Antônio Bandeira de Mello, *Curso de Direito Administrativo*, 29ª ed., São Paulo, Malheiros Editores, 2012, pp. 100-102.
45. Idem, pp. 425426.

venção do Poder Judiciário, ainda que resultem, como deve ser, de processo administrativo em que regularmente assegurados o contraditório e a ampla defesa.

6.2.3 Outros deveres instrumentais de fazer e não fazer

O Decreto-lei 25/1937 institui outros deveres instrumentais, que, assim como o registro e a vigilância, também não se justificam por si mesmos, mas estão voltados a garantir a produção dos efeitos típicos do tombamento. Tais deveres se destinam sobretudo a facilitar o exercício das competências das entidades estatais quanto à fiscalização do cumprimento das prestações típicas inerentes ao regime jurídico do tombamento, no interesse da preservação da coisa tombada e da tutela do acesso à mesma.

Cumpre ao adquirente o dever de comunicar ao IPHAN a aquisição de bens móveis ou imóveis tombados (arts. 11, parágrafo único, e 13, § 3º). A deslocação, o extravio e o furto devem ser levados ao conhecimento da mesma entidade, pelo proprietário (art. 16). Também constitui dever instrumental do proprietário informar ao IPHAN que não dispõe de recursos para custear as obras de manutenção ou restauração necessárias para a preservação da coisa (art. 19). Enfim, cabe ao proprietário e aos responsáveis pelo bem tombado o dever de suportar as providências adotadas pelo IPHAN no exercício da vigilância ordenada no art. 20 do mesmo decreto-lei, como, por exemplo, as inspeções nele expressamente referidas.

7
TOMBAMENTO E DEVER DE INDENIZAR

7.1 O direito de propriedade no ordenamento jurídico brasileiro. 7.2 A classificação do tombamento no quadro das formas de intervenção estatal na propriedade, segundo a doutrina brasileira: análise e crítica: 7.2.1 A classificação do tombamento como limitação administrativa – 7.2.2 A classificação do tombamento como servidão administrativa. 7.3 A reformulação do quadro teórico das formas de intervenção estatal na propriedade e a classificação do tombamento: 7.3.1 A definição do direito de propriedade e as intervenções sobre seu conteúdo: 7.3.1.1 Limitações à propriedade – 7.3.1.2 Sacrifícios de direito – 7.3.2 A classificação do tombamento como espécie de sacrifício de direito. 7.4 O dever de indenizar como consequência jurídica do tombamento.

Do estudo até aqui empreendido extrai-se que o tombamento pode ser definido como o instrumento da ação administrativa do Estado que busca de modo específico não apenas proteger a integridade física e a autenticidade de bens culturais, mas também resguardar e ampliar o direito de acesso aos mesmos, mediante a imposição dos deveres e das proibições previstos no Decreto-lei 25/1937.

Uma vez examinados os referidos deveres e proibições, percebe-se que o tombamento estabelece, invariavelmente, restrições ao exercício do direito de propriedade, ainda que nem sempre o faça a título de genuína atividade estatal de intervenção.[1] De qualquer sorte, o tombamento tanto comprime as faculdades do particular de, segundo sua livre vontade, usar, gozar e dispor dos bens que integram seu patrimônio, quanto acrescenta vínculos mais rigorosos aos que já per-

---
1. Cf. Capítulo 5 do presente trabalho.

fazem o regime a que se submete a gestão dos bens públicos, inclusive quando alcança o domínio da própria entidade que o aplicou.

Não é difícil notar que, embora sem impor certo uso ou certa destinação à coisa tombada, o instituto em pauta de algum modo interfere no seu aproveitamento, ao exigir que o bem seja preservado e ao vedar sua mutilação e sua destruição. O mesmo ocorre relativamente aos imóveis situados no entorno de bem tombado, diante da proibição de transtornar sua visibilidade. Demais disso, o tombamento ainda se entrelaça com o direito de propriedade, à medida que repercute sobre o poder de disposição da coisa, seja subordinando sua alienação à observância do direito de preferência (quando recair sobre bens particulares), seja admitindo sua transferência apenas para uma entidade federativa (quando alcançar bens públicos), seja, enfim, impedindo a exportação de bens móveis tombados.

Acontece que tais restrições afetam apenas a esfera jurídica dos destinatários do ato de tombamento, enquanto a proteção dos bens culturais responde aos interesses de toda a coletividade. Desse modo, impõe-se investigar se a aplicação do instituto estabelece o dever de indenizar, não obstante a ausência de previsão legal expressa nesse sentido.

Com efeito, a atuação administrativa, mesmo quando regularmente exercida, pode acarretar lesões a direitos alheios, tutelados pelo ordenamento jurídico, produzindo, assim, prejuízos financeiros.[2] Por vezes, diante da necessidade de prover o interesse público, o propósito específico da medida a ser adotada é justamente alcançar a esfera jurídica de terceiros, como se dá na desapropriação. De qualquer sorte, uma vez que a ação administrativa se destina a beneficiar a coletividade, repugna ao princípio da isonomia que os danos jurídicos dela procedentes sejam individualmente suportados. Daí a exigência de que tais prejuízos sejam partilhados entre todos os beneficiários, o que se traduz, com fundamento no referido princípio, no dever estatal de indenizar.

2. É o que ocorre, por exemplo, na "determinação de fechamento legítimo e definitivo do perímetro central da cidade a veículos automotores, por razão de tranquilidade, salubridade públicas e desimpedimento do trânsito, que acarreta para os proprietários de edifícios-garagem, devidamente licenciados, indiscutível dano patrimonial anormal" (Celso Antônio Bandeira de Mello, *Curso de Direito Administrativo*, 29ª ed., São Paulo, Malheiros Editores, 2012, p. 1.028).

Para que exista dever de indenizar, além dos requisitos que serão adiante examinados, é preciso, antes de tudo, que o prejuízo resulte de lesão a um direito. Celso Antônio Bandeira de Mello explica que o dano indenizável "é mais que simples dano econômico. Pressupõe sua existência, mas reclama, além disso, que consista em agravo a algo que a ordem jurídica reconhece como garantido em favor de um sujeito".[3] E exemplifica:[4]

> (...) não configura dano jurídico o dano econômico sofrido pelos proprietários de residências sitas em bairro residencial que se converte, por ato do Poder Público, em zona mista de utilização. Não haverá negar a deterioração do valor dos imóveis de maior luxo. A perda da tranquilidade e sossego anteriores tem reflexos imediatos na significação econômica daqueles bens, mas inexistia direito à persistência do destino urbanístico precedentemente atribuído àquela área da cidade.

Nesse quadro, para que se saiba se, em tese, o regime jurídico do tombamento admite o dever de indenizar, é preciso averiguar se as restrições advindas de seus efeitos típicos importam lesão a direito legitimamente assegurado àquele que as deve suportar. Ou seja: impõe-se examinar a conformação do direito de propriedade no ordenamento jurídico brasileiro, com a precisa finalidade de identificar se as restrições produzidas pelo tombamento integram o perfil do mencionado direito ou se, de outro modo, avançam sobre ele, constituindo lesão que, ao menos em linha de princípio, reclama indenização.

7.1 O direito de propriedade no ordenamento jurídico brasileiro

Percebe-se que os bens tombados constituem o substrato material de diferentes interesses tutelados pelo Direito. No que convém para o deslinde da questão tratada no presente capítulo, cabe destacar que os bens tombados integram, a um só tempo, o suporte fático de normas que consagram o direito cultural de fruição e o direito de propriedade.

Tal como a cultura, a propriedade é fenômeno metajurídico. Em razão de sua importância na vida social e a fim de garantir a harmo-

---

3. Celso Antônio Bandeira de Mello, *Curso de Direito Administrativo*, cit., 29ª ed., p. 1.037.
4. Idem, pp. 1.037-1.038.

niosa coexistência de interesses muitas vezes conflitantes, o Direito passou a conferir especial proteção a alguns aspectos tanto de uma quanto de outra, consagrando, assim, respectivamente, os direitos culturais e o direito de propriedade.

No contexto delineado, é inevitável a referência à perspicaz observação de Renato Alessi acerca da distinção existente entre a propriedade e o direito de propriedade[5] – aplicável também à cultura, que não se confunde com os direitos culturais. Seguindo-se a linha de pensamento do referido autor, observa-se que, tomadas como objeto de tratamento normativo pelo Direito, a cultura e a propriedade ingressam no "campo jurídico" como direitos culturais e direito de propriedade, os quais correspondem à exata medida da tutela outorgada aos ditos fenômenos sociais em cada ordenamento jurídico-positivo.

Considerada em termos gerais como o domínio exercido por alguém sobre determinada coisa, a propriedade é noção que se reporta à ordem dos fatos. Sua significação é variável de uma sociedade para outra, e inclusive no âmbito de um mesmo grupo social admite múltiplas acepções, de acordo com o ponto de vista que preside a abordagem da matéria, seja ele econômico, político, social, ou – como sustenta Lúcia Valle Figueiredo – qualquer outro "enfoque pessoal que se lhe queira atribuir".[6]

Em certo momento e em certo grupo social o Direito passa a tutelar de forma específica esse "poder que alguém exerce sobre uma coisa", atribuindo consequências jurídicas a comportamentos humanos com ele relacionados. Assim, sem desaparecer como fato social, a propriedade se torna a base de uma nova noção, reportada especificamente ao campo jurídico: a noção de *direito de propriedade*. Ainda que em largas pinceladas, Caio Mário da Silva Pereira[7] assim entremostra a institucionalização da propriedade, isto é, o processo de sua adoção como objeto de regulamentação jurídica:

5. Renato Alessi, *Principi di Diritto Amministrativo: II – I Soggetti Passivi e la Reazione*, 4ª ed., Milão, Giuffrè, 1978, pp. 597-599.
6. Lúcia Valle Figueiredo, *Disciplina Urbanística da Propriedade*, 2ª ed., São Paulo, Malheiros Editores, 2005, p. 25.
7. Caio Mário da Silva Pereira, *Instituições de Direito Civil: Introdução ao Direito Civil, Teoria Geral de Direito Civil*, 22ª ed., vol. I, Rio de Janeiro, Forense, 2007, p. 81.

A princípio foi o fato, que nasceu com a espontaneidade de todas as manifestações fáticas. Mais tarde foi a norma que o disciplinou, afeiçoando-a *[a propriedade]* às exigências sociais e à harmonia da coexistência. Nasceu da necessidade de dominação. Objetos de uso e armas. Animais de presa e de tração. Terra e bens da vida. Gerou ambições e conflitos. Inspirou a disciplina. Suscitou a regra jurídica.

O direito de propriedade, portanto, é a configuração da propriedade em certo sistema normativo;[8] ou seja: é noção que designa os limites na forma dos quais um ordenamento jurídico tutela a pretensão de inviolabilidade do exercício, por seu titular, do domínio sobre uma coisa.

O perfil do direito de propriedade varia de uma sociedade para outra, consoante os diferentes conteúdos de seu suporte material, a propriedade. Porém, como tal conteúdo é essencialmente mutável, já que, pertencendo à ordem dos fatos, está em permanente desenvolvimento, há que se reconhecer que também no âmbito de uma mesma sociedade, no curso do tempo, o direito de propriedade pode apresentar contornos diversos. Isto é: no mesmo grupo social o perfil do direito de propriedade pode sofrer alterações de uma ordenação jurídica para outra, de acordo com os aspectos considerados relevantes pelo legislador a cada momento, inclusive em razão da própria evolução, no tempo, da noção de propriedade. O tratamento do direito de propriedade no direito positivo brasileiro bem ilustra o que se acaba de afirmar.

Com efeito, embora consagrado desde a primeira Constituição brasileira, o direito de propriedade nem sempre apresentou a mesma configuração no Brasil.

As Cartas de 1824 (art. 179, § 22) e 1891 (art. 72, § 17) o proclamavam "em toda sua plenitude", admitindo a desapropriação em caráter excepcional, mediante indenização prévia, nos termos da lei. Acolhiam, pois, o perfil tradicional do direito de propriedade, em que as prerrogativas de usar, gozar, dispor e reaver a coisa sofrem limitação somente até o ponto necessário para assegurar aos demais indivíduos o exercício de seus direitos.

8. Celso Antônio Bandeira de Mello, "Apontamentos sobre o poder de polícia", *RDP* 9/55, São Paulo, Ed. RT, julho-setembro/1969.

Esse perfil começou a ser alterado com o advento da Carta de 1934, que acrescentou ao traçado do direito de propriedade a proibição de seu exercício contra o interesse social ou coletivo (art. 113, n. 17). A recusa da antiga concepção consolidou-se na Constituição de 1946, que condicionou o uso da propriedade ao bem-estar social (art. 147), e na Carta de 1967, que introduziu formalmente no ordenamento positivo brasileiro a função social da propriedade como um princípio da ordem econômica (art. 157, III), tratamento que se manteve na Emenda Constitucional 1/1969 (art. 160, III) e persiste na Constituição Federal de 1988.

A Carta de 1988 moldou o Estado Brasileiro como um Estado Social. Define dentre os fundamentos da República a "dignidade da pessoa humana" e os "valores sociais do trabalho e da livre iniciativa" (art. 1º, III e IV), arrola como seus objetivos a construção de uma "sociedade livre, justa e solidária", a erradicação da pobreza e da marginalização, a redução das desigualdades sociais e regionais e a promoção do bem de todos (art. 3º, I, III e IV), enuncia direitos sociais gerais, como "a educação, a saúde, o trabalho, a moradia, o lazer, a segurança, a previdência social, a proteção à maternidade e à infância, a assistência aos desamparados" (art. 6º) e, ainda, atribui direitos sociais especificamente aos trabalhadores (art. 7º). Ademais, não só concede tais direitos, como também os garante por meio de instrumentos inovadores, como o mandado de injunção, o mandado de segurança coletivo e a ação direta de inconstitucionalidade por omissão.

Nesse quadro, a Constituição Federal em vigor resguarda o direito de propriedade como um direito fundamental, mas determina que "a propriedade atenderá à sua função social" (art. 5º, XXII e XXIII). Além disso, aponta a propriedade privada e a função social da propriedade dentre os princípios da ordem econômica (art. 170, II e III); ou seja: ao tempo em que admite a apropriação individual dos bens de produção, exige que seu aproveitamento seja feito em benefício do interesse coletivo.

Assim, enquanto no modelo clássico adotado nas primeiras Constituições brasileiras o perfil do direito de propriedade se desenhava, em geral, a partir da imposição de meros deveres de abstenção ao titular, como limitação de sua esfera de proteção jurídica, no Estado Social estabelecido na Carta de 1988 agrega-se a função social da propriedade como novo elemento na modulação do direito em questão.

No âmbito jurídico a ideia da *função social da propriedade* foi inicialmente postulada por Léon Duguit. Para ele, a propriedade não mais seria objeto de um direito subjetivo, mas sim de uma função, ou seja, de um dever-poder a ser exercido pelo titular em favor dos interesses da sociedade.[9] Disse o autor:[10]

> Todo individuo tiene la obligación de cumplir en la sociedad una cierta función en razón directa del lugar que en ella ocupa. Ahora bien, el poseedor de la riqueza, por lo mismo que posee la riqueza, puede realizar un cierto trabajo que sólo él puede realizar. Sólo él puede aumentar la riqueza general haciendo valer el capital que posee. Está, pues, obligado socialmente a realizar esta tarea, y no será protegido socialmente más que si la cumple y en la medida que la cumpla. La propiedad no es, pues, el derecho subjetivo del propietario; es la función social del tenedor de la riqueza.

À luz da Emenda Constitucional 1/1969, Celso Antônio Bandeira de Mello já advertira que a função social da propriedade na acepção proposta por Duguit não encontrava acolhida no direito positivo brasileiro, notando que "a propriedade ainda está claramente configurada como um direito que deve cumprir uma função social, e não como sendo pura e simplesmente uma função social, isto é, bem protegido tão só na medida em que a realiza".[11]

Ao determinar que "a propriedade atenderá à sua função social" (art. 5º, XXIII) e ao consagrar a função social da propriedade como um dos princípios da ordem econômica (art. 170, III), a Constituição Federal de 1988 também não extinguiu o direito subjetivo de proprie-

---

9. Sobre a definição de "função", v.: Renato Alessi, *Principi di Diritto Amministrativo: I – I Soggetti Attivi e l'Esplicazione della Funzione Amministrativa*, 4ª ed., Milão, Giuffrè, 1978, p. 3.

10. Léon Duguit, *Las Transformaciones del Derecho Público y Privado*, Granada, Editorial Comares, 2007, p. 215: "Todo indivíduo tem a obrigação de cumprir uma certa função na sociedade, na razão direta do lugar que nela ocupa. Ora, o possuidor da riqueza, pelo fato de a possuir, deve cumprir missão a que somente ele pode atender. Só ele pode aumentar a riqueza geral fazendo valer o capital que possui. Ele está, portanto, socialmente obrigado a cumprir essa tarefa e apenas estará socialmente protegido se a cumprir e na medida em que a cumprir. A propriedade não é mais direito subjetivo do proprietário; ela é a função social do detentor da riqueza" (tradução livre).

11. Celso Antônio Bandeira de Mello. "Novos aspectos da função social da propriedade", *RDP* 84/41, São Paulo, Ed. RT, outubro-dezembro/1987.

dade. Antes, o direito de propriedade é expressamente proclamado no capítulo dos direitos fundamentais, e a propriedade privada é considerada como um dos pilares da ordem econômica. Além disso, a consequência mais rigorosa prevista na própria Constituição Federal para os casos em que não se cumprir a função social da propriedade é a desapropriação mediante indenização (arts. 182, § 4º, III, e 184) – o que supõe, do ponto de vista lógico, a existência do direito de propriedade. Com efeito, caso não mais existisse direito subjetivo, nada haveria a ser desapropriado, de modo que o desatendimento da função poderia naturalmente ensejar o simples perdimento do bem. Não é essa, todavia, a solução adotada no direito positivo brasileiro, pois, ainda que a propriedade deixe de cumprir sua função social, a mesma continua a ser, em certa medida, objeto da tutela constitucional.

Tal como acolhida na Carta de 1988, a função social da propriedade apresenta indiscutível caráter normativo. De um lado, substancialmente, exige o aproveitamento dos bens que são objeto do direito de propriedade de maneira que, satisfazendo os interesses de seu titular, também favoreça os interesses da coletividade, a fim de que se assegure a todos "existência digna, conforme os ditames da justiça social" (art. 170). De outro lado, reflete-se imediatamente nas esferas de ação do legislador, do juiz e da autoridade administrativa (quanto a esta, de modo especialmente relevante no que se refere ao exercício da competência discricionária), estabelecendo que o exercício das respectivas funções deve ocorrer à luz do mencionado conteúdo, de modo a desenvolvê-lo e a buscar sua concretização. Por fim, para o titular do direito de propriedade é fonte da imposição de comportamentos positivos, como estipulado, por exemplo, nos arts. 182, 184 e 186 da CF, que especificam a função social dos imóveis urbanos e rurais.

Portanto, a função social da propriedade proclamada no texto constitucional não extinguiu o direito de propriedade, mas alterou profundamente sua conformação. Importa, então, explicitar a estrutura do mencionado direito, como está definido no ordenamento jurídico brasileiro ora em vigor.

Para Renato Alessi o direito de propriedade alcançaria relevância do ponto de vista externo apenas sob a forma do dever negativo imposto a terceiros, isto é, do dever de abstenção de violar o direito de propriedade alheio. Nesse contexto, afirmava o autor que o direito de propriedade teria um "conteúdo essencialmente negativo", justificando sua assertiva nos seguintes termos:[12]

> (...) contenuto essenzialmente negativo presenta il diritto di proprietà, quanto meno per quanto concerne i rapporti con i terzi, e pertanto l'elemento esterno, visibile, del diritto; (...) il contenuto positivo, economico – (...) nel caso del diritto di proprietà la potestà di sfruttare il bene oggetto del diritto – rimane in ombra, elemento interno, avente rilievo giuridico soltanto in quanto diretta conseguenza dell'elemento esterno.

Porém, é certo que todo direito corresponde à demarcação de uma esfera jurídica na qual se assegura a seu titular a realização de determinadas atividades ao abrigo da interferência das demais pessoas. Um conteúdo negativo, no sentido proposto, é, pois, característica imanente de todo direito – e não aspecto peculiar do direito de propriedade.

Outrossim, não se pode negar que a relevância externa do direito de propriedade transcende o mero dever de abstenção exigido de terceiros. Bastaria mencionar, por exemplo, a alienação de um bem ou a instituição de hipoteca sobre o mesmo, atos que, incluídos na faculdade de disposição da coisa, conferem *direitos* a terceiros (adquirente e credor hipotecário).

Logo, não parece suficiente a concepção de que o direito de propriedade, em essência, teria um conteúdo meramente negativo, como sustentado por Alessi: de um lado, tal proposição não permite distinguir o direito de propriedade dos demais direitos consagrados em cada ordenamento jurídico; de outro lado, não descreve senão parcialmente os reflexos do direito de propriedade na esfera jurídica de terceiros, pois que tais efeitos não se resumem à imposição de deveres negativos, mas também podem compreender a atribuição de direitos e,

---

12. Renato Alessi, *Principi di Diritto Amministrativo: II – I Soggetti Passivi e la Reazione*, cit., 4ª ed., p. 588: "(...) conteúdo essencialmente negativo apresenta o direito de propriedade, ao menos no que concerne às relações com terceiros, e, portanto, ao elemento externo, visível, do direito; (...) o conteúdo positivo, econômico – (...) no caso do direito de propriedade, a possibilidade de desfrutar do bem objeto do direito – permanece na sombra, como elemento interno, que tem relevo jurídico apenas como consequência direta do elemento externo" (tradução livre).

quanto ao Estado, de deveres positivos, isto é, de deveres-poderes, especialmente em razão da função social da propriedade.[13]

É necessário, pois, reconhecer que o direito de propriedade apresenta um conteúdo *positivo*, o qual consiste em faculdades, poderes[14] e deveres de fazer atribuídos a seu titular.

O ordenamento jurídico brasileiro preserva, na conformação do direito em apreço, as faculdades e os poderes de usar, gozar e dispor da coisa, bem como de reavê-la, nos moldes previstos no art. 1.228 do CC, que assim determina:

> Art. 1.228. O proprietário tem a faculdade de usar, gozar e dispor da coisa, e o direito de reavê-la do poder de quem quer que injustamente a possua ou detenha.
>
> § 1º. O direito de propriedade deve ser exercido em consonância com as suas finalidades econômicas e sociais e de modo que sejam preservados, de conformidade com o estabelecido em lei especial, a flora, a fauna, as belezas naturais, o equilíbrio ecológico e o patrimônio histórico e artístico, bem como evitada a poluição do ar e das águas.
>
> (...).

Além disso, passa a compor a estrutura do direito de propriedade o dever, imposto a seu titular, de aproveitar de seus bens de modo socialmente útil, sem embargo, obviamente, da satisfação de suas necessidades. No que tange à propriedade imobiliária urbana esse aproveitamento consiste, de modo geral, no acatamento das exigências fundamentais da ordenação da cidade expressas no plano diretor (art. 182, § 2º, da CF). Tratando-se de imóveis rurais, considera-se cumprida sua função social quando atendidos os requisitos apontados

---

13. Por exemplo, consoante o art. 182, § 4º, I, da CF de 1988, o inadequado aproveitamento de área urbana configura pressuposto de fato da competência atribuída ao Município para exigir do respectivo proprietário o parcelamento ou edificação compulsórios, na forma da Lei 10.257/2001, do plano diretor e de lei municipal específica.

14. Sérgio D'Andréa Ferreira esclarece que os "poderes jurígenos", isto é, a "capacidade de agir juridicamente (...), de praticar atos e negócios jurídicos", não se confundem com as "faculdades materiais", ou seja, a "capacidade de realizar ou praticar o exercício dos direitos, através de atos materiais" ("Limitações administrativas à propriedade", *RF* 300/12-13, Rio de Janeiro, Forense, outubro-dezembro/1987).

no art. 186 da Carta de 1988, "segundo critérios e graus de exigência estabelecidos em lei".[15]

Acontece que mesmo na concepção tradicional as faculdades e os poderes jurídicos de usar, gozar e dispor da coisa não são ilimitados. Na forma da lei, sujeitam-se a inibições impostas diante da necessidade de harmonizar o direito de propriedade com os demais direitos tutelados pela ordem jurídica. Por exemplo, o direito de edificar em terreno urbano se sujeita, dentre outros, a padrões de altura, recuos e distância dos imóveis vizinhos, fixados na legislação específica.

Essas limitações, impostas com o propósito de resguardar direitos alheios, apenas compõem o contorno do direito de propriedade, tal como reconhecido em dada ordem jurídica. Ao fazêlo, definem *negativamente* o direito de propriedade. Deveras, ao traçar sua estrutura, o ordenamento jurídico restringe, em certa medida, o exercício de faculdades que, em tese, se incluem na noção de propriedade como fato social. Ou seja, as limitações em questão correspondem a determinadas possibilidades de ação que, embora admitidas na dimensão fática da *propriedade*, não foram tuteladas pelo Direito, estando, assim, excluídas do conteúdo do *direito de propriedade*. Nesse sentido, apenas equivalem às linhas que definem o perfil desse direito, sem, exatamente, integrar-lhe a essência.

Assim, no ordenamento jurídico brasileiro a estrutura atual do direito de propriedade abrange um conteúdo *positivo* demarcado pela imposição de deveres *negativos*. O primeiro consiste nas faculdades e nos poderes jurídicos de usar, gozar, dispor e reaver a coisa e nas prestações de fazer decorrentes do dever de aproveitá-la de modo útil aos interesses coletivos, na forma da lei, consoante a função social da propriedade. O segundo compreende a atribuição de deveres de abstenção ao titular, os quais, a rigor, correspondem às fronteiras do âmbito da proteção jurídica da propriedade.

Ao lado das aludidas limitações, as quais delineiam o contorno do direito de propriedade, o ordenamento jurídico admite e regula restrições que investem sobre o conteúdo do mesmo direito, afetando

---

15. Tais requisitos são os seguintes: "I – aproveitamento racional e adequado; II – utilização adequada dos recursos naturais disponíveis e preservação do meio ambiente; III – observância das disposições que regulam as relações de trabalho; IV – exploração que favoreça o bem-estar dos proprietários e dos trabalhadores".

no todo ou em parte as faculdades e os poderes jurídicos que o compõem (é o caso, por exemplo, da desapropriação, que *extingue* o direito de propriedade). As primeiras não são indenizáveis, porque não agravam o direito de propriedade, mas simplesmente o definem. As demais restrições, porém, podem render ensejo ao dever de indenizar, pois, na forma da lei, sacrificam, em maior ou menor medida, um direito regularmente assegurado pelo ordenamento jurídico. Assim, para que se possa afirmar se o tombamento acarreta, ou não, o dever de indenizar é preciso investigar se ele configura uma limitação do primeiro tipo, isto é, se corresponde à definição do traçado do direito de propriedade, ou se constitui espécie de restrição que inflige lesões ao mencionado direito.

7.2 A classificação do tombamento no quadro das formas de intervenção estatal na propriedade, segundo a doutrina brasileira: análise e crítica

A fim de verificar se o regime jurídico do tombamento comporta, ou não, o dever de indenizar, a doutrina o classifica no âmbito das formas de intervenção do Estado na propriedade.

A tarefa de situar um instituto em determinada categoria teórica parte da identificação de seus traços essenciais, isolados de peculiaridades que marcam os casos concretos, e tem a finalidade de facilitar a compreensão de suas características, tal como o mesmo se encontra delineado pelo Direito vigente, tendo em vista sua correta aplicação.[16]

No que concerne ao ponto sob exame, por meio da classificação referida[17] se pretende reconhecer se, por sua configuração legal, o

---

16. Apoiando-se nas lições de Carrió, Gordillo lembra que classificações não são verdadeiras nem falsas, mas apenas úteis ou inúteis. Segundo o autor, uma classificação é útil quando facilita a compreensão de um tema, apresentando-o de modo a permitir o alcance de suas consequências práticas (Agustín Gordillo, *Tratado de Derecho Administrativo*, 5ª ed., t. I ("Parte General"), Buenos Aires, Fundación de Derecho Administrativo, 1998, p. I-25).

17. Como postulado no Capítulo 5 deste estudo, nem sempre o tombamento reflete o exercício da atividade estatal de intervenção na propriedade, eis que também pode alcançar bens integrantes do patrimônio da mesma pessoa política ou administrativa que é competente para aplicá-lo. Sem embargo, não há dúvida de que o instituto constitui instrumento da apontada atividade nos casos em que recai sobre bens

tombamento sacrifica, em alguma medida, o direito de propriedade ou se apenas concorre na sua definição, pois não se pode cogitar acerca da existência do dever de indenizar senão na primeira hipótese.

A doutrina brasileira, em geral, aponta como formas distintas de intervenção do Estado na propriedade a limitação administrativa, a servidão administrativa, a desapropriação, a ocupação temporária e a requisição administrativa. A situação do tombamento nesse quadro é alvo de acesas discussões: enquanto alguns sustentam que o instituto constitui figura autônoma,[18] outros estudiosos do tema o consideram espécie de uma ou outra das mencionadas categorias – notadamente, da limitação ou da servidão.

7.2.1 A classificação do tombamento como limitação administrativa

As limitações administrativas, em sentido estrito, correspondem à definição do perfil do direito de propriedade. Como esclarece Celso Antônio Bandeira de Mello, "dispõem genericamente para toda uma categoria de propriedades, sem tomar em conta qualquer especificidade nelas mesmas residente".[19] Logo, considerando que não investem contra o direito de propriedade, mas consistem "na própria defi-

---

de terceiros. Ademais, o problema da existência, ou não, do dever de indenizar se propõe justamente diante do tombamento de bens pertencentes a particulares, isto é, em situação na qual o mesmo serve como instrumento da intervenção estatal na propriedade.

18. Maria Sylvia Zanella Di Pietro considera o *tombamento* "categoria própria, que não se enquadra nem como simples limitação administrativa, nem como servidão" (*Direito Administrativo*, 15ª ed., São Paulo, Atlas, 2003, p. 142). José dos Santos Carvalho Filho, no mesmo sentido, afirma que o instituto constitui "instrumento especial de intervenção restritiva do Estado na propriedade privada, com fisionomia própria e inconfundível com as demais formas de intervenção" (*Manual de Direito Administrativo*, 11ª ed., Rio de Janeiro, Lumen Juris, 2004, p. 652). Sem aprofundar a discussão acerca da classificação do tombamento segundo o critério sob exame, Hely Lopes Meirelles admite que o instituto "tanto pode acarretar uma restrição individual quanto uma limitação geral", conforme, respectivamente, recair sobre determinado bem ou sobre "uma coletividade, obrigando-a a respeitar padrões urbanísticos ou arquitetônicos, como ocorre com o tombamento de locais históricos ou paisagísticos" (*Direito Administrativo Brasileiro*, 38ª ed., São Paulo, Malheiros Editores, 2012, p. 636).

19. Celso Antônio Bandeira de Mello, "Tombamento e dever de indenizar", *RDP* 81/66, São Paulo, Ed. RT, janeiro-março/1987.

nição da extensão deste direito"[20], não são indenizáveis. Assim, as limitações se caracterizam, em brevíssima síntese, pela generalidade e pela gratuidade.

Firmes na convicção de que as figuras da limitação, da servidão e da desapropriação se distinguiriam pelo fato de atingirem, respectivamente, os caracteres absoluto, exclusivo e perpétuo do direito de propriedade, alguns autores[21] entendem que o tombamento apresenta a natureza jurídica de limitação administrativa.

Nesse sentido, empregando o termo "restrições" para designar as limitações administrativas em sentido estrito, José Afonso da Silva afirma:[22]

> Como se sabe, as *limitações* ao direito de propriedade são de três tipos – *restrição*, *servidão* e *desapropriação* –, conforme atinjam, respectivamente, o caráter *absoluto*, *exclusivo* ou *perpétuo* desse direito. Entendo que o tombamento é limitação ao caráter absoluto da propriedade, porque reduz a amplitude dos direitos do proprietário por meio de um regime jurídico especial de interesse público que impõe ao bem tombado vínculos de destinação, de imodificabilidade e limites à alienabilidade. Não atinge o caráter da exclusividade porque não constitui um direito real, nem mesmo um ônus real sobre coisa alheia, a coisa tombada. Menos ainda atinge o caráter de perpetuidade, porque a propriedade continua imputada a seu titular.

Na mesma linha, postula Sônia Rabello de Castro que a limitação administrativa "difere substancialmente da servidão na medida em que (...) não interfere na exclusividade das faculdades do domínio do proprietário, mas tão somente na modulação do seu exercício, adequando-o ao convívio e às necessidades sociais".[23] Assim, uma vez que o tombamento não elimina a exclusividade do domínio exercido

---

20. Idem, p. 65.
21. Sônia Rabello de Castro, *O Estado na Preservação de Bens Culturais: o Tombamento*, Rio de Janeiro, Renovar, 1991, pp. 125-144; José Cretella Jr., "Tombamento I", in R. Limongi França (coord.), *Enciclopédia Saraiva do Direito*, São Paulo, Saraiva, 1977, p. 4; José Afonso da Silva, *Ordenação Constitucional da Cultura*, São Paulo, Malheiros Editores, 2001, pp. 160-162.
22. José Afonso da Silva, *Ordenação Constitucional da Cultura*, cit., pp. 160-161.
23. Sônia Rabello de Castro, *O Estado na Preservação de Bens Culturais: o Tombamento*, cit., p. 133.

pelo proprietário do bem alcançado, sustenta a autora que o instituto se traduz "numa limitação de uso, acoplado a uma obrigação de fazer – a conservação da coisa".[24]

Para justificar sua proposição, Sônia Rabello de Castro assevera que o atributo da generalidade, no tombamento, se evidencia no fato de seus efeitos se aplicarem a toda uma classe de bens, integrantes da universalidade que denomina "patrimônio histórico e artístico nacional". Veja-se o exato teor de sua argumentação:[25]

> (...) o aspecto da generalidade atribuído à limitação administrativa não deve ser compreendido no aspecto quantitativo, isto é, quantidade de bens ou direitos atingidos por determinado ato administrativo específico, mesmo porque seria polêmico e arbitrário estabelecer o número a partir do qual se poderia dizer que a incidência seria genérica (...). O aspecto da generalidade há de estar inserido basicamente na lei. No caso de bens culturais, a generalidade deve ser compreendida como uma classe: todos os que têm as características e os pressupostos legais de se inserirem nesta categoria passam, com a manifestação de vontade da Administração expressada no ato administrativo, a constituir este conjunto genérico. Neste sentido, a generalidade nada tem a ver com a incidência especial do ato administrativo para caracterizá-la.

Algumas páginas adiante, em seu minucioso estudo, esclarece a autora:[26]

> (...) a limitação deve ser compreendida como geral não por atingir, no seu ato de imposição, um ou mais bens, mas por inserir a coisa numa classe de bens legalmente prevista e potencialmente protegida. Deste modo, ainda que o ato administrativo da limitação aparentemente condicione coisa individualizada a um uso ou desfrute diferenciado das demais situadas em determinado espaço, esta restrição é compatível com a imposta à categoria de bens que [sic] a coisa tombada e sua vizinhança fazem parte – a universalidade que é o patrimônio histórico e artístico nacional. É neste sentido genérico que não há indenização pela imposição de restrições ao bem tombado e sua vizinhança.

24. Idem, p. 138.
25. Idem, p. 135.
26. Idem, p. 139.

Portanto, para Sônia Rabello de Castro a necessidade da edição de um ato administrativo para a aplicação do tombamento não afasta o atributo da generalidade, característico das limitações administrativas, eis que o mencionado ato apenas promoveria a inserção do bem tombado na classe dos bens culturais, da qual já fariam parte. Ou seja: a autora considera que a legislação que rege o tombamento submete genericamente uma classe de bens a seus efeitos, enquanto o ato administrativo que o estabelece, em cada caso, apenas "identificará o bem sujeito à limitação, operando os efeitos jurídicos da limitação a partir de então".[27]

Consequentemente, para a corrente doutrinária que atribui ao tombamento a natureza jurídica de limitação administrativa, sua aplicação não estabelece, em regra, o dever de indenizar. Entretanto, no contexto em apreço, admite-se a indenização, em caráter excepcional, quando o tombamento "aniquilar totalmente o valor econômico da propriedade"[28] ou quando "impedir o uso efetivo, inerente e atual de determinada propriedade, esvaziando-lhe o conteúdo econômico de forma absolutamente significativa, acarretando uma verdadeira desapropriação indireta".[29]

Depois de resumida, em linhas gerais, a tese da classificação do tombamento como limitação administrativa, inicialmente não se pode deixar de questionar sua premissa.

Parte-se da consideração de que o direito de propriedade seria absoluto, exclusivo e perpétuo, no sentido de que assistiria a seu titular "o poder de usar, gozar e dispor da coisa da maneira que melhor lhe aprouver"[30] (caráter absoluto), sem a intromissão de outra pessoa (caráter exclusivo) e de modo perene ou vitalício, transmitindo-a, enfim, a seus sucessores (caráter perpétuo). Para os que sustentam tal entendimento o tombamento seria autêntica limitação administrativa, porque atingiria o mencionado caráter absoluto do direito de propriedade, sem interferir nos atributos da exclusividade e da perpetuidade.

Ora, diante do ordenamento jurídico brasileiro em vigor não é possível afirmar que o direito de propriedade seja absoluto. Vale res-

---

27. Idem, p. 136.
28. José Afonso da Silva, *Ordenação Constitucional da Cultura*, cit., p. 162.
29. Sônia Rabello de Castro, *O Estado na Preservação de Bens Culturais: o Tombamento*, cit., p. 141.
30. Maria Sylvia Zanella Di Pietro, *Direito Administrativo*, cit., 15ª ed., p. 119.

saltar que a concepção tradicional do direito de propriedade, à qual a referida característica se reporta, somente foi acolhida no Brasil pelas Constituições de 1824 e 1891, tendo sido suplantada desde a Carta de 1934, que alterou o perfil do direito em questão, proibindo seu exercício contra o interesse social, na forma da lei (art. 113, n. 17).

Conferir proteção jurídica, ou seja, criar direitos, é estabelecer limites. O exercício de *direitos* é essencialmente incompatível com a ideia de poderes e faculdades absolutas ou ilimitadas. A propósito, são interessantes as anotações de Caio Mário da Silva Pereira[31] acerca do art. 544 do próprio Código de Napoleão, que definia o direito de propriedade como "o direito de gozar e dispor das coisas da maneira mais absoluta, desde que delas não se faça uso proibido pelas leis e regulamentos":

> Não foi feliz, a começar por uma gradação do absoluto, que é contrária à lógica e à semântica: o absoluto não comporta superlativo. Se se admitir um absoluto que o possa ser mais que outro, constrói-se a ideia de relativo; e se há um absoluto que o seja menos que outro absoluto, é porque não o é. Em seguida, a definição desfaz o absoluto, quando o submete às restrições legais e regulamentares. Com efeito, há conceitos que se não compadecem com a ideia de limitação. Assim é soberania; uma Nação é soberana. Simplesmente. Mas, se em virtude de algum acontecimento político sofre diminuição em sua soberania, não se poderá dizer que ficou menos soberana, porém que perdeu a soberania. Assim, também, o absoluto. E se a propriedade é um direito absoluto, que se enfraquece pela imposição de restrições legais e regulamentares, já não é absoluto, porém um direito simplesmente, reduzido às dimensões dos demais direitos.

Com efeito, o direito de propriedade não é absoluto, porque seu titular somente dispõe dos poderes e faculdades de usar, gozar e dispor de determinada coisa nos termos da lei que o confere. E tal conclusão, mais que decorrente de um imperativo lógico, resulta diretamente do tratamento do tema na Constituição Federal de 1988, que proclama o direito de propriedade como um direito fundamental mas determina que "a propriedade atenderá à sua função social" (art. 5º,

---

31. Caio Mário da Silva Pereira, *Instituições de Direito Civil: Introdução ao Direito Civil, Teoria Geral de Direito Civil*, cit., 22ª ed., vol. I, p. 90.

XXII e XXIII) – o que afasta terminantemente a possibilidade de se lhe atribuir um caráter absoluto.

Assim, a tese doutrinária sob exame, para distinguir as categorias da limitação, da servidão e da desapropriação, de modo a defender a classe em que situa o tombamento, apoia-se sobre um critério que não pode ser acolhido à luz do ordenamento jurídico brasileiro em vigor.

Sem embargo da inadequação da premissa adotada, nota-se ainda que a classificação do tombamento como limitação administrativa parte de uma definição por exclusão, isto é, simplesmente se eliminou a possibilidade de considerá-lo espécie de servidão ou de desapropriação porque o mesmo, por seus efeitos, não atinge o atributo da exclusividade nem o caráter perpétuo do direito de propriedade. Nesse contexto, para validar a classificação postulada busca-se demonstrar que o instituto apresentaria o traço da generalidade, que é nota essencial da limitação administrativa.[32] Afirma-se, para tanto, que o tombamento se aplica a uma classe de bens abstratamente definida, correspondente à universalidade designada "patrimônio histórico e artístico nacional" ou, consoante a nomenclatura adotada na ordem constitucional vigente, "patrimônio cultural brasileiro". Desse modo, o ato administrativo que efetua o tombamento se resumiria a inserir determinado bem na referida classe, à qual o mesmo já pertenceria, para despertar, concretamente, os efeitos da "limitação".

Entretanto, impõe-se reconhecer que, a rigor, a generalidade não se faz presente no tombamento.[33]

32. Apesar das divergências doutrinárias quanto ao próprio conceito de "limitações administrativas", há indiscutível consenso acerca da indicação da generalidade como sua característica essencial. V., nesse sentido: Celso Antônio Bandeira de Mello, "Tombamento e dever de indenizar", *RDP* 81/66; José dos Santos Carvalho Filho, *Manual de Direito Administrativo*, cit., 11ª ed., p. 645; Maria Sylvia Zanella Di Pietro, *Direito Administrativo*, cit., 15ª ed., p. 128; Lúcia Valle Figueiredo, *Disciplina Urbanística da Propriedade*, cit., 2ª ed., p. 278; Diógenes Gasparini, *Direito Administrativo*, 7ª ed., São Paulo, Saraiva, 2002, p. 608; Hely Lopes Meirelles, *Direito Administrativo Brasileiro*, cit., 38ª ed., p. 696; Diogo de Figueiredo Moreira Neto, *Curso de Direito Administrativo: Parte Introdutória, Parte Geral, Parte Especial*, 14ª ed., Rio de Janeiro, Forense, 2005, p. 376; Fernando Andrade Oliveira, *Limitações Administrativas à Propriedade Privada Imobiliária*, Rio de Janeiro, Forense, 1982, p. 218.

33. Nesse sentido, além dos autores que se filiam à vertente doutrinária que classifica o tombamento como espécie de servidão administrativa, como referido no tópico seguinte, v.: José dos Santos Carvalho Filho, *Manual de Direito Administrativo*,

A circunstância de determinado bem possuir qualidades que o caracterizam como fonte de cultura nacional não autoriza que se o considere naturalmente como integrante da universalidade denominada patrimônio cultural brasileiro.[34] A mencionada classe de bens constitui uma categoria jurídica destinada a delinear o campo de incidência de um regime especial que congrega medidas de promoção e de proteção, inclusive de natureza penal. Trata-se, pois, de conceito do mundo jurídico, e não da ordem fática. Assim, o patrimônio cultural brasileiro reúne apenas bens culturais em sentido formal, isto é, bens que sejam portadores de significação cultural relevante, no que se refere à formação da sociedade brasileira, e que, além disso, tenham sido nele formalmente inseridos, por meio de um dos instrumentos elencados no § 1º do art. 216 da CF de 1988. Por outras palavras, um bem portador de valor cultural não integra *a priori* uma classe de propriedades definida genericamente.

Ademais, os efeitos típicos do tombamento, previstos no Decreto-lei 25/1937, não se aplicam à generalidade dos bens que integram o patrimônio cultural brasileiro. Mencionem-se, a título de exemplo, as áreas especiais de interesse turístico e as jazidas arqueológicas, que compõem a mencionada universalidade mas se sujeitam a regimes jurídicos próprios, instituídos por legislação específica, e não às restrições decorrentes do tombamento, a menos que tenham sido excepcionalmente tombadas. O mesmo ocorre com bens que tenham sido alvo apenas de inventário, registro ou desapropriação. Portanto, também não se afigura exato afirmar que a legislação regente do tombamento submete genericamente a seus efeitos toda a classe de bens designada "patrimônio cultural brasileiro".

Em suma, considerando que a generalidade é um traço essencial da limitação administrativa, eis que tal forma de intervenção recai sobre toda uma categoria abstrata de bens, impõe-se admitir que o tombamento constitui espécie diversa. Há que se reconhecer que lhe falta fundamentalmente a mencionada característica, porque: (a) o bem objeto do tombamento não se inclui *a priori* em qualquer classe abstrata de bens; e (b) as restrições típicas do instituto não se aplicam

cit., 11ª ed., p. 652; Maria Sylvia Zanella Di Pietro, *Direito Administrativo*, cit., 15ª ed., p. 142.
    34. Cf. item 3.3 do presente trabalho.

a todos os bens que compõem a classe que o bem tombado passa a integrar, depois de editado o ato de tombamento.

7.2.2 A classificação do tombamento como servidão administrativa

Delineada a partir de instituto originário do direito privado, a servidão administrativa é uma das mais controversas formas de intervenção estatal na propriedade.[35] Entretanto, não diverge a doutrina ao distinguir como seu traço essencial a instituição de direito real sobre coisa alheia, tendo por objeto a transferência à Administração Pública de uma parcela dos poderes inerentes ao domínio exercido sobre uma coisa, a fim de que dela se possa extrair determinada utilidade pública.

Se as limitações definem o perfil do direito de propriedade, as servidões administrativas o sacrificam parcialmente, como bem esclarece Celso Antônio Bandeira de Mello,[36] comparando ambos os institutos:

> Nas servidões administrativas o Poder Público coloca determinado bem em uma especial sujeição ao interesse público, o que não ocorre com as limitações administrativas à propriedade privada, próprias da polícia administrativa, nas quais pela simples delimitação do âmbito de exercício do direito de propriedade obtém uma genérica e indeterminada utilidade social; isto é, não se trata de gravame instituído de modo especial sobre certos bens onerados com uma peculiar sujeição ao interesse público.

Cuida-se, pois, de figura que impõe ao proprietário do bem colocado "sob parcial senhoria da coletividade"[37] o dever de suportar

---

35. V., sobre o tema: Celso Antônio Bandeira de Mello, *Curso de Direito Administrativo*, cit., 29ª ed., pp. 923-926; José dos Santos Carvalho Filho, *Manual de Direito Administrativo*, cit., 11ª ed., pp. 632-636; Adilson Abreu Dallari, "Servidões administrativas", *RDP* 59-60/88-98, São Paulo, Ed. RT, julho-dezembro/1981; Maria Sylvia Zanella Di Pietro, *Servidão Administrativa*, São Paulo, Ed. RT, 1978; Diógenes Gasparini, *Direito Administrativo*, cit., 7ª ed., pp. 612-614; Ruy Cirne Lima, *Princípios de Direito Administrativo*. 7ª ed., revista e reelaborada por Paulo Alberto Pasqualini, São Paulo, Malheiros Editores, 2007, pp. 520-531; Hely Lopes Meirelles, *Direito Administrativo Brasileiro*, cit., 38ª ed., pp. 688-694; Diogo de Figueiredo Moreira Neto, *Curso de Direito Administrativo: Parte Introdutória, Parte Geral, Parte Especial*, cit., 14ª ed., p. 378.
36. Celso Antônio Bandeira de Mello, *Curso de Direito Administrativo*, cit., 29ª ed., p. 848.
37. Idem, ibidem.

(*pati*) a interferência estatal em sua esfera jurídica. Nesse sentido é que as servidões administrativas são, em regra, indenizáveis, pois os prejuízos econômicos causados por sua incidência constituem também danos jurídicos, passíveis de reparação.

Convictos de que as restrições decorrentes do tombamento não correspondem simplesmente à definição do perfil do direito de propriedade, alguns autores[38] o consideram espécie de servidão administrativa.

Esse entendimento foi inicialmente sustentado por Celso Antônio Bandeira de Mello,[39] que assim justificava a classificação adotada:

(...) se a limitação administrativa não é senão o perfil do direito, parece razoável entender que, sempre que seja necessário um ato específico da Administração *impondo um gravame*, por conseguinte criando uma situação nova, atingiu-se o próprio direito e, pois, a hipótese é de servidão. Por este motivo entendemos que tanto o tombamento pelo Patrimônio Histórico quanto a declaração de que uma determinada área particular é de reserva florestal são casos de servidão e não de limitação administrativa, como normalmente se afirma.

Para Adilson Abreu Dallari, no tombamento "o Poder Público absorve uma qualidade ou um valor já existente no bem tombado, para desfrute ou proveito da coletividade".[40] Na mesma trilha, em detalhado trabalho sobre o tema, Maria Coeli Simões Pires[41] concluiu:

38. Nesse sentido: Adilson Abreu Dallari, "Tombamento", in Adilson Abreu Dallari e Lúcia Valle Figueiredo (coords.), *Temas de Direito Urbanístico 2*, São Paulo, Ed. RT, 1991, p. 13; Lúcia Valle Figueiredo, *Disciplina Urbanística da Propriedade*, cit., 2ª ed., p. 63; Audrey Gasparini, *Tombamento e Direito de Construir*, Belo Horizonte, Fórum, 2005, p. 60; Diógenes Gasparini, *Direito Administrativo*, cit., 7ª ed., p. 614; Ruy Cirne Lima, *Princípios de Direito Administrativo*, cit., 7ª ed., pp. 523-524; Maria Coeli Simões Pires, *Da Proteção ao Patrimônio Cultural: o Tombamento como Principal Instituto*, Belo Horizonte, Del Rey, 1994, pp. 131-132.

39. Celso Antônio Bandeira de Mello, *Curso de Direito Administrativo*, 26ª ed., São Paulo, Malheiros Editores, 2009, p. 901. A partir da 27ª ed. de seu *Curso de Direito Administrativo* o autor passou a reconhecer que o tombamento é instituto distinto da servidão administrativa (v. 29ª ed., pp. 927-928).

40. Adilson Abreu Dallari, "Tombamento", cit., in Adilson Abreu Dallari e Lúcia Valle Figueiredo (coords.), *Temas de Direito Urbanístico 2*, p. 13.

41. Maria Coeli Simões Pires, *Da Proteção ao Patrimônio Cultural: o Tombamento como Principal Instituto*, cit., p. 132.

O tombamento ajusta-se perfeitamente às características que conformam a servidão pública, vinculando-se essa tipificação ao pressuposto da intervenção direta do Poder Público no bem, com interferência na exclusividade do exercício das faculdades decorrentes da condição de *dominus*, associada à ideia de suportar.

Ainda nessa vertente doutrinária, convém destacar o peculiar entendimento de Lúcia Valle Figueiredo. A autora descreve três situações distintas no que diz respeito aos reflexos que o tombamento pode produzir na esfera jurídica do proprietário do bem tombado: (a) na primeira, a aplicação do instituto retira totalmente a utilidade do bem para o particular; (b) na segunda, apenas reduz a mencionada utilidade; (c) na terceira, não acarreta prejuízos para o particular. Na primeira situação entende a autora que se configura um "autêntico caso de desapropriação – na hipótese, 'desapropriação indireta', que se resolveria com a indenização correspondente".[42] Levando em conta os demais casos, nos quais não se desnatura a medida aplicada, é que Lúcia Valle Figueiredo sustenta que o tombamento constitui "verdadeira servidão administrativa",[43] indenizável na proporção do dano suportado pelo proprietário.

Conhecidas as razões que amparam a classificação do tombamento como servidão administrativa, nota-se que seu ponto de partida também é uma definição negativa: a conclusão defendida advém da constatação da ausência do traço da generalidade.

Efetivamente, a generalidade é aspecto que não se faz presente no tombamento, o qual não colhe toda uma classe de bens nem todos os bens que se encontrem em situação determinada de modo abstrato, mas, ao contrário, é medida cuja aplicação exige, em cada caso, a concreta identificação do bem ou do grupo de bens a ser alcançado. Resta verificar, assim, se no tombamento se revelam os aspectos que tipificam a categoria das servidões administrativas.

Alguns[44] recusam a classificação do tombamento como espécie de servidão administrativa porque ausente a figura da coisa dominan-

---

42. Lúcia Valle Figueiredo, *Disciplina Urbanística da Propriedade*, cit., 2ª ed., p. 63.
43. Idem, ibidem.
44. José dos Santos Carvalho Filho, *Manual de Direito Administrativo*, cit., 11ª ed., p. 652; Maria Sylvia Zanella Di Pietro, *Direito Administrativo*, cit., 15ª ed., p. 142.

te. Na linha da doutrina de Maria Sylvia Zanella Di Pietro, entendem como característica fundamental das servidões, tanto de direito privado quanto de direito público, a "situação de sujeição em que se encontra a coisa serviente (*res serviens*) em relação à coisa dominante (*res dominans*) ou a uma pessoa".[45]

No entanto, como ressalta Ruy Cirne Lima, à diferença das servidões de direito privado, nas servidões administrativas a situação de sujeição "se estabelece – não entre duas coisas –, senão entre uma coisa e um serviço público, em tal hipótese havido como *res dominans* (...)".[46] Maria Coeli Simões Pires[47] arremata:

> (...) podemos admitir que a servidão administrativa não tem como pressuposto a existência de um prédio dominante (*res dominans*) e um prédio serviente (*res serviens*), como ocorre na servidão civil. Nisso reside, certamente, do ponto de vista conceitual, o traço distintivo básico. A comunicação entre as espécies se verifica por meio da identificação de direito real sobre a coisa alheia, sendo este especializado, no caso da servidão administrativa, pela finalidade pública que afeta o uso e o gozo do bem.

Se pela mencionada razão não se pode recusar a classificação sob exame, o mesmo não ocorre quando considerados outros aspectos fundamentais da servidão administrativa, a começar por sua marca mais específica, a instituição de direito real sobre coisa alheia.[48]

À luz dos efeitos principais do tombamento, nota-se que nem sempre o instituto estabelece direito real sobre coisa alheia. Por outras palavras, à diferença do que caracteriza a servidão administrativa,

---

45. Maria Sylvia Zanella Di Pietro, *Direito Administrativo*, cit., 15ª ed., p. 142.
46. Ruy Cirne Lima, *Princípios de Direito Administrativo*, cit., 7ª ed., p. 523.
47. Maria Coeli Simões Pires, *Da Proteção ao Patrimônio Cultural: o Tombamento como Principal Instituto*, cit., p. 128. Sônia Rabello de Castro também sustenta que a diferença básica entre as servidões civil e administrativa "é a inexistência do prédio dominante", enquanto as aproxima o fato de ambas constituírem "direito real sobre coisa alheia" (*O Estado na Preservação de Bens Culturais: o Tombamento*, cit., p. 130).
48. Os autores a seguir indicados sustentam que o tombamento não constitui direito real: José dos Santos Carvalho Filho, *Manual de Direito Administrativo*, cit., 11ª ed., p. 652; Sônia Rabello de Castro, *O Estado na Preservação de Bens Culturais: o Tombamento*, cit., p. 137; José Afonso da Silva, *Ordenação Constitucional da Cultura*, cit., p. 162.

conferir *direito real* sobre coisa alheia é, no regime jurídico do tombamento, apenas uma circunstância eventual, que não se verifica em todos os casos.

No que tange às proibições de danificar bens móveis e imóveis, de exportar coisas móveis e de tolher a visibilidade de imóveis tombados, toca à Administração Pública a competência para fiscalizar o cumprimento dos deveres impostos pelo Decreto-lei 25/1937 e para aplicar as sanções cabíveis, quando for o caso. O mesmo acontece no que diz respeito ao dever de preservação, com a diferença de que tal efeito típico acrescenta às mencionadas competências o dever de promover as ações necessárias à conservação e à restauração do bem tombado, diretamente, nos casos de urgência, ou, nas demais situações, mediante provocação do proprietário, quando o mesmo não possuir meios suficientes para custeá-las (art. 19, *caput* e §§ 1º e 3º do Decreto-lei 25).

Ora, diante de tais efeitos, é certo que a Administração Pública, em virtude do tombamento, passa a interferir nos poderes e faculdades de usar e gozar da coisa, à medida que deve impedir formas de uso ou aproveitamento do bem que prejudiquem sua integridade ou a efetividade do direito cultural de fruição. Porém, a rigor, essas *competências públicas* não implicam a criação de ônus real, já que a legislação que as estabelece não atribui à Administração Pública *nenhum direito real* de uso, de gozo ou de outro teor sobre o bem tombado.

Além dos mencionados efeitos típicos, o tombamento ainda restringe a alienação onerosa do bem tombado: recaindo sobre bens públicos, proíbe sua transmissão à esfera privada; alcançando bens particulares, cria direito de preferência em favor da União, do Estado e do Município em que situados (arts. 11 e 22 do Decreto-lei 25).

Quando o tombamento recai sobre bem público pertencente a entidade diversa daquela que o aplicou, a legislação se limita a proibir sua alienação ao patrimônio privado.[49] Ao fazê-lo, embora autorize certa intromissão no poder de disposição que é inerente ao domínio, a

---

49. Por força do art. 11 do Decreto-lei 25/1937, também se sujeita à mesma proibição a alienação de bens públicos pertencentes à própria pessoa que realizou o tombamento. Na hipótese, entretanto, o tombamento constitui instrumento da ação administrativa do Estado que se destina a proteger bens revestidos de valor cultural – e não forma de intervenção no direito de propriedade.

rigor, também *não atribui direito real* de dispor da coisa (nem direito real de outro teor) à pessoa que efetuou o tombamento.

Algo bem diferente, porém, ocorre quando o instituto atinge bens particulares, pois, em tais casos, o art. 22 do Decreto-lei 25 confere à entidade responsável pelo tombamento o direito de preferência na respectiva alienação onerosa. Como visto no item 6.1.3 deste trabalho, o direito de preferência, tal como delineado na legislação referida, *é direito real*, pois sua violação não se resolve em perdas e danos, mas conduz à nulidade da alienação e à imposição de multa, garantida pelo sequestro do bem (art. 22, § 2º, do Decreto-lei 25).

Assim, apenas quando o tombamento alcançar bens particulares é que institui direito real sobre coisa alheia (no caso, o direito de preferência). Nas demais situações (tombamento de bens públicos alheios), no que tange às restrições à alienação, e em qualquer caso (tombamento de públicos ou particulares alheios), quanto aos outros efeitos típicos, à entidade que aplica a medida a legislação específica atribui apenas *competências públicas*, as quais não se confundem com direitos reais.

Entre os regimes jurídicos da servidão administrativa e do tombamento há, ainda, duas outras diferenças fundamentais no que se refere às consequências da confusão (transferência do bem tombado ou da *res serviens* ao patrimônio da entidade que, respectivamente, efetuou o tombamento ou impôs a servidão) e ao tipo dos efeitos atribuídos a cada espécie.

Os autores[50] que se ocuparam do exame das servidões administrativas não dissentem na afirmação de que as mesmas, em regra, são perpétuas. Acrescentam, ainda, que as servidões se extinguem quando a coisa gravada desaparece ou sofre transformação que a torne inútil para o interesse público, quando a *res dominans* é desafetada e quando ocorre a confusão, isto é, a incorporação do bem serviente ao patrimônio da entidade pública que instituiu o gravame.

---

50. José dos Santos Carvalho Filho, *Manual de Direito Administrativo*, cit., 11ª ed., p. 636; Adilson Abreu Dallari, "Servidões administrativas", cit., *RDP* 59-60/98; Maria Sylvia Zanella Di Pietro, *Direito Administrativo*, cit., 15ª ed., pp. 146-147; Diógenes Gasparini, *Direito Administrativo*, cit., 7ª ed., p. 614; Ruy Cirne Lima, *Princípios de Direito Administrativo*, cit., 7ª ed., p. 523.

Adilson Abreu Dallari explica que quando há confusão, ou seja, quando se reúnem na mesma pessoa as figuras do proprietário da coisa gravada e do titular da servidão, esta se extingue, porque "é um princípio jurídico consagrado aquele segundo o qual *nemini res sua servit*, ou seja: não se pode constituir servidão sobre coisa própria".[51] Logo, o ponto em foco envolve aspecto essencial do regime jurídico da servidão administrativa.

Contudo, ao contrário do que se dá quando se trata de servidão administrativa, a transferência do bem tombado para o domínio da entidade pública que determinou o tombamento não implica sua extinção. Na situação proposta, permanecem inalterados o dever de preservar a coisa tombada e as proibições de danificá-la, de exportá-la (móvel) e de tolher sua visibilidade (imóvel). Quanto às restrições à correspondente alienação, pode haver, no máximo, uma alteração de conteúdo, pois, nos casos em que o bem tombado se transfere da esfera privada para o patrimônio público, instaura-se a proibição de aliená-lo a particulares, no lugar do direito de preferência. De qualquer sorte, a significativa diferença entre os regimes jurídicos da servidão administrativa e do tombamento desautoriza sejam assimiladas as espécies.

Por fim, cabe observar que um dos critérios usualmente tomados para se efetuar a distinção entre as limitações e as servidões administrativas é o tipo dos efeitos produzidos em cada caso: aquelas estabelecem meros deveres de abstenção (não fazer), enquanto estas impõem deveres de suportar (*pati*).

Já se notou que, não raramente, tanto as limitações quanto as servidões também acarretam, por vezes, prestações positivas. Entretanto, tais prestações, quando existentes, são instrumentais em relação aos efeitos próprios de cada figura, ou seja, aos deveres de não fazer (limitações) e de suportar (servidões). Calha referir a lição de Celso Antônio Bandeira de Mello[52] a respeito da natureza dos efeitos específicos da atuação administrativa no exercício de poder de polícia:

---

51. Adilson Abreu Dallari, "Servidões administrativas", cit., *RDP* 59-60/98.
52. Celso Antônio Bandeira de Mello, *Curso de Direito Administrativo*, cit., 29ª ed., p. 848.

(...) através da polícia administrativa exige-se, de regra, uma inação, um *non facere*. Às vezes há, *aparentemente*, obrigação de fazer. Por exemplo: *exibir* planta para licenciamento de construção; *fazer* exame de habilitação para motorista; *colocar* equipamento contra incêndio nos prédios. É *mera aparência* de obrigação de fazer. O Poder Público *não quer* estes atos. Quer, sim, *evitar* que as atividades ou situações *pretendidas pelos particulares* sejam efetuadas de *maneira perigosa ou nociva*, o que ocorreria se realizadas fora destas condições. Quando o Poder Público *quer o próprio resultado* só pode obtê-lo mediante ação dos particulares através da requisição de bens ou serviços, imposta pela lei dentro das condições e limites constitucionalmente previstos. A ser de outro modo, os direitos e garantias constitucionais conferidos à liberdade e à propriedade pouco ou nada valeriam.

Feita a distinção, há que se examinar a classificação do tombamento diante de seus *efeitos típicos ou principais*. Ora, dentre os mesmos vislumbram-se deveres de abstenção (proibições de danificar, de tolher a visibilidade de imóveis e de exportar coisas móveis, além da proibição de alienar bens públicos tombados) e prestações positivas, isto é, a imposição de obrigações de fazer (preservar e ceder a preferência às entidades políticas, quando da alienação de bens particulares tombados). O dever de suportar surge, no regime jurídico do tombamento, apenas como um de seus efeitos instrumentais ou secundários, decorrendo especificamente da competência instituída no art. 20 do Decreto-lei 25/1937, que sujeita as coisas tombadas a permanente vigilância do IPHAN.

Portanto, diversamente do que se costuma afirmar, o tombamento não determina, como efeito principal, o dever de suportar. Além disso, dentre seus efeitos típicos, mais grave que os meros deveres de não fazer é a exigência de preservação da coisa tombada, que abrange os deveres de conservá-la e de restaurá-la.

Em síntese, assim como o tombamento não pode ser considerado espécie de limitação administrativa, há que se reconhecer que o mesmo também não se ajusta ao instituto da servidão administrativa, porque não apresenta os elementos essenciais nem de uma nem de outra das mencionadas categorias jurídicas.

7.3 A reformulação do quadro teórico das formas de intervenção estatal na propriedade e a classificação do tombamento

Como visto, à luz do direito positivo brasileiro em vigor o tombamento não pode ser considerado espécie de limitação, nem de servidão. Também não constitui desapropriação,[53] porque não extingue o direito de propriedade, nem se amolda às figuras mais específicas denominadas requisição administrativa e ocupação temporária, como facilmente se constata a partir do exame das correspondentes características.[54]

Assim, ainda em aberto, o problema da identificação da categoria teórica a que se ajusta o tombamento parece não encontrar solução satisfatória no quadro dos instrumentos de intervenção do Estado na propriedade, tal como vem sendo tradicionalmente postulado pela doutrina brasileira.

Observa-se que, à parte a desapropriação, a requisição administrativa e a ocupação temporária, é comum o contraste entre limitações e servidões como categorias gerais de intervenção estatal na propriedade. Diante de uma regra legal impositiva de restrições à propriedade ou ao direito correlato, procede-se frequentemente a classificações por exclusão: se é evidente a ausência de um traço característico da limitação, enquadra-se a espécie como servidão, e vice-versa. Entretanto, o exame cuidadoso das marcas essenciais de cada instituto acaba por demonstrar a inadequação do enquadramento efetuado. O que se percebe, assim, é a insuficiência das classes supostamente gerais (limitação e servidão) para abrigar as demais formas de intervenção estatal previstas no direito positivo brasileiro; como ocorre, aliás, com o próprio instituto do tombamento.

---

53. V. a clássica decisão do STF no julgamento da ACi 7.377. Cf. nota de rodapé 15 do Capítulo 6 deste trabalho.

54. A *requisição administrativa*, consoante a definição proposta por Celso Antônio Bandeira de Mello, é "o ato pelo qual o Estado, em proveito de um interesse público, constitui alguém, de modo unilateral e autoexecutório, na obrigação de prestar-lhe um serviço ou ceder-lhe *transitoriamente o uso* de uma coisa *in natura*, obrigando-se a indenizar os prejuízos que tal medida *efetivamente* acarretar ao obrigado" (*Curso de Direito Administrativo*, cit., 29ª ed., p. 921). Consoante a lição de Maria Sylvia Zanella Di Pietro, a ocupação temporária "se caracteriza pela utilização transitória, gratuita ou remunerada, de imóvel de propriedade particular, para fins de interesse público" (*Direito Administrativo*, cit., 15ª ed., p. 128).

Não se pode perder de vista que o propósito da classificação de que ora se cuida é compreender se o regime jurídico do tombamento comporta, ou não, o dever de indenizar. Considerando-se essa finalidade, o que se faz necessário verificar, antes de tudo, é se os prejuízos eventualmente causados pelo tombamento configuram, ou não, *danos jurídicos*. Com efeito, se as restrições inerentes ao instituto somente concorrerem na definição do traçado do direito de propriedade (isto é, se limitarem apenas a propriedade, como fato), não haverá dano jurídico, afastando-se, assim, a hipótese da indenização. Somente se admite o resultado contrário (existência de dever de indenizar) se as mencionadas restrições agravarem o campo juridicamente protegido de que é titular o proprietário do bem tombado (intervenção no direito de propriedade).

Portanto, a fim de se avaliar se determinada figura enseja, ou não, o dever de indenizar, há que se tomar como critério para a elaboração de uma classificação das formas de intervenção estatal justamente a natureza das restrições produzidas. Nesse sentido, convém apartar em duas classes distintas as restrições que correspondem à definição do direito de propriedade e as que importam intervenções sobre o respectivo conteúdo.

7.3.1 A definição do direito de propriedade e as intervenções sobre seu conteúdo

No ordenamento jurídico brasileiro perfazem a estrutura do direito de propriedade as faculdades e os poderes jurídicos de usar, gozar, dispor e reaver a coisa, bem como o dever de aproveitá-la de modo que também seja útil aos interesses coletivos, segundo sua função social. A linha que demarca esse conteúdo, isto é, que isola determinados aspectos do fato social e os resguarda em um campo de proteção jurídica, é determinada pelas restrições impostas ao titular do direito. Porém, uma vez definido o direito de propriedade, não se exclui a possibilidade da legítima incidência, sobre ele, de outro gênero de restrições, as quais, de seu turno, atingem a própria esfera juridicamente tutelada, sacrificando-a, no todo ou em parte, em prol de interesse que o Direito reputa mais relevante.

Assim, as restrições em pauta ora correspondem à definição do perfil do direito de propriedade, ora atingem seu conteúdo. Na trilha da sistematização proposta por Renato Alessi,[55] as primeiras são designadas *limitações*, em sentido estrito, enquanto as segundas recebem a denominação de *sacrifícios de direito*. Importa, então, bem caracterizar cada tipo, para que, ao fim, se consiga identificar em que classe se enquadra o tombamento.

7.3.1.1 Limitações à propriedade

Alessi observa que as limitações colhem a *propriedade* – e não o *direito de propriedade*. A propósito dessa distinção, versando a princípio sobre o direito de liberdade, argumenta o autor:[56]

> (...) la posizione dei limiti alla sfera di libertà dell'individuo non costituisce una compressione, una limitazione in senso proprio, del diritto di libertà dell'individuo stesso, sibbene una definizione del diritto in questione, vale a dire, la precisazione di quelli che sono i necessari confini della sfera di libertà tutelata, precisazione necessaria al fine di raggiungere l'armonica convivenza sociale.

Na mesma linha, já especificamente sobre o direito de propriedade, Alessi prossegue assinalando que "la imposizione dei limiti alla proprietà individuale non rappresenta una limitazione vera e propria del diritto, una lesione, sibbene soltanto una definizione del medesimo, una apposizione dei necessari confini".[57]

Com efeito, a noção de propriedade como domínio exercido por alguém sobre certa coisa comporta múltiplos aspectos no plano dos fatos, nem todos, porém, resguardados em cada ordem jurídica. Dentre as faculdades inerentes à referida noção, algumas recebem proteção e, com isso, passam a compor o núcleo do direito de propriedade.

---

55. Renato Alessi, *Principi di Diritto Amministrativo: II – I Soggetti Passivi e la Reazione*, cit., 4ª ed., pp. 597-598 e 611-613.

56. Idem, p. 590: "(...) a imposição de limites à esfera de liberdade do indivíduo não constitui uma compressão, uma limitação, em sentido próprio, do direito de liberdade do mesmo indivíduo, mas uma definição do direito em questão, ou seja, a precisa indicação daqueles que são os necessários confins da esfera de liberdade tutelada, indicação necessária para que se alcance a harmônica convivência social" (tradução livre).

57. Idem, p. 597: "(...) a imposição de limites à propriedade individual não representa uma limitação verdadeira e própria do direito, uma lesão, mas somente uma definição do mesmo, uma aposição dos necessários confins" (tradução livre).

Outras, dentre as demais, se tornam objeto de deveres de abstenção impostos aos titulares do direito. A tais deveres é que correspondem as denominadas limitações, que, em suma, compreendem a inibição de faculdades que, embora atinentes à propriedade como fato social, não integram o direito de propriedade, mas apenas o definem de modo negativo, balizando seu conteúdo.

Consideradas as limitações como deveres de abstenção que recortam o perfil do direito de propriedade, extrai-se, de um lado, que devem ser instituídas por lei e, de outro, que se revestem da característica da generalidade.

Como deveres de abstenção impostos ao titular do direito de propriedade, as limitações devem resultar de lei em sentido formal, pois, consoante o princípio da legalidade, insculpido no inciso II do art. 5º da CF de 1988, "ninguém será obrigado a fazer ou deixar de fazer alguma coisa senão em virtude de lei".

Além disso, se as limitações respondem pela configuração do perfil do direito, do ponto de vista lógico não podem constituir imposições individuais ou concretas, mas devem alcançar toda uma categoria abstrata de bens ou todos os bens que se encontrarem em situação abstratamente apontada na lei.[58] É o caso, por exemplo, das limitações atinentes às dimensões mínimas dos lotes, previstas na Lei 6.766/1979, as quais incidem sobre os bens imóveis situados em área urbana.

A exigência de lei e o caráter geral e abstrato das limitações convergem para a conclusão de que sua instituição deve resultar do exercício da atividade legislativa do Estado, ainda que, por vezes, sua concreta aplicação envolva a intervenção da Administração Pública.

Em qualquer caso, especialmente por força do art. 5º, II, da CF de 1988, as limitações somente podem ser instituídas em lei.

Porém, como observa Renato Alessi,[59] a lei pode estabelecê-las de três modos distintos: (a) em caráter direto, imediato e absoluto, ou

---

58. Idem, p. 598. No mesmo sentido, Celso Antônio Bandeira de Mello observa que nas limitações "alcança-se toda uma categoria abstrata de bens, ou, pelo menos, todos os que se encontrem em uma situação ou condição abstratamente determinada, (...)" (*Curso de Direito Administrativo*, cit., 29ª ed., p. 923).

59. Renato Alessi, *Principi di Diritto Amministrativo: II – I Soggetti Passivi e la Reazione*, cit., 4ª ed., p. 599.

seja, para que incidam independentemente de qualquer outro ato estatal; (b) em caráter direto, imediato e relativo, quando estipula dever de abstenção que possa ser afastado desde que presentes, no caso concreto, determinados requisitos; ou (c) em caráter indireto e mediato, quando outorga à Administração a competência discricionária para definir critérios específicos a serem observados na aplicação da medida.

Assim, se em certas situações o exercício da atividade legislativa é suficiente, em outras hipóteses a imposição de limitações demanda também o exercício da atividade administrativa do Estado. De qualquer sorte, seja editando ato administrativo individual e concreto que verifique a ocorrência, no plano dos fatos, de requisitos instituídos na lei e determine a incidência de regime nela previsto (expedição de licenças, por exemplo), seja editando regulamentos para a fiel execução da lei, é certo que a Administração Pública não cria a limitação. Por outras palavras, as chamadas limitações administrativas também são estabelecidas por lei, restando à Administração a competência para aplicá-las, para fiscalizar as atividades sujeitas ao respectivo regime e para impor as sanções cabíveis em face de sua violação.

Examinada a exigência de lei como parâmetro formal da instituição de limitações administrativas, convém ressaltar que o legislador não dispõe de completa liberdade no que concerne à definição da matéria a ser convertida em objeto dos correspondentes deveres de abstenção. Nessa tarefa, deve o legislador respeitar o conteúdo mínimo do direito de propriedade, tal como assegurado na Constituição Federal.

Sob o ângulo substancial, como alerta José Afonso da Silva, a Constituição Federal de 1988 abriga vários direitos de propriedade, de extensão e teor diversos, conforme os tipos de bens sobre os quais recaem. Diz o autor:[60]

60. José Afonso da Silva, *Direito Urbanístico Brasileiro*, 6ª ed., São Paulo, Malheiros Editores, 2010, pp. 72-73. No mesmo sentido, Sérgio D'Andréa Ferreira sustenta que, em sentido amplo, o direito de propriedade abrange qualquer direito de natureza econômica, o que indica que "não há *um* direito de propriedade, mas há *direitos* de propriedade" ("Limitações administrativas à propriedade", cit., *RF* 300/11).

Em verdade, uma coisa é a *propriedade pública*, outra a *propriedade social*, e outra a *propriedade privada*; uma coisa é a *propriedade agrícola*, outra a *industrial*; uma a *propriedade rural*, outra a *urbana*; uma a *propriedade de bens de consumo*, outra a de *bens de produção*; uma a *propriedade de uso pessoal*, outra a *propriedade/capital*. (...).

Não obstante, para todos os direitos de propriedade consagrados no ordenamento jurídico brasileiro mantém-se a mesma estrutura formal, que compreende os poderes e faculdades de usar (extrair utilidades sem alteração de substância), gozar (extrair frutos ou produtos), dispor (consumir, alienar ou gravar) e reaver a coisa do poder de quem a possua ou detenha sem justo título. A partir desse substrato comum, formam-se regimes jurídicos específicos segundo as características naturais e as funções sociais inerentes aos objetos dos correlatos direitos de propriedade. Por exemplo, o direito de propriedade que recai sobre imóveis urbanos sujeita-se a disciplina jurídica distinta daquela que se aplica ao direito de propriedade de imóveis rurais, tendo em vista a vocação natural e a função social da propriedade em cada espécie, como está previsto na Carta de 1988.

Portanto, a título de definir o perfil do direito de propriedade, o legislador não pode anular o conteúdo mínimo delineado: não pode esvaziar o uso, o gozo ou a disposição compatíveis com as características naturais e com a função social da coisa, assim como também não pode eliminar o poder jurídico de retomá-la de quem injustamente a detenha ou possua. A transposição da mencionada fronteira configura típica intervenção no conteúdo do direito de propriedade, tal como resguardado na Constituição Federal; ou seja, não impõe limitação, mas verdadeiro sacrifício de direito.

Por fim, postas as características essenciais das limitações à propriedade, é inevitável concluir que a espécie não comporta indenização mesmo quando produzir prejuízo econômico. Deveras, as limitações traçam o perfil do direito, ou seja, não agravam seu conteúdo, mas, de modo claramente diverso, o definem. Consequentemente, não apenas porque marcadas pelo traço da generalidade, mas, em especial, porque não constituem instrumento apto para a produção de *dano jurídico*, as limitações não são indenizáveis.

7.3.1.2 Sacrifícios de direito

Não raro a satisfação dos interesses coletivos encontra obstáculos em direitos regularmente instituídos, de modo que a solução dos conflitos depende da compressão e, em muitos casos, até mesmo do completo sacrifício de uns ou de outros. A fim de possibilitar a consecução do interesse público, que deve prevalecer diante dos interesses particulares,[61] a lei autoriza a lesão total ou parcial do conteúdo de direitos subjetivos, mediante a compensação dos prejuízos econômicos disso resultantes.[62]

Assim, além das limitações, o ordenamento jurídico brasileiro comporta restrições que incidem sobre núcleos de interesses por ele mesmo tutelados, isto é, no que vem ao caso, sobre o conteúdo do direito de propriedade. Tais restrições constituem a figura designada *sacrifício de direito*, cujo regime jurídico é essencialmente distinto do que caracteriza as limitações.

De início, são inconfundíveis os objetos e os propósitos das limitações e dos sacrifícios: as primeiras recaem sobre a propriedade, como fato social, a fim de traçar o contorno do direito de propriedade; estes últimos atingem o direito de propriedade delineado pelas limitações e se destinam a possibilitar o efetivo atendimento do interesse público, em situações concretas.

Consequentemente, enquanto o atributo da generalidade é típico das limitações, eis que direitos são definidos de modo geral e abstrato, os sacrifícios são caracterizados pela singularidade. Com efeito, os sacrifícios resultam do contraste entre interesses que se excluem, no todo ou em parte, *diante de situações concretas*. Logo, investem sobre direitos de propriedade determinados, titularizados por sujeitos individualizados e em cada caso específico, de modo bem diverso do que ocorre com as limitações, que, na expressão de Renato Alessi, alcançam indiferentemente uma pluralidade indeterminada e, *a priori*, indeterminável de sujeitos.[63]

---

61. Celso Antônio Bandeira de Mello, *Curso de Direito Administrativo*, cit., 29ª ed., pp. 70-76.
62. Renato Alessi, *Principi di Diritto Amministrativo: II – I Soggetti Passivi e la Reazione*, cit., 4ª ed., p. 611.
63. Idem, p. 623.

Na qualidade de restrições incidentes sobre o conteúdo do direito de propriedade, os sacrifícios, obviamente, também devem estar previstos em lei. Entretanto, sua regular imposição se faz mediante ato administrativo voltado para a concretização, em cada caso, do comando abstrato contido na lei, ou seja, envolve o exercício de típica função administrativa. Sobre o ponto em foco, sintetiza Alessi: "(...) *sacrifici veri e propri saranno quelli che, anche se previsti in astratto da una norma, sono disposti in concreto, in riferimento a singoli soggetti determinati, volta per volta dalla Pubblica Amministrazione mediante un concreto provvedimento amministrativo*".[64]

Em razão da singularidade típica da espécie, há sacrifícios totais ou parciais, permanentes ou transitórios, conforme, respectivamente, a extensão e a duração da restrição necessária para a satisfação do interesse público. A desapropriação e a requisição administrativa de bens consumíveis[65] são casos típicos de sacrifício total e permanente. Já, a ocupação regulada no art. 36 do Decreto-lei 3.365/1941[66] é um exemplo de sacrifício parcial imposto em caráter transitório. A servidão de passagem aérea de fios de energia elétrica é outro caso de sacrifício parcial, que não exaure o direito de propriedade mas, desta feita, restringe permanentemente a exclusividade na utilização do imóvel atingido.

Enfim, a imposição de sacrifícios de direito, em linha de princípio, enseja o dever de indenizar, porque a figura em apreço alcança interesses protegidos pela ordem jurídica, ou seja, *direitos* instituídos em favor de alguém. Havendo conflito entre o exercício de tais direitos e a satisfação do interesse público, o afastamento dos primeiros depende de sua conversão na correspondente expressão pecuniária, pois a ausência da compensação viola e contradiz sua própria condição de direitos regularmente instituídos.

64. Idem, ibidem: "(...) *sacrifícios* verdadeiros e próprios serão os que, ainda que *previstos* em abstrato por uma norma, são *impostos* em concreto, em referência a sujeitos singulares e determinados, caso a caso, pela Administração Pública, mediante um ato administrativo concreto" (tradução livre).
65. Diógenes Gasparini, *Direito Administrativo*, cit., 7ª ed., p. 617.
66. Assim estabelece o texto legal referido: "Art. 36. É permitida a ocupação temporária, que será indenizada, a final, por ação própria, de terrenos não edificados, vizinhos às obras e necessários à sua realização. O expropriante prestará caução, quando exigida".

A legislação em muitos casos prevê expressamente o pagamento de indenização, como ocorre, por exemplo, no art. 36 do Decreto-lei 3.365 (ocupação temporária) e no art. 5º da CF, em seus incisos XXIV (desapropriação) e XXV (requisição administrativa). Entretanto, ainda que não exista previsão legal expressa, há que se ter presente que os sacrifícios de direito produzem *dano jurídico* e, assim, diante do princípio da isonomia, podem dar causa ao dever de indenizar.

É claro que a existência de dano jurídico, embora pressuposto necessário, não é condição suficiente para determinar o cabimento da indenização. De fato, para que o sacrifício de um direito estabeleça o dever de indenizar é preciso que também submeta determinada pessoa a prejuízos econômicos especiais. Logo, embora presente em muitos casos, o mencionado dever não constitui um efeito jurídico certo e inerente à figura dos sacrifícios de direito.

O exame do cabimento do dever de indenizar em decorrência da imposição de restrições do tipo sob exame, especialmente na ausência de previsão legal expressa, requer tratamento mais detalhado. Antes, porém, para que possam ser desenvolvidas as reflexões pertinentes já no que interessa ao regime jurídico do tombamento, é oportuno observar que, por suas características, o tombamento constitui espécie de sacrifício de direito.

7.3.2 A classificação do tombamento como espécie de sacrifício de direito

Bem observadas as restrições que integram o regime jurídico do tombamento, não é difícil reconhecê-lo como espécie de sacrifício de direito.

Na qualidade de instrumento de proteção do patrimônio cultural, o tombamento é instituto que compreende, em caráter típico, a imposição de deveres e de proibições que comprimem parcialmente as faculdades de uso, gozo e disposição de bens determinados, com base no Decreto-lei 25/1937. Nesse sentido, o tombamento estabelece as proibições de danificar a coisa tombada, de exportá-la (se móvel), de perturbar sua visibilidade (se imóvel) e de aliená-la a particulares (se recair sobre bem público), além dos deveres de preservá-la e, tratando-se de bem particular, de ceder a preferência à União, ao Estado e ao Município em que situado, quando de sua alienação onerosa.

Como pressuposto de fato para a imposição da medida, é necessário que o bem a ser gravado seja portador de valor cultural. Todavia, nem todo bem revestido do mencionado valor se encontra, apenas por força do Decreto-lei 25, submetido ao correspondente regime jurídico. Isso quer dizer que a concreta aplicação do tombamento não é estabelecida pela lei. O diploma normativo em apreço apenas define o instituto, como há de ser em razão do princípio da legalidade, mas a incidência das restrições sobre cada bem específico se faz mediante a edição de um ato administrativo.

Consoante o art. 10 do Decreto-lei 25, completa-se o tombamento definitivo com a inscrição do bem no Livro do Tombo específico, ao final do correspondente processo administrativo. Logo, a aplicação da medida exige a perfeita identificação do bem a ser gravado, resultando, assim, de ato administrativo individual e concreto, nos termos do qual é realizada a inscrição. O mencionado ato administrativo é individual porque, referindo-se a um bem ou a um conjunto de bens concretamente identificado, tem como destinatários o respectivo proprietário, isto é, um sujeito determinado ou determinável, e, no que tange à proibição de tolher a visibilidade, sujeitos igualmente determináveis, ou seja, os proprietários dos imóveis situados na vizinhança do bem tombado. Além disso, o ato administrativo que promove o tombamento é concreto porque dispõe "para um único e específico caso".[67]

Portanto, o tombamento caracteriza-se pela singularidade – e não pela generalidade, como já visto. Seus efeitos jurídicos não se impõem a um conjunto indeterminado e, *a priori*, indeterminável de sujeitos, mas comprimem direitos titularizados por indivíduos certos, exercidos sobre bens devidamente identificados.

Desse modo, as restrições pertinentes ao tombamento não correspondem à mera definição do perfil do direito de propriedade, porque não incidem sobre todos os bens integrantes de uma categoria abstrata nem sobre todos os bens que se encontrem em situação abstratamente delineada na lei. Constituem – isto, sim – gravames que, em cada caso, alcançam o conteúdo do direito de propriedade exercido sobre o bem tombado, sacrificando-o de modo parcial, com o objetivo de proteger a cultura brasileira, no interesse da coletividade.

---

67. Sobre a definição de *atos administrativos individuais e concretos*, v.: Celso Antônio Bandeira de Mello, *Curso de Direito Administrativo*, cit., 29ª ed., pp. 427-428.

A ausência do caráter geral é, de per si, suficiente para demonstrar que o tombamento não constitui limitação à propriedade, mas, sim, sacrifício de direito. Contudo, a mesma conclusão encontra reforço no fato de que as mencionadas restrições não se reduzem à imposição de deveres de abstenção, como é próprio das limitações, mas incluem, dentre os *efeitos típicos ou principais* do instituto, o dever de preservar, isto é, um autêntico dever positivo. Não basta simplesmente não danificar ou não alterar o bem tombado. Mais que isso, deve o proprietário não só conservá-lo, mas também promover as ações necessárias para repará-lo ou restaurá-lo, diretamente e às próprias expensas, ou, se não dispuser de recursos, mediante comunicação à entidade responsável pela imposição da medida, sob pena de multa no valor do dobro do dano sofrido pela coisa (art. 19 do Decreto-lei 25).

Consequentemente, não se pode deixar de concluir que as restrições decorrentes do tombamento lesionam as esferas de interesses juridicamente protegidos de que são titulares os proprietários do bem tombado e, quando for o caso, dos imóveis situados no seu entorno. Porém, não há exatamente uma violação das mencionadas esferas jurídicas, no sentido de que não há ilicitude, como observa Alessi.[68] Dá-se que o próprio ordenamento, sopesando os interesses em pauta, afeta os direitos subjetivos de propriedade a um interesse público de natureza específica, autorizando o parcial sacrifício das faculdades de usar, gozar e dispor do bem tombado e, quando for o caso, de usar e gozar dos imóveis localizados na respectiva vizinhança, a fim de garantir o pleno exercício dos direitos culturais. De todo modo, tais restrições são fonte de dano jurídico; e, assim, não obstante a ausência de disposição legal expressa, estabelecem o dever de indenizar os prejuízos econômicos suportados pelos destinatários do ato.

7.4 O dever de indenizar como consequência jurídica do tombamento

Como os sacrifícios atingem direitos instituídos e garantidos pela ordem jurídica, em regra não são gratuitos.

---

68. Renato Alessi, *Principi di Diritto Amministrativo: II – I Soggetti Passivi e la Reazione*, cit., 4ª ed., pp. 611-612.

A imposição de sacrifícios justifica-se pela necessidade de satisfazer os interesses sociais diante de situações em que o alcance desse objetivo é inconciliável, no todo ou em parte, com outros interesses legitimamente resguardados pela ordem jurídica. Como explica Alessi, não se admite, em tais casos, a aniquilação do direito que deve ceder diante do interesse público, mas apenas seu "enfraquecimento" – o que se traduz, em termos jurídicos, na "*conversione* del diritto stesso in quello ad una giusta indennità".[69] Desse modo, o sacrifício de um direito regularmente protegido não pode conduzir à diminuição do patrimônio de seu titular, exigindo-se, para evitá-la, a transformação do direito sacrificado no direito ao recebimento do valor a ele equivalente.

Uma vez caracterizado o tombamento como uma espécie de sacrifício de direito, há que se reconhecer que, embora o Decreto-lei 25/1937 não regule expressamente a matéria, o instituto comporta, em tese, o dever de indenizar.

Convém ressaltar que, embora compatível com o regime jurídico do tombamento, o dever de indenizar não constitui um de seus traços essenciais:[70] se, na condição de sacrifício de direito, o tombamento restringe o direito de propriedade, causando dano jurídico, sua aplicação nem sempre é fonte de concreta diminuição patrimonial. Ora, como se sabe, o dano indenizável é aquele que, além de corresponder à lesão de um direito assegurado pelo ordenamento jurídico, produz um prejuízo certo (não eventual) e econômico.[71]

De fato, nem sempre o tombamento causa danos econômicos concretos. Em muitos casos a aplicação da medida não impede nem exige que se altere o aproveitamento que vem sendo dado à coisa, consoante suas qualidades naturais e sua função social. Além disso, a própria

---

69. Renato Alessi, *Principi di Diritto Amministrativo: II – I Soggetti Passivi e la Reazione*, cit., 4ª ed., p. 620: "(...) conversão do próprio direito no direito a uma justa indenização" (tradução livre).
70. Nesse sentido: Adilson Abreu Dallari, "Servidões administrativas", cit., *RDP* 59-60/96; Audrey Gasparini, *Tombamento e Direito de Construir*, cit., p. 64; Maria Coeli Simões Pires, *Da Proteção ao Patrimônio Cultural: o Tombamento como Principal Instituto*, cit., pp. 259-261.
71. Celso Antônio Bandeira de Mello, *Curso de Direito Administrativo*, cit., 29ª ed., pp. 1.038-1.040; José dos Santos Carvalho Filho, *Manual de Direito Administrativo*, cit., 11ª ed., p. 649.

legislação determina a utilização de recursos públicos na conservação e na restauração dos bens tombados, sempre que os respectivos proprietários não dispuserem dos meios necessários para tanto (art. 19 do Decreto-lei 25). Assim, o tombamento constitui evidente vantagem no que tange à preservação do estado físico dos bens por ele alcançados. Ademais, há situações em que o instituto produz a valorização econômica do bem – caso, por exemplo, do tombamento de obras de arte, que constitui verdadeiro atestado de sua autenticidade e de sua importância cultural.[72]

Porém, se as restrições inerentes ao tombamento impedirem a utilização ou a fruição naturais do bem, impondo ao proprietário um dano econômico certo, haverá, sem dúvida, dever de indenizar. Figure-se, por exemplo, a hipótese de imóvel situado em zona urbana de uso comercial no qual funcione atividade que esteja a produzir a deterioração das características que justificaram seu tombamento. Em tais condições haverá dano indenizável se nenhuma atividade inerente à função natural do imóvel puder ser exercida sem perecimento de seu valor cultural, ou mesmo se as adequações necessárias para o desenvolvimento de atividade compatível se revelarem significativamente dispendiosas. E vale notar que, no exemplo proposto, o cabimento da indenização não está vinculado ao fato de se tratar de imóvel tombado isoladamente, pois a eventual circunstância de o mesmo integrar um conjunto arquitetônico ou uma área urbana tombada não altera a natureza do dano verificado, que não perde seus caracteres jurídico (porque decorre de sacrifício de direito), econômico (porque importa diminuição patrimonial) e certo (porque devidamente comprovado).

Em suma, assim como não se pode presumir que o tombamento provoca danos indenizáveis, também não se pode, *a priori*, afastar o cabimento dessa hipótese. Por outras palavras: ainda que o tombamento seja fonte de dano jurídico, apenas ensejará o dever de indenizar se o mencionado dano se traduzir em prejuízos econômicos concretamente verificados. Logo, o cabimento da indenização, conquanto

---

72. José Eduardo Ramos Rodrigues, "Patrimônio cultural: análise de alguns aspectos polêmicos", *Revista de Direito Ambiental* 21/188, São Paulo, janeiro-março/2001.

admitido em tese, deve ser avaliado em cada situação, à luz de suas circunstâncias específicas, tocando ao interessado o ônus de comprovar os prejuízos econômicos efetivamente sofridos.[73]

73. Nesse sentido: José dos Santos Carvalho Filho, *Manual de Direito Administrativo*, cit., 11ª ed., p. 658; Maria Sylvia Zanella Di Pietro, *Direito Administrativo*, cit., 15ª ed., p. 133. Embora postulando que o tombamento constitui espécie de limitação, Sônia Rabello de Castro sustenta que há dever de indenizar "se a restrição impedir o uso inerente, efetivo e atual da propriedade", consoante a "avaliação das circunstâncias específicas das propriedades atingidas" (*O Estado na Preservação de Bens Culturais: o Tombamento*, cit., p. 142).

8
A APLICAÇÃO DO TOMBAMENTO

8.1 O ato administrativo de tombamento: 8.1.1 Elementos e requisitos: 8.1.1.1 Forma e conteúdo – 8.1.1.2 Objeto – 8.1.1.3 Sujeito – 8.1.1.4 Motivos e requisitos procedimentais – 8.1.1.5 Finalidade – 8.1.1.6 Causa – 8.1.1.7 Formalização e ato material de tombamento – 8.1.2 Vinculação e discricionariedade. 8.2 O processo administrativo de tombamento: 8.2.1 Tombamento de ofício – 8.2.2 Ritos para a aplicação do tombamento na instância federal.

Com o exame da natureza e dos efeitos jurídicos do tombamento é possível bem distingui-lo dos demais instrumentos de proteção do patrimônio cultural. No entanto, a compreensão de seu campo de aplicação típico ainda requer a análise de aspectos que envolvem sua regular constituição.

Como visto, o tombamento envolve o exercício de função administrativa. Sua aplicação é estabelecida por declaração estatal exarada no âmbito de processo administrativo específico, concluindo-se com a execução do ato material de inscrição no Livro do Tombo próprio. Assim, o tombamento também designa, do ponto de vista formal, o processo, o ato administrativo e o ato material que, uma vez executado, estabelece a incidência do regime que o define substancialmente como instituto jurídico.

Cumpre, então, para finalizar o presente estudo, analisar o tombamento sob o ângulo dos instrumentos de sua efetivação, isto é, do ato administrativo e do processo administrativo correspondentes.

8.1 O ato administrativo de tombamento

Algumas das características do ato administrativo de tombamento já foram observadas no exame de outros aspectos do tema. Assim, no tópico que versou sobre a noção de patrimônio cultural brasileiro foi possível perceber que o mencionado ato expressa a declaração de que determinado bem se reveste de valor cultural para, sobre ele, fazer recair a disciplina estabelecida no Decreto-lei 25/1937. Já, a análise dos efeitos jurídicos do instituto demonstrou que o tombamento é aplicado por ato administrativo individual e concreto.

De fato, ao tempo em que reconhece que certo bem corpóreo é portador de "referência à identidade, à ação, à memória dos diferentes grupos formadores da sociedade brasileira" (art. 216 da Carta de 1988), o ato administrativo de tombamento insere-o formalmente no patrimônio cultural brasileiro, submetendo-o a um regime jurídico especial, que, a fim de protegê-lo, restringe o direito de propriedade de que ele se faz objeto. Desse modo, o conteúdo do ato de tombamento é simultaneamente declaratório e constitutivo:[1] é declaratório do valor cultural que, presente em coisa devidamente individualizada, justifica a adoção de medidas estatais voltadas para sua preservação; e é constitutivo da incidência, sobre a mesma, do regime definido de modo geral e abstrato no Decreto-lei 25.

Consequentemente, no que diz respeito a seus destinatários, o ato de tombamento produz efeitos em relação a uma ou mais pessoas determinadas, ou seja, é ato individual. Por outro lado, dispõe para um caso singular, visando à proteção de um bem ou de um conjunto de bens precisamente identificado. Assim, quanto à sua estrutura, é ato concreto.

No entanto, para que se possa bem compreender o campo próprio de aplicação do tombamento não basta o exame das mencionadas características.

Com efeito, uma vez que o tombamento traduz o exercício de atividade tipicamente administrativa, a Administração Pública somen-

1. Nesse sentido: Sérgio D'Andréa Ferreira, "Limitações administrativas à propriedade", *RF* 300/19, Rio de Janeiro, Forense, outubro-dezembro/1987; Carlos Frederico Marés de Souza Filho, *Bens Culturais e sua Proteção Jurídica*, 3ª ed., Curitiba, Juruá, 2005, p. 87. Sobre a natureza de ato constitutivo, quanto à incidência do regime jurídico especial: Sônia Rabello de Castro, *O Estado na Preservação de Bens Culturais: o Tombamento*, Rio de Janeiro, Renovar, 1991, p. 94; Maria Coeli Simões Pires, *Da Proteção ao Patrimônio Cultural: o Tombamento como Principal Instituto*, Belo Horizonte, Del Rey, 1994, p. 125; José Afonso da Silva, *Ordenação Constitucional da Cultura*, São Paulo, Malheiros Editores, 2001, p. 160.

te pode aplicá-lo nos limites definidos pela lei, isto é, diante das condições previstas na norma e para o alcance dos objetivos também nela definidos.

Afonso Rodrigues Queiró reconduz à noção de competência todos esses requisitos a que a lei submete a atuação da Administração. Nesse sentido, destaca que, ao demarcar as competências, a lei sempre aponta o agente ou órgão público encarregado de seu exercício, define a medida do "poder" que lhe é atribuído, explicita as situações de fato em face das quais autoriza a ação e indica o interesse a ser pontualmente atendido. O autor chega, inclusive, a afirmar que tais aspectos "são essencialmente uma e a mesma coisa".[2]

Ao abordar sob essas variadas perspectivas a ideia de competência, Queiró põe em relevo a estrutura do quadro legal que condiciona a atuação administrativa. Os referidos requisitos são, certamente, "formas ou modos de ser duma mesma realidade",[3] como afirma o autor. No entanto, não se pode deixar de admitir que a competência não se resume à finalidade, nem é igual aos motivos que ensejam a prática do ato. Não se reduz, enfim, a qualquer dos outros pressupostos. Logo, ainda que esses parâmetros se encontrem na referida noção, há que se reconhecer que com ela não se confundem, mas que, embora indissociáveis, se revelam por meio de conceitos distintos.

Em resumo, o exame dos critérios preestabelecidos em lei no que tange ao ato administrativo de tombamento é essencial para que se possa identificar o campo típico da aplicação do instituto.

8.1.1 *Elementos e requisitos*

A doutrina em geral utiliza indiferentemente os termos "elemento", "requisito" e "pressuposto" para designar os vários aspectos que compõem o padrão legal do ato administrativo. Outrossim, é frequente a identificação de apenas cinco espécies distintas, em atenção, sobretudo, ao disposto no art. 2º da Lei 4.717/1965, que considera nulos

---

2. Afonso Rodrigues Queiró, "A teoria do 'desvio de poder' em direito administrativo", *RDA* 6/52-54, Rio de Janeiro, outubro-dezembro/1946.
3. Idem, p. 54.

os atos que tenham sido praticados com vício de competência, forma, objeto, motivos e finalidade.[4]

Porém, como leciona Celso Antônio Bandeira de Mello,[5] os elementos de um ato administrativo não se confundem com seus requisitos ou pressupostos legais. Enquanto os primeiros designam as partes que integram ou compõem o próprio ato, os segundos se referem a aspectos que lhe são exteriores, condicionando sua regular produção. Também demonstra o autor que, bem analisada a estrutura do ato administrativo, além dos cinco tópicos enumerados pela corrente doutrinária mais tradicional, há outros parâmetros a serem observados. Portanto, restringindo os elementos à forma e ao conteúdo, distingue os seguintes pressupostos ou requisitos:[6]

São pressupostos de existência o *objeto* e a *pertinência* do ato ao exercício da função administrativa. Os pressupostos de validade são: (1) pressuposto *subjetivo* (sujeito); (2) pressupostos *objetivos* (motivo e requisitos procedimentais); (3) pressuposto *teleológico* (finalidade); (4) pressuposto *lógico* (causa); e (5) pressupostos *formalísticos* (formalização). (...).

Assim desdobrando os critérios que formam o quadro legal do ato administrativo, a sistemática proposta por Celso Antônio Bandeira de Mello permite o exame mais detalhado da matéria, de modo não só a facilitar sua compreensão, mas, também, a propiciar o refinamento dos meios de controle da atuação administrativa do Estado. Por tais razões é que se acompanha essa linha de sistematização na análise da estrutura do ato de tombamento, a seguir desenvolvida.

8.1.1.1 *Forma e conteúdo*

Os elementos do ato de tombamento são sua forma e seu conteúdo. Enquanto a *forma* constitui a exteriorização do ato, isto é, "o

---

4. V.: Maria Sylvia Zanella Di Pietro, *Direito Administrativo*, 15ª ed., São Paulo, Atlas, 2003, p. 195; Hely Lopes Meirelles, *Direito Administrativo Brasileiro*, cit., 38ª ed., São Paulo, Malheiros Editores, 2012, p. 159.
5. Celso Antônio Bandeira de Mello, *Curso de Direito Administrativo*, 29ª ed., São Paulo, Malheiros Editores, 2012, pp. 394-417.
6. Idem, pp. 396-397.

modo pelo qual este aparece e revela sua existência",[7] o *conteúdo* é "aquilo que o ato dispõe, isto é, o que o ato decide, enuncia, certifica, opina ou modifica na ordem jurídica".[8]

Postas as noções de *forma* e *conteúdo*, verifica-se que o ato de tombamento se dá a conhecer expressamente e por escrito. Consiste na manifestação estatal direta, vertida em fórmula escrita, cujo teor abrange tanto a declaração propriamente dita de que determinada coisa se reveste de valor cultural quanto a imposição das proibições e das obrigações estipuladas no Decreto-lei 25/1937.

O ato administrativo de tombamento parte do expresso reconhecimento do valor cultural existente em certo bem para estabelecer modificações na ordem jurídica com o objetivo de protegê-lo. Tais modificações alcançam a esfera jurídica do proprietário desse bem, assim como a de terceiros. Consistem na imposição (a todos) da proibição de danificar a coisa tombada, na atribuição (a seu proprietário e ao Estado) do dever de preservá-la, na vedação de sua exportação (caso se trate de bem móvel) e do transtorno de sua visibilidade (caso se trate de bem imóvel), assim como, por fim, da restrição de sua alienação, quer impedindo seja transferida a particulares (caso se trate de bem público), quer submetendo sua transferência onerosa à observância do direito de preferência (caso se trate de bem particular).

A atribuição de efeito distinto ao ato de tombamento viola os limites de sua estrutura legal.

Não se admite, por exemplo, exigir como consequência do tombamento que o proprietário dê ao bem tombado determinado uso. A utilização do bem em proveito particular, embora também possa existir interesse público na preservação de um uso tradicional, não pode ser estabelecida no âmbito do tombamento.[9] Como se trata de conteúdo alheio à espécie, tal exigência deve ser considerada inválida, remanescendo íntegras apenas as restrições típicas do instituto.

De outra parte, caso se acrescente ao tombamento a afetação do bem particular tombado a certo uso de interesse público (por exemplo,

---

7. Idem, p. 398.
8. Idem, p. 397.
9. Bem ilustra a hipótese a decisão mencionada na nota de rodapé 56 do Capítulo 4 deste trabalho, em que se afastou a inclusão, como efeito do tombamento, da restrição do uso de determinado imóvel para "atividades artístico-culturais".

a abertura a visitação pública de imóvel não vocacionado a esse fim, de modo contrário aos interesses do proprietário), o instituto terá sido francamente desnaturado. Nessa situação, com o apossamento administrativo, configura-se a chamada *desapropriação indireta*, cabendo ao proprietário buscar a indenização que lhe é devida mediante a promoção da ação judicial competente.

Percebe-se, enfim, que o conteúdo do ato administrativo de tombamento não comporta o total esvaziamento da expressão econômica do direito de propriedade. Porém, diante de dadas circunstâncias concretas, o tombamento pode, por vezes, inviabilizar completamente a utilização da coisa ou esgotar o conteúdo econômico do direito de propriedade sobre ela exercido, embora tenha sido aplicado apenas para a imposição de seus regulares efeitos.[10] Em tais casos, no que concerne a seu conteúdo, não há, a rigor, violação da moldura legal. O que ocorre – isto, sim – é que, nessas situações, a aplicação do tombamento exige a indenização dos prejuízos causados.

Certo, as figuras da desapropriação e do tombamento não se identificam. O conteúdo da desapropriação é a extinção do direito de propriedade exercido por terceiro *e sua simultânea aquisição*, ou seja, sua transferência ao patrimônio público. Já, o tombamento constitui simples restrição do direito de propriedade, que *remanesce na esfera jurídica de seu titular*. Todavia, se a aquisição da propriedade para fins de proteção do patrimônio cultural não se revelar a providência mais apta para o atendimento do interesse público – caso em que teria lugar a desapropriação fundada no art. 5º, "k" ou "l", do Decreto-lei

---

10. Em decisão adotada no dia 13.6.1961 o Conselho Consultivo do Patrimônio Histórico e Artístico Nacional determinou o tombamento do Pico do Itabirito, situado no Município de Itabirito/MG. Como destacou Adroaldo Mesquita da Costa em parecer que proferiu no exercício do cargo de Consultor-Geral da República, tratava-se de "uma jazida compacta de minério de ferro", cujo valor dependia irremediavelmente da possibilidade de se explorar "até a sua última grama de minério" ("Parecer", *RDA* 82/345, Rio de Janeiro, outubro-dezembro/1965). Porém – prosseguiu –, a interdição dessa exploração era "consequência lógica e inevitável de seu tombamento". Assim, considerando que o tombamento, na produção de seus regulares efeitos, acabava por inviabilizar o uso econômico do bem, propôs três soluções possíveis: (a) a indenização do prejuízo; (b) a aplicação da desapropriação regulada no art. 5º, "k", do Decreto-lei 3.365/1941; ou (c) o cancelamento da medida. O tombamento foi, enfim, cancelado pelo Presidente da República, em 9.6.1965, ao decidir recurso interposto com base no Decreto-lei 3.866/1941. Cf. nota de rodapé 40, adiante.

3.365/1941 –, a aplicação do tombamento acarretará necessariamente o dever de indenizar sempre que a concreta incidência das regulares proibições e obrigações compreendidas em seu regime jurídico, na prática, exaurir em sua expressão patrimonial o direito de propriedade.

8.1.1.2 *Objeto*

O conteúdo do ato administrativo não se confunde com seu objeto, como adverte Celso Antônio Bandeira de Mello:[11]

> **29.** *Objeto* é aquilo sobre que o ato dispõe. Não pode haver ato sem que exista algo a que ele esteja reportado. É certo que, se o conteúdo do ato fala sobre algo, é porque este algo constitui-se em realidade que com ele não se confunde e, de outro lado, que o objeto não é um elemento do ato, pois não o integra. (...).

De seu turno, Weida Zancaner[12] bem explica que o objeto é um pressuposto da existência do ato administrativo:

> Os elementos do ato administrativo, consoante ensinamento de Celso Antônio Bandeira de Mello, são: *conteúdo* e *forma*.
> O *conteúdo* é aquilo que o ato dispõe, isto é, a enunciação da modificação pretendida pelo ato na ordem jurídica, e nele encontra-se implícito o objeto do ato, pois conforme ensina o jurista, quem dispõe tem que dispor sobre alguma coisa. A *forma*, por sua vez, é a exteriorização do conteúdo.
> Acordamos com o jurista; todavia, preferimos desmembrar o conteúdo do objeto do ato, por entendermos que a subsunção da noção de *objeto* à noção de *conteúdo* poderá levar-nos, algumas vezes, a situação de difícil compreensão.
> O conteúdo, realmente, tem que se referir a um objeto; contudo, nada obsta, lógica ou faticamente, a que esse objeto possa inexistir, ou ser impossível juridicamente.
> Assim, se no mundo fenomênico o conteúdo sempre irá se referir a um objeto, seja este real ou ideal, existente ou não, nas declarações jurídicas não é qualquer objeto que serve como suporte para a manifestação de um conteúdo.

---

11. Celso Antônio Bandeira de Mello, *Curso de Direito Administrativo*, cit., 29ª ed., p. 399.

12. Weida Zancaner, *Da Convalidação e da Invalidação dos Atos Administrativos*, 3ª ed., São Paulo, Malheiros Editores, 2008, p. 36.

Assim, caso se reporte a coisa que, à época de sua aplicação, já tiver desaparecido, há que ser tido por inexistente o ato de tombamento.

Consideradas as características do tombamento, conclui-se que o mesmo recai sobre bens corpóreos móveis ou imóveis, portadores de valor cultural.

Entretanto, nem todas as coisas corpóreas se sujeitam ao tombamento. Com efeito, o art. 3º do Decreto-lei 25/1937 declara expressamente que determinados bens não integram o patrimônio cultural brasileiro. Logo, tais bens também não podem ser objeto de tombamento, eis que toda coisa, ao ser tombada, passa a integrar a mencionada universalidade jurídica. Consoante o indicado texto normativo, o tombamento não pode recair sobre "as obras de origem estrangeira":

Art. 3º. (...):
1) que pertençam às representações diplomáticas ou consulares acreditadas no País; 2) que adornem quaisquer veículos pertencentes a empresas estrangeiras, que façam carreira no País; 3) que se incluam entre os bens referidos no art. 10 da Introdução do Código Civil, e que continuam sujeitas à lei pessoal do proprietário; 4) que pertençam a casas de comércio de objetos históricos ou artísticos; 5) que sejam trazidas para exposições comemorativas, educativas ou comerciais; 6) que sejam importadas por empresas estrangeiras expressamente para adorno dos respectivos estabelecimentos.

Dentre os bens de origem estrangeira, além daqueles expressamente enumerados no dispositivo transcrito, também se excluem do âmbito do tombamento aqueles que pertencem a pessoas jurídicas de direito público externo, diante da regra inscrita no art. 2º do decreto-lei: "A presente Lei se aplica às coisas pertencentes às pessoas naturais, bem como às pessoas jurídicas de direito privado e de direito público interno".

Significa dizer que a origem estrangeira de determinada coisa não é, em tese, incompatível com a presença do valor cultural apto a torná-la digna de proteção por meio do tombamento.[13] Nesse sentido, o

---

13. Em seu anteprojeto, Mário de Andrade apontou os seguintes exemplos de obras de origem estrangeira sujeitas ao tombamento: "(...) iconografia estrangeira referente ao Brasil: gravuras, mapas, porcelanas etc., etc., referentes à entidade nacional em qualquer dos seus aspectos, História, Política, costumes, Brasil, Natureza etc.

próprio art. 4º do Decreto-lei 25, ao dispor sobre o ato material de inscrição do tombamento, especifica que os Livros do Tombo das Belas-Artes e das Artes Aplicadas se destinam a receber o registro, respectivamente, das "coisas de arte erudita nacional ou estrangeira" e das "obras que se incluírem na categoria das artes aplicadas, nacionais ou estrangeiras".

De outro ângulo, o tombamento pode alcançar coisas naturais ou diretamente produzidas pela ação humana.

A preservação de paisagens ou sítios naturais foi atribuída ao Poder Público desde a Constituição de 1934 – a primeira que se ocupou do tema no Brasil –, constando, a partir de então, de todas as que a sucederam, as quais estenderam a proteção aos monumentos da mesma espécie. A utilização do tombamento para o alcance desse objetivo está prevista no § 2º do art. 1º do Decreto-lei 25, cuja redação é a seguinte:

§ 2º. Equiparam-se aos bens a que se refere o presente artigo e são também sujeitos a tombamento os monumentos naturais, bem como os sítios e paisagens que importe conservar e proteger pela feição notável com que tenham sido dotados pela Natureza ou agenciados pela indústria humana.

A constante mutação inerente aos elementos da Natureza não afasta a possibilidade da aplicação do tombamento, que, ao impor a preservação do estado físico do objeto sobre o qual recai, impede apenas as modificações que façam perecer suas características originais, responsáveis por sua qualificação como bens revestidos de valor cultural.[14] Ademais, como adverte Maria Coeli Simões Pires, o tom-

---

(...)" ("Anteprojeto de lei federal", in Secretaria do Patrimônio Histórico e Artístico Nacional (SPHAN)/Fundação Nacional Pró-Memória (Pró-Memória), *Proteção e Revitalização do Patrimônio Cultural no Brasil: uma Trajetória*, Brasília, 1980, p. 58, disponível em *http://portal.iphan.gov.br/portal/montarDetalheConteudo.do?id =13129&sigla=Institucional&retorno=detalheInstitucional*, acesso em 21.11.2009).

14. Nesse sentido: Sônia Rabello de Castro, *O Estado na Preservação de Bens Culturais: o Tombamento*, cit., p. 77; Edimur Ferreira de Faria, *Curso de Direito Administrativo Positivo*, 4ª ed., Belo Horizonte, Del Rey, 2001, p. 432; Maria Coeli Simões Pires, *Da Proteção ao Patrimônio Cultural: o Tombamento como Principal Instituto*, cit., pp. 87-88. Contrariamente, José dos Santos Carvalho Filho entende "equivocado o tombamento de florestas, reservas naturais e parques ecológicos". Para o autor, "tais bens são suscetíveis de proteção pelo Poder Público, mas não é o insti-

bamento não se destina à "conservação da Natureza enquanto ecossistema".[15] Para esse propósito devem ser utilizados os instrumentos adequados, como, por exemplo, a instituição de Áreas de Proteção Ambiental, na forma da Lei 6.902, de 27.4.1981, as medidas reguladas na Lei 11.428, de 22.12.2006 – em suma, os meios previstos na legislação ambiental. A rigor, volta-se o tombamento para a proteção do valor simbólico presente nos elementos naturais, da importância que lhes é atribuída pela percepção humana.

Desse modo, como objeto do tombamento podem figurar monumentos, sítios ou paisagens naturais. Conquanto as noções de *monumentos* e *sítios* por vezes se misturem, Pontier, Ricci e Bourdon definem os primeiros como "éléments remarquables du relief dus à l'action d'agents naturels et qui forment un tout par eux-mêmes"[16] e os segundos como "emplacements privilégiés par leur beauté (artistique, pittoresque), leur fonction (scientifique), ou les souvenirs qui s'y attachent (historique ou légendaire)".[17] A noção de *paisagens naturais*, relacionada tradicionalmente com a ideia de *valor estético*,[18] é hoje[19]

> (...) considerada em um triplo significado cultural, porquanto é definida e caracterizada da maneira pela qual determinado território é percebido por um indivíduo ou por uma comunidade; dá testemunho ao passado e ao presente do relacionamento existente entre os indivíduos e seu meio ambiente; ajuda a especificar culturas e locais, sensibilidades, práticas, crenças e tradições.

tuto do tombamento adequado a tal desiderato" (*Manual de Direito Administrativo*, 11ª ed., Rio de Janeiro, Lumen Juris, 2004, p. 652).

15. Maria Coeli Simões Pires, *Da Proteção ao Patrimônio Cultural: o Tombamento como Principal Instituto*, cit., p. 88.

16. Pontier, Ricci e Bourdon, *Droit de la Culture*, 2ª ed., Paris, Dalloz, 1996, p. 323: "elementos notáveis do relevo, produzidos pela ação de agentes naturais e que, por si mesmos, formam um conjunto" (tradução livre).

17. Idem, p. 323: "locais privilegiados por sua beleza (artística, pitoresca), por sua função (científica), ou pelas lembranças que a eles se ligam (históricas ou imaginárias)" (tradução livre).

18. Organização das Nações Unidas para a Educação, a Ciência e a Cultura/ UNESCO, *Recomendação Paris – Paisagens e Sítios*, 1962 (disponível em *http:// portal.iphan.gov.br/portal/baixaFcdAnexo.do?id=235*, acesso em 21.11.2009).

19. Conselho da Europa, *Recomendação Europa n. R (95) 9*, 1995 (disponível em *http://portal.iphan.gov.br/portal/baixaFcdAnexo.do?id=266*, acesso em 21.11.2009).

Não só os monumentos, sítios e paisagens *naturais*[20] se sujeitam ao tombamento, mas também aqueles "agenciados pela indústria humana".[21] Cumpre apenas ressalvar, desde logo, que tanto num caso como no outro, no direito positivo brasileiro, os critérios de "excepcional valor" ou de beleza "notável", que outrora fundamentavam o tombamento, já não remanescem à luz da Constituição Federal de 1988, substituídos que foram pela exigência de objetiva "referência à identidade, à ação, à memória dos diferentes grupos formadores da sociedade brasileira" (art. 216, *caput*).

O tombamento pode recair sobre bens singulares ou sobre conjuntos de bens. Por exemplo, pode alcançar um livro, um manuscrito ou uma biblioteca; uma escultura, um quadro ou o conjunto das obras de arte que integram o acervo de um museu; uma cadeira, uma mesa ou todo o mobiliário que guarnece um casarão colonial; um imóvel, um conjunto arquitetônico ou os imóveis que apresentem determinadas características e estejam situados em perímetro devidamente demarcado em área urbana.

A exata identificação do bem tombado é requisito essencial do instrumento sob análise. Assim, no tombamento de conjuntos, ainda que não especificada cada uma de suas partes, é imprescindível que se individualize o todo de forma absolutamente clara e precisa, explicitando-se os motivos ou pressupostos de fato que o identificam como tal e que, enfim, ensejam a aplicação da medida. Já que, mesmo alcançando um conjunto, o tombamento produz seus efeitos sobre cada elemento que o compõe, é condição indispensável da validade do correspondente ato administrativo que descreva seu objeto de modo a permitir que ele seja perfeitamente reconhecido diante de cada situação concreta, até mesmo por força do princípio da segurança jurídica.

Por fim, sujeitam-se ao tombamento tanto bens particulares quanto bens públicos, consoante o art. 2º do Decreto-lei 25/1937.

Como visto, o tombamento pode ser aplicado não apenas no âmbito federal, mas também nas esferas estadual e municipal, havendo

---

20. Por exemplo: os morros do Pão de Açúcar e da Urca, no Rio de Janeiro/RJ, Inscrições 052 e 053 do Livro do Tombo Arqueológico, Etnográfico e Paisagístico.
21. Por exemplo: o Aterro do Flamengo e o Jardim Botânico, no Rio de Janeiro/RJ, tombados, respectivamente, sob os Registros 39 e 2 do Livro Arqueológico, Etnográfico e Paisagístico, em 1938.

que se observar, em cada instância federativa, sua legislação específica e as normas gerais instituídas no Decreto-lei 25. Não havendo dúvidas quanto ao cabimento da imposição da medida pela União sobre coisas pertencentes aos Estados, ao Distrito Federal e aos Municípios, discute-se se o inverso também seria possível, ou seja, se entidades federativas de menor abrangência podem tombar bens integrantes do patrimônio de entidades mais abrangentes, especialmente em razão do disposto no art. 2º do Decreto-lei 3.365/1941, que regula a desapropriação por utilidade pública.

Quanto ao ponto, importa considerar que o tombamento submete seu objeto – seja ele um bem público ou um bem particular – a regime jurídico rigoroso, que, todavia, não implica desapropriação. Desse modo, como observa Sônia Rabello de Castro, negar a possibilidade de tombamento de bens pertencentes a entidades mais amplas "seria estender a outro instituto uma interpretação restritiva, fazendo exceção onde a própria lei não o faz; não há qualquer razão de se fazer a transposição analógica restritiva de um instituto (desapropriação) para outro (tombamento)".[22]

Em conclusão, podem figurar como objeto do ato administrativo de tombamento bens corpóreos móveis ou imóveis, nacionais ou estrangeiros, naturais ou diretamente produzidos pela ação humana, singular ou coletivamente considerados e, por fim, públicos ou particulares.

8.1.1.3 *Sujeito*

Além da forma, do conteúdo e do objeto, a lei define a autoridade ou o órgão a quem cabe editar o ato administrativo.

22. Sônia Rabello de Castro, *O Estado na Preservação de Bens Culturais: o Tombamento*, cit., p. 81. No mesmo sentido: Carlos Frederico Marés de Souza Filho, *Bens Culturais e sua Proteção Jurídica*, cit., 3ª ed., p. 124. No âmbito jurisprudencial destaca-se que, ao julgar o ROMS 18.952 (Processo 2004.01.30728-6-RJ), a 2ª Turma do STJ, na esteira do voto da Relatora, Min. Eliana Calmon, decidiu: "Como o tombamento não implica transferência da propriedade, inexiste a limitação constante no art. 2º, § 2º, do Decreto-lei n. 3.365/1941, que proíbe o Município de desapropriar bem do Estado" (disponível em *http://www.stj.jus.br/SCON/servlet/BuscaAcordaos?action=mostrar&num_registro=200401307285&dt_publicacao=30/05/2005*, acesso em 21.11.2009).

A matéria atinente à competência para efetuar o tombamento não se insere no campo das normas gerais. Logo, quanto ao pressuposto subjetivo, o órgão competente para exarar o ato de tombamento é aquele apontado de modo expresso na legislação própria, em cada plano federativo. Vale notar, entretanto, que, diante do disposto no § 1º do art. 216 da CF, tal competência deve ser conferida a órgão colegiado no qual se assegure a participação da coletividade.[23]

No âmbito federal, cabe ao Conselho Consultivo do Patrimônio Cultural, nos moldes previstos nos arts. 7º e 9º, n. 3, do Decreto-lei 25, decidir sobre a aplicação do tombamento. Desse modo, cuida-se de competência que não pode ser objeto de delegação nem de avocação, pois que legalmente atribuída de modo exclusivo ao referido órgão colegiado.[24]

Ainda no plano federal, a decisão que aplica o tombamento deve ser homologada pelo Ministro de Estado da Cultura, como exigido no art. 1º da Lei 6.292/1975. Logo, nessa órbita o tombamento decorre de um ato composto,[25] pois que resulta de um ato principal, cujo conteúdo é propriamente a imposição da medida, a cargo do Conselho Consultivo do Patrimônio Cultural, e de um ato instrumental, de controle da legalidade do primeiro, a ser exercido pelo Ministro de Estado da Cultura.

8.1.1.4 *Motivos e requisitos procedimentais*

Os pressupostos objetivos do ato de tombamento reúnem o conjunto dos fatos e dos atos jurídicos que devem necessariamente acom-

23. Cf. item 4.1.2 do presente trabalho.
24. No mesmo sentido: Sônia Rabello de Castro, *O Estado na Preservação de Bens Culturais: o Tombamento*, cit., pp. 44 e 48.
25. Consoante a lição de Oswaldo Aranha Bandeira de Mello, *ato composto* "é aquele em que se acha, a manifestação de vontade por ele expressa, unida por vínculo funcional a outro. Mas eles não se fundem em um complexo unitário, pela falta de homogeneidade das respectivas vontades. A relação entre eles é de caráter instrumental. Pode existir entre a manifestação de vontade de dois órgãos de uma mesma pessoa jurídica ou entre os de duas ou mais pessoas de direito. A natureza formal de um deles, com referência ao outro, principal, os torna interdependentes" (*Princípios Gerais de Direito Administrativo*, 3ª ed., 2ª tir., vol. I, São Paulo, Malheiros Editores, 2010, p. 542).

panhar sua edição. Os fatos que autorizam ou exigem a aplicação da medida são também denominados *motivos*. Já, os atos jurídicos que antecedem a expedição do tombamento constituem seus *requisitos procedimentais*.[26]

O motivo legal do ato administrativo sob análise sofreu fundamental alteração com o advento da Constituição Federal de 1988. Como originalmente definido no Decreto-lei 25/1937, o que autorizava a aplicação do tombamento era a existência de vínculo entre a coisa e "fatos memoráveis da história do Brasil" ou a constatação de que a mesma se revelasse portadora de "feição notável" ou "excepcional valor arqueológico ou etnográfico, bibliográfico ou artístico" (art. 1º, *caput* e § 2º). Porém, a Carta de 1988 adotou nova concepção de cultura, filiada às abordagens contemporâneas postuladas pela Sociologia e pela Antropologia, estendendo, consequentemente, a tutela jurídica aos produtos ou processos característicos do modo de vida de cada grupo que integra a sociedade brasileira, sem restringi-los ao aspecto histórico, artístico ou a qualquer outro setor do conhecimento humano, afastando, outrossim, a exigência de valor "excepcional" ou feição "notável".[27]

Portanto, os critérios fortemente marcados pela subjetividade que definiam o motivo legal do tombamento antes da promulgação da Constituição Federal de 1988 foram substituídos pela adoção de parâmetros objetivos. Exige-se, a partir de então, que a coisa se revista de valor cultural, o qual se revela objetivamente – ainda que sua constatação dependa do auxílio de técnicos especializados – no fato de o referido objeto ser portador de "referência à identidade, à ação, à memória dos diferentes grupos formadores da sociedade brasileira".

Além dos motivos, incluem-se dentre os pressupostos objetivos do ato administrativo os *requisitos procedimentais*, que, como explica

26. Celso Antônio Bandeira de Mello, *Curso de Direito Administrativo*, cit., 29ª ed., pp. 401-409.
27. Cf. Capítulo 3 deste trabalho. No mesmo sentido, Sônia Rabello de Castro nota que, consoante a ordem constitucional em vigor, "a ideia de monumentalidade (...) não mais se encontra ligada, necessariamente, à grandeza física da obra ou sítio, mas à sua expressão como processo e resultado da formação e da expressão de saber cultural de um povo" (*O Estado na Preservação de Bens Culturais: o Tombamento*, cit., p. 85).

Celso Antônio Bandeira de Mello, "são os atos que devem, por imposição normativa, preceder a um determinado ato. (...)".[28]

Os requisitos procedimentais do tombamento, à semelhança do que ocorre com o pressuposto subjetivo, não são matéria de norma geral. Assim, devem ser observados aqueles previstos de modo específico na legislação que regular a aplicação do mencionado instrumento, em cada plano federativo.

De modo geral, como a constatação do valor cultural depende de análises criteriosas, inclusive da minuciosa investigação física do bem, a cargo de peritos devidamente habilitados, há que se entender necessária, no âmbito do procedimento em questão, a exigência de parecer técnico a ser produzido por órgão especializado. Por outro lado, também é imprescindível que se garanta ao proprietário do bem tombado o exercício da ampla defesa e do contraditório, já que a imposição de restrições ao direito de propriedade é inerente ao instituto.

Mais adiante, no tópico que versa sobre o processo administrativo de tombamento, serão especificamente considerados os correspondentes requisitos procedimentais na esfera federal.

8.1.1.5 *Finalidade*

Para Adilson Abreu Dallari a finalidade do tombamento é o único ponto efetivamente pacífico no estudo do tema.[29] Consiste, em suma, no provimento do interesse público de proteção de bens portadores de valor cultural, cabendo acrescentar que com isso se busca assegurar o exercício do direito cultural de fruição.

Bem examinados os efeitos jurídicos previstos no Decreto-lei 25, vê-se que com a imposição do tombamento se pretende alcançar a preservação do estado físico e da autenticidade da coisa, assim como resguardar o direito de acesso à mesma. Nesse sentido, a finalidade é aspecto que define a essência do tombamento como instrumento que

---

28. Celso Antônio Bandeira de Mello, *Curso de Direito Administrativo*, cit., 29ª ed., p. 408.

29. Adilson Abreu Dallari, "Tombamento", in Adilson Abreu Dallari e Lúcia Valle Figueiredo (coords.), *Temas de Direito Urbanístico 2*, São Paulo, Ed. RT, 1991, p. 12.

tende a garantir o direito cultural de fruição,[30] à medida que o direito de apreciar certos objetos culturais, de conhecê-los e de usufruir do valor de que os mesmos se revestem não pode ser plenamente exercido senão diante da preservação de sua existência física, mantidas sua integridade e suas características originais.

8.1.1.6 *Causa*

No pressuposto lógico, também designado *causa*, associam-se alguns dos critérios que compõem o padrão legal do ato administrativo. Aprofundando a lição de André Gonçalves Pereira sobre tal requisito, Celso Antônio Bandeira de Mello sustenta que a causa é "'a correlação lógica entre o pressuposto (motivo) e o conteúdo do ato *em função da finalidade tipológica do ato*'".[31]

É o vício de causa que indica, objetivamente, a impertinência da aplicação do tombamento como meio de proteção de bens imateriais, caso das práticas sociais ou religiosas, modos de criar, fazer e viver, por exemplo, os quais devem ser tutelados por meio de outros instrumentos, como a própria CF prevê no § 1º de seu art. 216.

Presente que a *finalidade* do tombamento é a proteção de seu objeto, a fim de resguardar o exercício do direito cultural de fruição, o referido ato, por seu *conteúdo* (proibição de causar danos, dever de preservar, vedação de exportar ou de tolher a visibilidade e, enfim, restrições à alienação), somente pode ser editado diante da concreta existência de bens portadores de valor cultural que se materializem em coisas corpóreas.[32] A aplicação do instrumento sobre bens imateriais se evidenciaria inválida porque, pelos efeitos que lhe são atribuídos na forma da legislação de regência, não cumpriria sua finalidade legal.

O mesmo ocorre no que se refere a jazidas arqueológicas. Nesse caso, o exercício dos direitos culturais se traduz, antes de tudo, na respectiva exploração científica, a fim de propiciar o estudo e a re-

---

30. Cf. item 5.3 no Capítulo 5 deste trabalho.

31. Celso Antônio Bandeira de Mello, *Curso de Direito Administrativo*, cit., 29ª ed., p. 412.

32. Nessa linha: Sônia Rabello de Castro, *O Estado na Preservação de Bens Culturais: o Tombamento*, cit., p. 69; Maria Coeli Simões Pires, *Da Proteção ao Patrimônio Cultural: o Tombamento como Principal Instituto*, cit., p. 85.

constituição do modo de vida de culturas ou civilizações passadas. Significa dizer que a fruição do valor cultural residente em bens da mencionada espécie implica necessariamente seu "desmonte" ou seu perecimento.[33]

O ato de tombamento de uma jazida arqueológica teria como *finalidade* específica protegê-la para assegurar o exercício do direito cultural de fruição. Seu *conteúdo*, obviamente, não poderia se afastar daquele estabelecido no Decreto-lei 25 (restrições voltadas a impedir a descaracterização da coisa). Enfim, o *pressuposto de fato* ensejador de sua edição seria o valor cultural presente na jazida, o qual, entretanto, só se concretiza a partir da respectiva exploração, com a inevitável e definitiva alteração de suas características. Ora, é o exame do *pressuposto lógico* do ato que revela, mais uma vez, a inadequação do tombamento à situação proposta, pois sua aplicação impediria justamente a realização do objetivo que, por meio dele, se pretenderia alcançar.

8.1.1.7 *Formalização e ato material de tombamento*

Enfim, a validade do ato administrativo de tombamento também está condicionada à observância de seus requisitos formalísticos.

Tais requisitos, também denominados *formalização*, constituem o "modo específico de apresentação da forma, ou seja, uma dada solenização requerida para o ato. (...)".[34]

A decisão que aplica o tombamento deve, antes de tudo, conter a clara exposição das razões de fato e de direito que a fundamentam, isto é, deve ser suficientemente motivada. Há que se identificar de modo absolutamente preciso o objeto sobre o qual se impõem as correspondentes restrições, explicitando-se o valor cultural que nele reside e a justificativa da utilização do tombamento como meio de preservá-lo.

Não é demais lembrar que, a par de se revestir de singular importância no que concerne ao controle do ato de tombamento, tanto em

---

33. José Eduardo Ramos Rodrigues, "Aspectos jurídicos da proteção ao patrimônio cultural, arqueológico e paleontológico", *Revista de Direito Ambiental* 6/116, São Paulo, abril-junho/1997.

34. Celso Antônio Bandeira de Mello, *Curso de Direito Administrativo*, cit., 29ª ed., p. 398.

sede administrativa quanto jurisdicional, a motivação repercute de forma direta no desdobramento de seus efeitos típicos. Ela constitui um parâmetro fundamental a ser considerado, por exemplo, na outorga, ou não, da autorização prévia para a realização de obras de conservação ou restauração, assim como de construções a serem erguidas na vizinhança de imóvel tombado, como previsto nos arts. 17 e 18 do Decreto-lei 25.

No plano federal também compõe a formalização do tombamento a exigência de inscrição de seu objeto no Livro do Tombo próprio, nos termos dos arts. 4º e 10 do Decreto-lei 25. O art. 10 estabelece que o tombamento se conclui "pela inscrição" da coisa tombada "no competente Livro do Tombo"; e determina o art. 4º que devem ser inscritas:

> Art. 4º. (...): 1) no Livro do Tombo Arqueológico, Etnográfico e Paisagístico, as coisas pertencentes às categorias de arte arqueológica, etnográfica, ameríndia e popular, e bem assim as mencionadas no § 2º do citado art. 1º; 2) no Livro do Tombo Histórico, as coisas de interesse histórico e as obras de arte históricas; 3) no Livro do Tombo da Belas-Artes, as coisas de arte erudita nacional ou estrangeira; 4) no Livro do Tombo das Artes Aplicadas, as obras que se incluírem na categoria das artes aplicadas, nacionais ou estrangeiras.

A criação dos quatro Livros do Tombo foi originariamente proposta por Mário de Andrade no anteprojeto elaborado a pedido do então Ministro da Educação e Cultura, Gustavo Capanema. Como exposto no documento referido, os Livros foram concebidos juntamente com a instituição de quatro Museus. Eis a justificativa:[35]

> O SPAN possuirá quatro livros de tombamento e quatro museus, que compreenderão as oito categorias de artes acima discriminadas. Os livros de tombamento servirão para neles serem inscritos os nomes dos artistas, as coleções públicas e particulares, e individualmente as obras de arte que ficarão oficialmente pertencendo ao Patrimônio Artístico

---

35. Mário de Andrade, "Anteprojeto de lei federal", cit., in Secretaria do Patrimônio Histórico e Artístico Nacional (SPHAN)/Fundação Nacional Pró-Memória (Pró-Memória), *Proteção e Revitalização do Patrimônio Cultural no Brasil: uma Trajetória*, p. 59 (disponível em *http://portal.iphan.gov.br/portal/montarDetalhe Conteudo.do?id=13129&sigla=Institucional&retorno=detalheInstitucional*, acesso em 21.11.2009). Cf. item 2.2.3.1 no Capítulo 2 deste trabalho.

Nacional. Os museus servirão para neles estarem expostas as obras de arte colecionadas para cultura e enriquecimento do povo brasileiro pelo Governo Federal. Cada museu terá exposta no seu saguão de entrada, bem visível, para estudo e incitamento do público, uma cópia do Livro de Tombamento das Artes a que ele corresponde. Eis a discriminação dos quatro livros de tombamento e dos museus correspondentes (...).

O Decreto-lei 25/1937 dispôs sobre a instituição do Museu Histórico Nacional, do Museu Nacional de Belas-Artes e "de tantos outros museus nacionais quantos se tornarem necessários", atribuindo-lhes as funções de "conservação" e "exposição de obras históricas e artísticas de sua propriedade" (art. 24), sem, porém, haver adotado a proposta de Mário de Andrade quanto à exposição dos Livros do Tombo nas mencionadas entidades.

Desse modo, tal como regulado no Decreto-lei 25, o ato material de inscrição da coisa tombada no Livro do Tombo próprio constitui requisito formalístico que se destina a garantir a autenticidade, a certeza e a permanente publicidade do tombamento.

8.1.2 Vinculação e discricionariedade

Na definição dos critérios a serem observados pelo órgão competente ao editar um ato administrativo nem sempre a lei estipula uma única solução a ser adotada.

Ao demarcar de forma precisa as condições da atuação da Administração Pública, a lei estabelece *vinculação*. Institui *discricionariedade* se, diversamente, as determina de modo impreciso, ou seja, se apenas delineia o quadro no qual o sujeito deverá escolher a melhor solução para a satisfação do interesse público em cada situação concreta. Assim, as noções de *vinculação* e de *discricionariedade* não existem fora dos limites positivos da lei: ora o próprio legislador aponta a única forma de atuação que considera apta para prover o interesse público – e atribui competência vinculada –, ora reputa que a melhor solução depende da análise de determinadas circunstâncias em cada caso – e confere ao agente público, quanto a esses determinados aspectos, competência discricionária.

Afonso Rodrigues Queiró[36] explica que a discricionariedade se justifica a partir de limitações inerentes à própria atividade legislativa. Recorda o autor que é lógica e materialmente impossível que o legislador preveja de modo minucioso e exaustivo as condições da ação administrativa para toda e qualquer situação. Além disso, do ponto de vista jurídico, a teor do princípio da repartição de Poderes, que é essencial ao Estado de Direito, não se concede ao legislador que o faça, isto é, que transcenda o plano da abstração característica da lei, para atuar de forma singular e concreta.

Assim, cumpre examinar se a competência para efetuar o tombamento, consoante o padrão traçado pelo Decreto-lei 25 e à luz da Constituição Federal de 1988, resulta de definição exaustiva, em todos os seus ângulos, ou se comporta algum campo de apreciação subjetiva, a cargo do sujeito a quem cabe aplicá-lo.

No que tange ao conteúdo, ao sujeito, à finalidade, aos requisitos procedimentais e aos aspectos formais (forma e formalização) regulados no Decreto-lei 25, não há dúvidas quanto à existência de vinculação. Todavia, a matéria exige análise mais detalhada no que se refere não só ao objeto e aos pressupostos de fato do tombamento, assim como ao momento de sua aplicação e à sua própria escolha como medida que melhor atenda à finalidade legal.

O Decreto-lei 25 define as qualidades da coisa que pode ser submetida ao tombamento. Porém, não estabelece sua imposição sobre todos os bens que as apresentem. De outro lado, diante da concepção do patrimônio cultural brasileiro como uma universalidade jurídica, conclui-se que nem todas as coisas corpóreas portadoras de "referência à identidade, à ação, à memória dos diferentes grupos formadores da sociedade brasileira" estão, só por isso, tombadas. Ou seja: ao menos no plano normativo, o órgão competente dispõe de certa margem de apreciação no que concerne à seleção dos bens a serem submetidos ao alcance do instituto.[37]

36. Afonso Rodrigues Queiró, "A teoria do 'desvio de poder' em direito administrativo", cit., *RDA* 6/49-51.
37. Celso Antônio Bandeira de Mello bem observa que a existência de discricionariedade na norma é pressuposto necessário – mas não suficiente – de sua existência no caso concreto. V., a propósito, o seguinte excerto: "(...) o campo de liberdade existente no mandamento ou na norma de Direito em abstrato é muito maior que o campo de liberdade existente perante a situação concreta, já que a norma se fez ampla

É certo, porém, que esse campo de atuação discricionária não se estende à identificação das características de que a coisa se deve revestir, sobretudo na sistemática atualmente em vigor. Deveras, a Constituição Federal de 1988 fixou critérios técnicos e objetivos para apontar os bens portadores de valor cultural, e, por isso, merecedores de tutela jurídica, superando, assim, os parâmetros bastante vagos e subjetivos de "excepcional valor" e "feição notável" estipulados originariamente no Decreto-lei 25.

Portanto, há vinculação quanto aos pressupostos de fato do tombamento. Sérgio D'Andréa Ferreira observa que "o *caso de tombamento* não é um *motivo subjetivo ou cerebrino*, mas uma *situação objetiva*, e, em decorrência, *aferível* concretamente", no sentido de que "a *valoração* é de natureza *técnico-científica*, e não *discrição pura*, baseada na mera *conveniência e oportunidade*".[38]

Isto não significa que esteja a Administração Pública obrigada a tombar sempre que constatada a presença de valor cultural em determinada coisa. Há que se observar – como bem resumiu Maria Sylvia Zanella Di Pietro – que o interesse público existente na preservação do patrimônio cultural "pode, em determinado momento, conflitar com outros, também relevantes e merecedores de proteção; um deles terá que ser sacrificado, a critério da autoridade a quem a lei conferiu o poder de decisão".[39] Nessa linha, pode-se imaginar, por exemplo, a ausência de recursos financeiros no volume necessário para custear a indenização decorrente do tombamento; ou a necessidade de destruição de determinado bem tendo em vista o dever de prover interesse público de outra natureza.[40]

---

ou com certa liberdade *precisamente para que fosse adensada ante o caso concreto e ao lume de sua finalidade.* (...)" (*Discricionariedade e Controle Jurisdicional*, 2ª ed., 11ª tir., São Paulo, Malheiros Editores, 2012, pp. 39-40).

38. Sérgio D'Andréa Ferreira, "O tombamento e o devido processo legal", *RDA* 208/31, São Paulo, abril-junho/1997.

39. Maria Sylvia Zanella Di Pietro, *Direito Administrativo*, cit., 15ª ed., p. 138.

40. V. as razões que ensejaram o cancelamento do tombamento do Pico do Itabirito, consoante a motivação lançada na decisão proferida pelo Presidente da República: "Considerando que o Conselho Consultivo do PHN decidiu contra o voto do Relator, caracterizando a existência de dúvidas sobre a conveniência da medida; (...) Considerando que o atual Governo se empenha em agressiva política de exportação de minério de ferro, conjugando esforços próprios com os da inicia-

Assim, não se pode negar a existência de discricionariedade quanto à decisão de aplicar, ou não, o tombamento em determinado instante e, além disso, quanto à escolha de tal medida, dentre os vários meios de preservação do patrimônio cultural, como a mais adequada para a satisfação do interesse em questão.[41]

Calha transcrever, a propósito, a boa síntese formulada por José Cretella Jr.:[42]

> Não se confunda, pois, a qualificação do bem com o tombamento em si. *Qualificar* é tipificar, é atribuir, ao bem valor histórico, artístico, paisagístico, enquadrando-o de modo preciso em uma das hipóteses legais. *Tombar* é o momento jurídico concretizado pela edição do ato. Qualificação é operação de natureza técnica; o tombamento, em si, é ato administrativo discricionário que pode ser editado ou não, porque envolve oportunidade, conveniência, razoabilidade.

Uma vez examinadas as características do ato de tombamento, cumpre notar que o mesmo deve resultar de regular processo administrativo, mormente porque impõe restrições ao direito de propriedade. O mencionado processo, que, no plano federal, está definido no Decreto-lei 25/1937, é objeto das considerações desenvolvidas no tópico seguinte, com o qual se conclui a análise dos critérios legais a serem observados na aplicação do instituto.

---

tiva privada; Considerando que a mina do Itabirito é das poucas bem estudadas e em condições de rápida e eficiente exploração; Considerando que o douto parecer do Sr. Consultor-Geral da República deixa bem claro o direito à indenização que possuem os proprietários e arrendatários da mina; Considerando que as condições atuais das finanças públicas não permitem assumir novos encargos e, principalmente, de natureza não reprodutiva; Considerando, finalmente, que se trata de uma opção entre um fato econômico de efeito certo e conhecido e um ato administrativo de resultados controversos, embora valiosos, DECIDO dar provimento ao recurso, determinando o cancelamento do tombamento do Pico do Itabirito (...)" (Brasil, Presidência da República, "Despacho", *RDA* 82/341-342, Rio de Janeiro, outubro-dezembro/1965).

41. Na mesma linha: Edimur Ferreira de Faria, *Curso de Direito Administrativo Positivo*, cit., 4ª ed., p. 433; Lúcia Valle Figueiredo, *Disciplina Urbanística da Propriedade*, 2ª ed., São Paulo, Malheiros Editores, 2005. p. 60; Victor Nunes Leal, *Problemas de Direito Público*, Rio de Janeiro, Forense, 1960, pp. 254-255.

42. José Cretella Jr., "Regime jurídico do tombamento", *RDA* 112/54, Rio de Janeiro, abril-junho/1973.

8.2 O processo administrativo de tombamento

As regras atinentes ao ato administrativo de tombamento entrelaçam-se com a definição da própria estrutura do instituto, assumindo, pois, o *status* de normas gerais. Vinculam, portanto, todas as instâncias federativas. Porém, o mesmo não se dá no que concerne ao processo[43] administrativo de tombamento, regulado pelo Decreto-lei 25/1937, em seus arts. 5º a 10. Tais dispositivos não fixam diretrizes nem definem os traços essenciais da espécie. Assim, não estabelecem normas gerais, mas, antes, normas voltadas tão somente para a ordem jurídica parcial federal; ou seja: regem apenas os tombamentos efetuados no plano federal.

Não obstante, é certo que Estados, Municípios e o Distrito Federal também dispõem de competência material para a proteção de bens portadores de valor cultural, de acordo com o art. 23, III, IV e V, e com o art. 30, IX, da Carta de 1988. Porém, para que possam aplicar o tombamento, cabe-lhes definir, em legislação própria, os órgãos competentes e os ritos a serem observados nas respectivas jurisdições.

Nessa tarefa, ainda que não se encontrem adstritas à disciplina prevista no Decreto-lei 25, as mencionadas pessoas políticas devem resguardar a observância do devido processo legal, sobretudo porque o tombamento restringe o direito de propriedade. Outrossim, devem assegurar a participação da comunidade na composição dos órgãos decisórios, em cumprimento ao que determina o § 1º do art. 216 da CF.[44] Em suma, no exercício de sua competência legislativa para suplementar a legislação federal, os Estados, o Distrito Federal e os Municípios devem respeitar especialmente os princípios constitucionais que regem a atuação estatal na tutela da cultura e as normas gerais que configuram o instituto do tombamento, podendo dispor segundo suas peculiaridades quanto ao mais, no que concerne aos procedimentos necessários à respectiva aplicação.

---

43. Explica Celso Antônio Bandeira de Mello que "processo" é o termo mais adequado para designar a "sucessão itinerária e encadeada de atos administrativos que tendem, todos, a um resultado final e conclusivo", enquanto "procedimento" indica "a modalidade ritual de cada processo" (*Curso de Direito Administrativo*, cit., 29ª ed., pp. 495-496).

44. Cf. o item 4.1.2 do Capítulo 4 presente trabalho.

Feita a ressalva, nota-se que o Decreto-lei 25 estabelece ritos distintos, de acordo com o tipo de objeto tutelado, e, ainda, no que toca a bens particulares, de acordo com a posição assumida pelos proprietários em face da restrição. Assim, regula o procedimento de ofício para o tombamento de bens públicos e os procedimentos voluntário e compulsório, a serem observados no tombamento de bens particulares.

8.2.1 Tombamento de ofício

O procedimento de ofício caracteriza-se pela ausência de contraditório. Consiste, em substância, na imposição unilateral do tombamento – a título definitivo, desde logo –, seguida de notificação da entidade pública a cujo patrimônio pertence o bem atingido, apenas para fins de produção dos correspondentes efeitos. Eis o teor do art. 5º do referido decreto-lei:

> Art. 5º. O tombamento dos bens pertencentes à União, aos Estados e aos Municípios se fará de ofício, por ordem do diretor do Serviço do Patrimônio Histórico e Artístico Nacional, mas deverá ser notificado à entidade a quem pertencer, ou sob cuja guarda estiver a coisa tombada, a fim de produzir os necessários efeitos.

Neste ponto, importa recordar que, além da autonomia das entidades federativas, a Constituição Federal assegura o direito ao contraditório e à ampla defesa, "com os meios e recursos a ela inerentes", inclusive no âmbito do processo administrativo (art. 5º, LV). Logo, o princípio do devido processo legal há que ser rigorosamente observado na aplicação do tombamento, sobretudo porque, ao incidir sobre bens que não pertencem à mesma entidade que é competente para sua imposição, o instituto serve como instrumento de intervenção no direito de propriedade, ou seja, como espécie de sacrifício de direito.

Ora, no procedimento de ofício, tal como previsto no art. 5º do Decreto-lei 25, as pessoas jurídicas de direito público interessadas são notificadas apenas depois de efetuado o tombamento, o que não atende à garantia da ampla defesa, como bem esclarecem Sérgio Ferraz e Adilson Abreu Dallari:[45]

---

45. Sérgio Ferraz e Adilson Abreu Dallari, *Processo Administrativo*, 2ª ed., São Paulo, Malheiros Editores, 2007, pp. 90-91.

Convém insistir em que a garantia constitucional da ampla defesa exige que seja dada ao acusado – ou a qualquer pessoa contra a qual se faça uma irrogação, em desfavor da qual se estabeleça uma apreciação desfavorável (ainda que implícita), ou que esteja sujeita a alguma espécie de sanção ou restrição de direitos – a possibilidade de apresentação de defesa prévia à decisão administrativa. Sempre que o patrimônio jurídico ou moral de alguém puder ser afetado por uma decisão administrativa, deve a ele ser proporcionada a possibilidade de exercitar a ampla defesa, que só tem sentido em sua plenitude se for produzida previamente à decisão, para que possa ser conhecida e efetivamente considerada pela autoridade competente para decidir. O direito de defesa não se confunde com o direito de recorrer, (...).

Se no tombamento de bens particulares se garantem o contraditório e a ampla defesa porque a medida, invadindo a esfera jurídica alheia, pode contrariar interesses privados juridicamente protegidos, com maior razão se há de exigir a observância do devido processo legal tratando-se de bens públicos. De fato, os bens públicos estão predispostos à satisfação dos interesses da coletividade, os quais, obviamente, não se restringem à proteção do patrimônio cultural. Não se pode, portanto, excluir de antemão a possibilidade do confronto entre o interesse público de preservar determinado bem e um interesse público de outra natureza, cuja consecução necessite do mesmo bem e seja incompatível com as restrições características do tombamento. Desse modo, assegurar a oportunidade de manifestação prévia ao proprietário do bem público é imprescindível até mesmo para permitir ao órgão federal competente que conheça exatamente os interesses em jogo e, assim, possa adotar a melhor decisão.

Portanto, ainda que às pessoas jurídicas de direito público interessadas assistam o direito de recorrer contra a medida (Decreto-lei 3.866/1941) e, evidentemente, o direito de questioná-la por meio das ações judiciais cabíveis, o procedimento de ofício não se revela compatível com a ordem constitucional em vigor, pois viola o princípio do devido processo legal. Desse modo, impõe-se reconhecer que o art. 5º do Decreto-lei 25 não foi recepcionado pela Carta de 1988, razão pela qual, desde que não alcance bens pertencentes ao próprio Instituto do Patrimônio Histórico e Artístico Nacional/IPHAN, o tombamento deve ser aplicado segundo os procedimentos previstos nos arts. 6º a 10 do referido decreto-lei.[46]

8.2.2 Ritos para a aplicação do tombamento na instância federal

Dos ritos previstos no Decreto-lei 25 remanescem, à luz da Constituição Federal de 1988, o tombamento voluntário e o tombamento compulsório, espécies que se distinguem em razão da existência, ou não, de consentimento do proprietário do bem (público ou privado).

O tombamento pode ser promovido por iniciativa da Administração ou a pedido de qualquer interessado, inclusive o proprietário do bem. Quando decorre de solicitação ou de concordância expressa do proprietário é considerado voluntário, sujeitando-se ao rito previsto no art. 7º do Decreto-lei 25. A recusa de assentimento caracteriza o tombamento compulsório, regulado nos arts. 8º e 9º do mesmo diploma normativo. Enfim, embora a ausência de impugnação seja tratada no n. 2 do art. 9º, que versa sobre o procedimento compulsório, nota-se que, a rigor, se lhe sucedem apenas as etapas que caracterizam o tombamento voluntário.

Formalizado o requerimento pelo interessado ou proposta a medida pela própria Administração Pública, cumpre ao órgão competente verificar se o bem em questão se reveste, efetivamente, de valor cultural que autorize o tombamento, explicitando suas conclusões em parecer técnico fundamentado.

Presentes os requisitos da espécie, uma vez devidamente individualizado o bem, com a descrição de suas características e de sua localização, assim como apontadas as razões que justificam o tombamento, o proprietário deve ser notificado para, no prazo de 15 dias, manifestar sua anuência ou, se for o caso, para oferecer impugnação. É o que determina o n. 1 do art. 9º do Decreto-lei 25:

> Art. 9º. (...): 1) O Serviço do Patrimônio Histórico e Artístico Nacional, por seu órgão competente, notificará o proprietário para anuir ao

---

46. No mesmo sentido: Paulo Affonso Leme Machado, *Direito Ambiental Brasileiro*, 20ª ed., São Paulo, Malheiros Editores, 2012, p. 1.091; José Eduardo Ramos Rodrigues, "Tutela do patrimônio ambiental cultural", in Alaôr Caffé Alves e Arlindo Philippi Jr., *Curso Interdisciplinar de Direito Ambiental*, Barueri/SP, Manole, 2005, p. 551.

tombamento, dentro do prazo de 15 (quinze) dias, a contar do recebimento da notificação, ou para, se o quiser impugnar, oferecer dentro do mesmo prazo as razões de sua impugnação; (...).

A notificação é ato imprescindível ao processo de tombamento. Sua importância reside não só no fato de permitir ao proprietário o exercício da ampla defesa, mas também na circunstância de determinar o chamado *tombamento provisório*, que consiste na antecipada produção de efeitos inerentes ao instituto, a fim de garantir de imediato a preservação do bem.

Consoante o parágrafo único do art. 10 do Decreto-lei 25, o tombamento provisório equipara-se ao definitivo "para todos os efeitos", à exceção dos regulados em seu art. 13, os quais abrangem a promoção dos atos de escrituração próprios da medida no ofício competente dos Registros Públicos, refletindo-se, consequentemente, nas restrições à alienação do bem.[47]

O tombamento não é providência determinada de forma imediata ou instantânea, mas demanda o encadeamento de atos jurídicos e materiais destinados a verificar a existência dos correspondentes pressupostos. Como se vê, sua aplicação resulta de processo administrativo que envolve a discussão de aspectos técnicos geralmente muito complexos, além de variáveis e específicos para cada caso. Assim, justifica-se o tombamento provisório pela necessidade de se resguardar a integridade da coisa enquanto se desenrola o processo. Nesse sentido, cuida-se de medida de caráter antecipatório, *ex lege*, destinada a evitar a descaracterização da coisa sujeita ao processo de tombamento, antes da respectiva conclusão.

O Decreto-lei 25 não disciplina os requisitos da notificação. Sem embargo, há que se ter presente seu objetivo de dar ciência do processo de tombamento ao proprietário do bem, ensejando-lhe o exercício da ampla defesa. Portanto, tal finalidade é que deve, antes de tudo, orientar a definição do conteúdo e da forma da notificação, em cada situação concreta.[48] Sem embargo, visto que, diante da natureza das

---

47. Cf. item 6.2.1 no Capítulo 6 deste trabalho.
48. No voto-condutor do julgamento do ROMS 14.970, a propósito dos requisitos da notificação expedida no processo de tombamento, a Min. Eliana Calmon observou que "não se abre espaço para exigências formais se o ato administrativo, apesar de algum defeito, atinge os seus objetivos, cumpre a finalidade, sem macular

normas que os instituem, os procedimentos em questão alcançam apenas o plano federal, tem cabimento a aplicação subsidiária da Lei 9.784, de 29.1.1999, que regula o processo administrativo no mesmo âmbito e, em seus arts. 26 a 28, disciplina os parâmetros básicos exigidos na comunicação dos atos processuais.

Desse modo, quanto à sua substância, a notificação deve conter, necessariamente, pelo menos a identificação do bem, as razões pelas quais se pretende submetê-lo ao tombamento, além da indicação do número do processo administrativo instaurado para tanto, do endereço do órgão no qual se encontram os respectivos autos disponíveis para eventual consulta e, por fim, do prazo para a apresentação de anuência expressa ou de impugnação.

No que diz respeito à forma, estabelece o art. 26, § 3º, da Lei 9.784/1999 que as intimações no âmbito do processo administrativo federal podem ser efetuadas "por ciência no processo, por via postal com Aviso de Recebimento, por telegrama ou outro meio que assegure a certeza da ciência do interessado". Diante do objetivo de assegurar ao proprietário a ampla defesa e o contraditório, a notificação deve ser preferencialmente efetuada de forma pessoal, reservando-se a publicação de edital aos casos excepcionais, em que se desconheçam a identidade ou o endereço do destinatário, ou em que o mesmo busca evitar o recebimento da intimação, a fim de não se sujeitar aos efeitos do tombamento provisório.[49] Todavia, quando se tratar da aplicação da medida a bens imóveis, para que o tombamento provisório possa surtir o efeito de impedir alterações que lhes transtornem a visibilidade há que se reconhecer necessária a intimação dos proprietários dos imóveis vizinhos ou, ao menos, a expedição de edital, de forma simultânea à notificação pessoal, embora a legislação não o determine expressamente.

o direito de defesa. Enfim, o princípio da legalidade deve ser examinado sob o seu aspecto substancial e não meramente formal" (disponível em *https://ww2.stj.jus.br/ revistaeletronica/ita.asp?registro=200200721448&dt_publicacao=21/10/2002*, acesso em 30.11.2009).

49. Nesse sentido: Paulo Affonso Leme Machado, *Direito Ambiental Brasileiro*, cit., 20ª ed., p. 1.095; Antônio A. Queiroz Telles, *Tombamento e seu Regime Jurídico*, São Paulo, Ed. RT, 1992, p. 77; Sônia Rabello de Castro, diversamente, sustenta que, como o decreto-lei nada dispôs sobre a forma, "não se pode inferir que ela será necessariamente pessoal" (*O Estado na Preservação de Bens Culturais: o Tombamento*, cit., p. 64).

Feita a notificação, a expressa concordância do proprietário ou a ausência de manifestação no prazo de 15 dias ensejam o tombamento voluntário, que prossegue com a decisão acerca da aplicação da medida, nos termos do art. 7º do Decreto-lei 25:

> Art. 7º. Proceder-se-á ao tombamento voluntário sempre que o proprietário o pedir e a coisa se revestir dos requisitos necessários para constituir parte integrante do patrimônio histórico e artístico nacional, a juízo do Conselho Consultivo do Serviço do Patrimônio Histórico e Artístico Nacional, ou sempre que o mesmo proprietário anuir, por escrito, à notificação, que se lhe fizer, para a inscrição da coisa em qualquer dos Livros do Tombo.

De acordo com o n. 2 do art. 9º do mesmo decreto-lei, a falta tanto de assentimento expresso quanto de impugnação autorizaria a direta inscrição da coisa no Livro do Tombo, por simples despacho. Eis o texto legal referido:

> Art. 9º. (...): (...) 2) no caso de não haver impugnação dentro do prazo assinado, que é fatal, o diretor do Serviço do Patrimônio Histórico e Artístico Nacional mandará por simples despacho que se proceda à inscrição da coisa no competente Livro do Tombo; (...).

Já, a discordância do proprietário, manifestada em impugnação regularmente apresentada no prazo de 15 dias a contar da notificação, delineia o procedimento compulsório, cujo rito foi assim definido no item 3 do mesmo art. 9º:

> Art. 9º. (...): (...) 3) se a impugnação for oferecida dentro do prazo assinado, far-se-á vista da mesma, dentro de outros 15 (quinze) dias fatais, ao órgão de que houver emanado a iniciativa do tombamento, a fim de sustentá-la. Em seguida, independentemente de custas, será o processo remetido ao Conselho Consultivo do Serviço do Patrimônio Histórico e Artístico Nacional, que proferirá decisão a respeito, dentro do prazo de 60 (sessenta) dias, a contar do seu recebimento. Dessa decisão não caberá recurso.

Entretanto, a disciplina originalmente instituída no Decreto-lei 25, na forma dos dispositivos transcritos, sofreu duas significativas modificações: a primeira, por força do Decreto-lei 3.866, de 29.11.1941, que regulou a interposição de recurso contra a decisão que determina o tombamento; a segunda, com a edição da Lei 6.292, de 15.12.1975, que introduziu nos procedimentos voluntário e compulsório a etapa da homologação.

De acordo com a sequência dos atos que compõem o processo administrativo de tombamento, cabe tratar, primeiramente, da alteração promovida pela Lei 6.292/1975. Com o advento da mencionada lei a aplicação do instituto na instância federal passou a depender de homologação ministerial, nos seguintes termos:

> Art. 1º. O tombamento de bens no Instituto do Patrimônio Histórico e Artístico Nacional (IPHAN), previsto no Decreto-lei n. 25, de 30 de novembro de 1937, dependerá de homologação do Ministro de Estado da Educação de Cultura, após parecer do respectivo Conselho Consultivo.
>
> Parágrafo único. Aplica-se o disposto neste artigo ao caso de cancelamento a que se refere o § 2º do art. 19 do Decreto-lei n. 25, de 30 de novembro 1937.

Como se vê, a mudança consistiu na incorporação de uma fase de controle à sistemática prescrita no Decreto-lei 25. Deveras, consoante a lição de Celso Antônio Bandeira de Mello, *homologação* "é o ato vinculado pelo qual a Administração concorda com ato jurídico já praticado, uma vez verificada a consonância dele com os requisitos condicionadores de sua válida emissão. (...)".[50]

Por força da Lei 6.292/1975, cabe ao Ministro de Estado da Cultura examinar se o processo de tombamento se desenrolou de forma regular, homologando-o sempre que tenham sido efetivamente observados os parâmetros legais. Se constatar a existência de vício de legalidade, deverá determinar a convalidação ou, se isso não for possível,[51] deverá invalidar o processo, preservando ou não alguns dos atos que o compõem, conforme a extensão da irregularidade verificada. A mesma disciplina aplica-se ao processo em que, com base no § 2º do art. 19 do Decreto-lei 25, se postula o cancelamento da medida.

É oportuno acrescentar que o termo "parecer", no texto legal acima reproduzido, foi, obviamente, empregado de forma atécnica, visto que cabe ao órgão colegiado *decidir* acerca da aplicação do tom-

---

50. Celso Antônio Bandeira de Mello, *Curso de Direito Administrativo*, cit., 29ª ed., p. 444.
51. Weida Zancaner, *Da Convalidação e da Invalidação dos Atos Administrativos*, cit., 3ª ed., pp. 111-118.

bamento, e não meramente opinar sobre o tema (arts. 7º e 9º, n. 3, que não foram alterados pela Lei 6.292/1975).[52] A homologação supõe a existência de ato anterior, de conteúdo decisório – este, sim, adotado com o apoio de parecer fundamentado, a ser elaborado pelo órgão técnico específico.[53]

Desse modo, em resumo, tanto no procedimento voluntário como no compulsório, a decisão que determina o tombamento no plano federal cabe ao órgão colegiado hoje denominado *Conselho Consultivo do Patrimônio Cultural*, sujeitando-se ao controle de legalidade a ser exercido pelo Ministro de Estado da Cultura, a quem compete exarar o consequente ato de homologação sempre que verificado o fiel cumprimento dos respectivos requisitos legais.

A outra inovação havida no processo de tombamento originalmente definido no Decreto-lei 25 diz respeito à fase recursal.

É certo que a pluralidade de instâncias administrativas decorre do princípio do devido processo legal.[54] Ademais, no plano da organização hierárquica, a possibilidade de recorrer de atos administrativos prescinde de previsão normativa expressa, eis que dentre as atribuições da autoridade superior se inclui, em regra, a competência para rever a atuação de seus subordinados.

Acontece que a competência para decidir acerca da aplicação, ou não, do tombamento foi conferida em caráter exclusivo ao Conselho Consultivo do Patrimônio Cultural, que é órgão colegiado. Isto significa que tal atribuição refoge à relação de hierarquia – valendo lembrar, a propósito, a lição de Maria Sylvia Zanella Di Pietro:[55]

> Pode haver distribuição de competências dentro da organização administrativa excluindo-se a relação hierárquica com relação a determi-

---

52. No mesmo sentido: Sônia Rabello de Castro, *O Estado na Preservação de Bens Culturais: o Tombamento*, cit., p. 49.
53. Nos termos do Regimento do Instituto do Patrimônio Histórico e Artístico Nacional, aprovado pelo Decreto 6.844, de 7.5.2009, atualmente em vigor, cabe ao órgão específico singular denominado *Departamento do Patrimônio Material e Fiscalização* "emitir parecer no âmbito dos processos de tombamento" (art. 17, III).
54. V., por todos: Sérgio Ferraz e Adilson Abreu Dallari, *Processo Administrativo*, cit., 2ª ed., pp. 110-114 e 211-213.
55. Maria Sylvia Zanella Di Pietro, *Direito Administrativo*, cit., 15ª ed., pp. 92-93.

nadas atividades. É o que acontece, por exemplo, nos órgãos consultivos, que, embora incluídos na hierarquia administrativa para fins disciplinares, por exemplo, fogem à relação hierárquica no que diz respeito ao exercício de suas funções. Trata-se de determinadas atividades que, por sua natureza, são incompatíveis com uma determinação de comportamento por parte do superior hierárquico. Outras vezes, acontece o mesmo porque a própria lei atribui uma competência, com exclusividade, a determinados órgãos administrativos, em especial os colegiados, excluindo, também a interferência de órgãos superiores.

Em reforço de tal exclusividade, o Decreto-lei 25 afastava de modo expresso o cabimento de recurso contra a decisão do Conselho Consultivo (art. 9º, n. 3).

Assim, o direito de recorrer no âmbito do processo administrativo sob análise somente foi assegurado com a edição do Decreto-lei 3.866/1941, que atribuiu ao Presidente da República a competência para cancelar o tombamento, de ofício ou mediante recurso, nos seguintes termos:

> Artigo único. O Presidente da República, atendendo a motivos de interesse público, poderá determinar, de ofício ou em grau de recurso, interposto por qualquer legítimo interessado, seja cancelado o tombamento de bens pertencentes à União, aos Estados, aos Municípios ou a pessoas naturais ou jurídicas de direito privado, feito no Serviço do Patrimônio Histórico e Artístico Nacional, de acordo com o Decreto-lei n. 25, de 30 de novembro de 1937.

É importante salientar que o recurso em questão foi instituído como recurso hierárquico, visto que à época em que promulgado o Decreto-lei 3.866 a estrutura administrativa competente para aplicar o tombamento no plano federal era o Serviço do Patrimônio Histórico e Artístico Nacional, que, na condição de órgão do Ministério da Educação, integrava a Administração direta. Como as competências atinentes ao tombamento hoje tocam ao Instituto do Patrimônio Histórico e Artístico Nacional/IPHAN, que é entidade autárquica, a apreciação do recurso sob exame incumbe a autoridade situada fora da linha hierárquica (o Presidente da República), isto é, no âmbito da União, que é pessoa jurídica diversa. Portanto, o ato previsto no Decreto-lei 3.866 remanesce como recurso hierárquico impróprio,[56] o que impõe a interpretação restritiva das hipóteses de seu cabimento.

A rigor, o Decreto-lei 3.866 somente prevê o recurso como um dos meios de provocar a atuação do Presidente da República para cancelar o tombamento. Desse modo, a competência recursal abrange apenas a revisão da decisão que determina a aplicação da medida, não se estendendo aos casos em que o Conselho Consultivo do Patrimônio Cultural a denega ou àqueles em que recusada a homologação ministerial.

Quanto aos requisitos do mencionado recurso, o Decreto-lei 3.866 não vai além de estabelecer a autoridade competente para decidi-lo (o Presidente da República) e, de forma bastante ampla, o limite substancial da respectiva competência (exame de mérito e de legalidade) e as partes habilitadas para a interposição (qualquer legítimo interessado). Desse modo, aplicam-se subsidiariamente as regras instituídas na Lei 9.784/1999 quanto a outros aspectos; como, por exemplo, efeitos e prazos.

O Decreto-lei 3.866/1941 permite seja cancelado o tombamento, em grau de recurso, por "motivos de interesse público". Logo, quanto aos efeitos, mais que a análise da legalidade da medida, o recurso devolve à autoridade competente para decidi-lo a apreciação da conveniência e da oportunidade de sua aplicação.[57]

De acordo com o art. 61 da Lei 9.784, a interposição de recursos em processos administrativos não produz o efeito de suspender a decisão, salvo se isso for excepcionalmente determinado, sob expressa fundamentação, quando houver "justo receio de prejuízo de difícil ou incerta reparação" decorrente de sua pronta execução. Contudo, no que se reporta ao processo de tombamento, há que se considerar que o interesse de cancelar a medida mais não revela que o interesse de afastar seus efeitos, os quais determinam a preservação do bem. Ora, a própria legislação impõe essa preservação até mesmo a título anteci-

---

56. O recurso hierárquico próprio decorre da hierarquia, definindo-se, consoante a lição de Maria Sylvia Zanella Di Pietro, como o "pedido de reexame do ato dirigido à autoridade superior à que proferiu o ato" (*Direito Administrativo*, cit., 15ª ed., p. 605). Segundo a mesma autora, o recurso hierárquico impróprio é "dirigido a autoridade de outro órgão não integrado na mesma hierarquia daquele que proferiu o ato" (ob. cit., p. 607).

57. Cf. item 8.1.2 deste capítulo.

pado, no tombamento provisório, considerando a necessidade de evitar a descaracterização da coisa antes de concluído o processo. Assim, suspender tais efeitos, inclusive depois da decisão do órgão colegiado, poderia conduzir justamente ao resultado nefasto que se pretende impedir, de modo que implicaria *periculum in mora* inverso, ou seja, o risco de inviabilizar a própria decisão presidencial que viesse a negar provimento ao recurso, mantendo o tombamento.

O Decreto-lei 3.866 assegura a interposição do recurso a "qualquer legítimo interessado". A definição da legitimidade do recorrente deve, pois, considerar que o tombamento envolve não apenas o interesse subjetivo do proprietário dos bens atingidos (tanto dos bens tombados quanto dos imóveis vizinhos), mas também o interesse difuso, presente a caracterização dos direitos culturais como direitos transindividuais, de natureza indivisível, titularizados por pessoas indeterminadas e indetermináveis, mas ligadas por circunstância de fato (art. 81, parágrafo único, I, da Lei 8.078/1990). Assim, de acordo com o art. 58 da Lei 9.784, estão legitimados:

> Art. 58. (...): I – os titulares de direitos e interesses que forem parte no processo; II – aqueles cujos direitos ou interesses forem indiretamente afetados pela decisão recorrida; III – as organizações e associações representativas, no tocante a direitos e interesses coletivos; IV – os cidadãos ou associações, quanto a direitos ou interesses difusos.

Por fim, quanto aos prazos, diante do silêncio da legislação específica, o recurso deve ser interposto em 10 dias, contados "da ciência ou divulgação oficial" da decisão recorrida, e decidido em 30 dias "a partir do recebimento dos autos pelo órgão competente", prorrogáveis "por igual período, ante justificativa explícita" (art. 59 da Lei 9.784).

Em síntese, o processo administrativo de tombamento pode seguir os ritos voluntário ou compulsório, desenvolvendo-se da seguinte forma: efetuada a notificação, a concordância (expressa ou tácita) do proprietário determina a incidência do procedimento voluntário, que prossegue com a decisão do Conselho Consultivo do Patrimônio Cultural e a homologação do Ministro de Estado da Cultura, concluindo-se, enfim, com a execução dos atos materiais pertinentes, como o registro no Livro do Tombo, que produz o tombamento definitivo; a impugnação oferecida pelo proprietário no prazo de 15 dias seguintes à notificação impõe a observância do procedimento compulsório, que se desenrola com a sustentação do tombamento pelo órgão administrativo proponente, em prazo idêntico, e com as demais etapas do rito voluntário, isto é, decisão, homologação e execução.

SÍNTESE E CONCLUSÃO[9]

Antes de concluir o presente estudo, cumpre sintetizar as principais reflexões ao longo dele desenvolvidas.

9.1 No mundo ocidental a institucionalização de uma política de proteção da cultura no plano do Direito se iniciou na trilha da Revolução Francesa e da Revolução Industrial. A noção de patrimônio nacional foi forjada no primeiro movimento, com o confisco dos bens do Clero e, posteriormente, daqueles pertencentes aos nobres emigrados e à Coroa. A feroz depredação que se seguiu acabou por despertar uma concepção favorável à preservação do patrimônio material, por sua importância do ponto de vista histórico e artístico, pela convicção de que os mencionados bens se faziam portadores do mesmo "valor nacional" responsável pela afirmação da ideia recém-construída de "Nação". Essa concepção aprofundou-se e se difundiu com as transformações resultantes da Revolução Industrial, que aceleraram a destruição, desta feita justificada pela busca de materiais para reutilização nos novos processos produtivos.

9.2 Formou-se, então, na França uma estrutura de órgãos estatais destinada a atuar na proteção do patrimônio material. A ação do Estado inicialmente se limitava às tarefas de identificar bens considerados históricos ou artísticos e de estimular sua conservação, por meio apenas do esclarecimento da importância a eles atribuída. Em 1887 foram editadas as primeiras normas jurídicas restringindo a destruição de bens pertencentes a pessoas de direito público, estendidas, em 1913, a bens particulares.

9.3 No Brasil a tutela jurídica da cultura se desenvolveu a partir do modelo construído na França. À criação de órgãos públicos específicos, que demarcou a inclusão da matéria no rol das atividades estatais, seguiu-se a instituição do tombamento, como principal instrumento de proteção de bens revestidos de importância cultural (ainda restrita aos valores histórico ou artístico), designados pelas expressões "patrimônio nacional", "bens nacionais" ou "patrimônio histórico e artístico", também decalcadas do modelo francês.

9.4 A Constituição de 1934 determinou o dever de atuação estatal na defesa do patrimônio cultural e, ao agregar novo elemento ao perfil do direito de propriedade, proibindo seu exercício contra o interesse social, fixou a base necessária para fundamentar a instituição de instrumentos jurídicos voltados para a proteção de bens materiais de importância histórica e artística.

9.5 O tombamento foi introduzido no Brasil pelo Decreto-lei 25, de 30.11.1937, elaborado sob a égide da Constituição de 1934, com base em anteprojeto de lei de autoria de Mário de Andrade e, especialmente, no projeto apresentado por José Wanderley de Araújo Pinho. O referido diploma normativo foi promulgado nos primeiros dias de vigência da Carta de 1937, e desde então foi recepcionado pelas Cartas de 1946, 1967 (na sua redação original e com as alterações determinadas pela Emenda Constitucional 1/1969) e 1988. O Decreto-lei 25 instituiu, assim, o primeiro sistema de tutela de bens culturais no ordenamento jurídico brasileiro, em cujo eixo fundamental situou o tombamento.

9.6 A Carta de 1988 estabeleceu novo sistema, organizado a partir de três parâmetros fundamentais: as noções de cultura, direitos culturais e patrimônio cultural brasileiro.

9.7 Abandonando a noção tradicional de *cultura*, ainda ligada a padrões eruditos ou acadêmicos, a Constituição Federal de 1988 adotou concepção firmada a partir de abordagens contemporâneas, postuladas pela Sociologia e pela Antropologia, segundo as quais a cultura assume o sentido de modo de vida global característico de um grupo social. Assim, superou os critérios do "excepcional valor" e da "beleza notável", que antes orientavam a identificação dos bens considerados dignos de tutela jurídica e os confinavam ao âmbito dos interesses histórico e artístico, para estender a proteção a bens materiais e imateriais "portadores de referência à identidade, à ação, à memória dos diferentes grupos formadores da sociedade brasileira" (art. 216, *caput*).

9.8 De modo absolutamente inédito no Brasil, a Carta de 1988 consagrou o direito à cultura como um direito fundamental (arts. 5º, § 2º, 215 e 227 da CF e Decreto 591, de 6.7.1992, na forma do qual foi ratificado o Pacto Internacional de Direitos Econômicos, Sociais e Culturais, que, no plano internacional, reconheceu e delimitou o direito à cultura). Os *direitos culturais* compreendem o direito de participação na vida cultural da comunidade e o direito de fruição: o primeiro consiste no direito de praticar a cultura, mediante a criação ou a reprodução de manifestações culturais; o segundo se traduz no direito de conhecer as fontes de cultura, de ter acesso às mesmas e de usufruir de seu conteúdo. Nesse quadro, o tombamento figura como instrumento voltado para assegurar o direito cultural de fruição.

9.9 A noção de *patrimônio cultural brasileiro* completa a base da vigente ordenação constitucional da cultura. Trata-se de universalidade jurídica, que reúne "bens de natureza material e imaterial", incluindo objetos patrimoniais (de expressão pecuniária) e não patrimoniais (sem projeção de natureza econômica), materiais (corpóreos) e imateriais, os quais, em comum, se revestem de especial significação do ponto de vista da formação da sociedade brasileira. Sua finalidade é demarcar o campo de incidência de um regime jurídico mais rigoroso, que abrange ações estatais de promoção e de proteção, inclusive de intervenção na propriedade e no direito correlato, além de consequências na esfera penal. Assim, diante do princípio da segurança jurídica, o patrimônio cultural brasileiro é categoria que reúne somente os bens culturais em sentido formal, isto é, os bens cujo valor cultural tenha sido oficialmente reconhecido, para fins de sujeitá-los a um regime especial de tutela. O tombamento remanesce como um dos meios de formal reconhecimento da presença de valor cultural em determinado bem e, consequentemente, de sua introdução no patrimônio cultural brasileiro.

9.10 A Constituição Federal de 1988 instituiu critérios específicos para a ação do Estado na seara da cultura, adotando o modelo da democracia cultural. De um lado, ao determinar que o Estado deve garantir a todos o pleno exercício dos direitos culturais (art. 215), vedou políticas de liberalismo, as quais confiam a cultura às chamadas leis do mercado. De outro, ao incluir os titulares dos direitos culturais na formulação das bases da ação estatal (art. 216, § 1º), desautorizou a implementação do dirigismo cultural, que se baseia na atuação unilateral e vertical do Estado. O modelo da democracia cultural se revela, no plano jurídico, nos princípios da isonomia e da liberdade de expressão, do planejamento e da participação popular.

9.11 O princípio da isonomia exige que os direitos culturais sejam assegurados a todos os grupos que integram a sociedade brasileira, em todo o território nacional, garantindo, ademais, o pluralismo cultural, isto é, a valorização das diferentes formas de manifestação da cultura brasileira.

9.12 A liberdade de expressão e a livre iniciativa impedem a definição ou a imposição de padrões culturais oficiais e circunscrevem a atuação do Estado ao provimento das condições necessárias para que os cidadãos possam efetivamente participar e usufruir da cultura.

9.13 O planejamento das ações estatais na esfera cultural decorre do prescrito no § 3º do art. 215 da CF de 1988, incluído pela Emenda Constitucional 48/2005. Significa dizer que cumpre ao Estado recolher, organizar e avaliar as informações necessárias para a tomada de decisões, a fim de aproveitar de forma adequada e racional os recursos disponíveis tendo em vista a promoção e a proteção da cultura brasileira, bem como a democratização do acesso às respectivas fontes.

9.14 O princípio da participação popular determina que a ação estatal voltada para a valorização e para a defesa do patrimônio cultural brasileiro deve ser definida e implementada "com a colaboração da comunidade" (art. 216, § 1º, da CF de 1988), a qual compreende as faculdades de externar opiniões, de apontar problemas, de propor e debater soluções, além de participar diretamente da própria tomada de decisões, por meio das vias adequadas, como, por exemplo, a inclusão em órgãos colegiados de atribuições decisórias. Toca ao Estado, por força do mencionado princípio, não só acolher essa colaboração, mas também garantir que ela possa efetivamente ocorrer, instituindo e aplicando de forma regular os meios próprios para sua concretização.

9.15 A ação administrativa ou material do Estado na tutela da cultura foi atribuída pela Constituição Federal de 1988 a todas as entidades estatais, sem ressalvas ou reservas de áreas próprias de atuação (art. 23, III, IV e V, e art. 30, IX).

9.16 A competência legislativa quanto ao tema está definida nos arts. 24, VII, VIII e IX, e 30, II e IX, da Carta de 1988, nos moldes da concorrência limitada e não cumulativa. Nesse sistema, cabe à União a edição de normas gerais (art. 24, § 1º). Aos Estados e ao Distrito Federal cumpre suplementar a legislação federal (art. 24, § 2º) e, enquanto não existir lei federal instituindo normas gerais, exercer a competência legislativa plena (art. 24, § 3º). Aos Municípios compete, enfim, a suplementação das legislações federal e estadual, para atendimento de suas peculiaridades, especialmente no que diz respeito à fixação das regras necessárias para a aplicação das normas gerais nos limites de seu território (art. 30, II e IX).

9.17 Alguns dispositivos do Decreto-lei 25 definem as características essenciais do tombamento (por exemplo, seus efeitos jurídicos), enquanto outros regulam aspectos meramente complementares (por exemplo, competências e procedimentos a serem observados na sua aplicação). Os primeiros foram recepcionados pela Carta de 1988 com *status* de norma geral, vinculando todas as instâncias federativas. Os segundos constituem normas incidentes apenas na ordem jurídica parcial federal. A imposição do tombamento por Estados, Municípios e pelo Distrito Federal depende, portanto, da edição de legislação suplementar em cada instância federativa.

9.18 O tombamento é instituto jurídico, configurado por normas jurídicas estruturadas a partir de um núcleo comum de valores e princípios, para o alcance de uma finalidade específica. Sua definição deve ser buscada, portanto, no quadro da legislação que o criou.

9.19 O tombamento é figura que determina a concreta incidência, sobre bens devidamente individualizados, do regime jurídico previsto de modo geral e abstrato no Decreto-lei 25. Logo, exprime o exercício de função administrativa típica, não podendo ser aplicado pelo Poder Legislativo ou por meio de lei.

9.20 Quanto à natureza jurídica, isto é, à sua situação no sistema, o tombamento não pode ser definido como instrumento de intervenção administrativa na propriedade ou no direito correlato, atividade cuja característica essencial é o alcance do patrimônio de *terceiros* (relativamente a quem aplica a medida). É que o tombamento nem sempre recai sobre bens alheios, pois também pode alcançar bens que integram o patrimônio da própria pessoa jurídica que é competente para efetuá-lo. Logo, quando incide sobre bens de terceiros constitui instrumento de intervenção administrativa do Estado no direito de propriedade; quando alcança bens próprios constitui instrumento de gestão do patrimônio público. Já, a finalidade específica do ato de tombamento integra seu padrão legal, mantendo-se invariável independentemente das peculiaridades de cada caso em que se o aplica. É, pois, característica que o singulariza, conferindo-lhe tipicidade. Nesse sentido, sob o prisma de sua essência, define-se o tombamento por sua finalidade, eis que sempre e em cada hipótese o mesmo constitui instrumento destinado a prover interesse público de promoção e defesa de bens materiais revestidos de valor cultural.

9.21 Os efeitos jurídicos do tombamento voltam-se para a proteção da integridade física e da autenticidade dos bens tutelados, a fim de resguardar o exercício do direito cultural de fruição. Os efeitos principais, previstos nos arts. 11, 14, 17, 18, 19 e 22 do Decreto-lei 25, compreendem: (a) a proibição de danificar a coisa tombada; (b) o dever de preservá-la; (c) a imposição de restrições à respectiva alienação; (d) a proibição de perturbar a visibilidade de bens imóveis tombados; (e) a proibição de exportar bens móveis tombados. Os efeitos instrumentais ou secundários, previstos nos arts. 13, 16, 19 e 20 do Decreto-lei 25, compreendem: (a) o dever de promover o registro do tombamento; (b) o dever de exercer vigilância permanente sobre os bens tombados; (c) outros deveres acessórios de fazer e não fazer.

9.22 O tombamento proíbe a destruição e a descaracterização, ainda que parcial, do bem tombado, tanto em decorrência de atuação deliberada nesse sentido quanto de ações indiretas ou de condutas omissivas (art. 17 do Decreto-lei 25).

9.23 O dever de preservar a coisa tombada desdobra-se nos deveres de conservá-la e de restaurá-la, impostos ao respectivo proprietário e, subsidiariamente, aos entes públicos que efetuaram o tombamento (art. 19 do Decreto-lei 25). Cabe ao proprietário custear as intervenções autorizadas pelo órgão competente, necessárias à preservação da coisa. Quando o proprietário não dispuser de recursos para promovê-las, cumpre à Administração, no prazo de seis meses, assumir as despesas correspondentes e dar início às obras ou promover a desapropriação da coisa. A inércia da Administração no mencionado prazo confere ao proprietário a faculdade de requerer seja cancelado o tombamento.

9.24 O tombamento restringe a alienação dos bens tombados, a fim de facilitar sua incorporação ao domínio público e, assim, ampliar a fruição do valor cultural de que se fazem portadores. Nesse sentido, proíbe a transferência de bens públicos tombados ao patrimônio privado e institui direito de preferência na alienação onerosa de bens particulares tombados, em favor da União, do Estado e do Município em que os mesmos se encontrarem, sob pena de nulidade da transação (arts. 11 e 22 do Decreto-lei 25).

9.25 Também com o propósito de ampliar a fruição, o tombamento resguarda a contemplação do aspecto exterior de imóveis tombados, proibindo que na sua vizinhança se realizem construções ou instalações que impeçam ou dificultem sua visibilidade (art. 18 do Decreto-lei 25). A noção de vizinhança, para fins de incidência da proibição em tela, não está objetivamente delimitada pela legislação. Abrange, sem dúvida, os imóveis contíguos. Quanto aos demais, deve ser definida mediante a conjugação dos critérios da proximidade física e da visibilidade do imóvel tombado.

9.26 Com o objetivo de criar condições mínimas para o exercício do direito de acesso às fontes da cultura nacional, o tombamento somente admite a deslocação de bens móveis tombados para fora do território brasileiro em caráter temporário, mediante consentimento da autoridade competente e para fins de intercâmbio cultural (art. 14 do Decreto-lei 25).

9.27 O tombamento submete-se a dois tipos de registros públicos: (a) a inscrição do bem no Livro do Tombo próprio, destinada a atestar a autenticidade e a certeza de sua aplicação, garantindo sua permanente publicidade; e (b) a escrituração, no ofício competente dos Registros Públicos, do ato de tombamento de bens particulares, de posteriores transferências da propriedade de tais bens e da deslocação de bens móveis tombados, cumprindo a finalidade de garantir a eficácia da medida relativamente a terceiros, no que diz respeito ao direito de preferência de que trata o art. 22 do Decreto-lei 25.

9.28 O dever-poder de vigilância permanente exige a atuação preventiva e repressiva da Administração no sentido de assegurar o cumprimento dos efeitos típicos do tombamento. Abrange providências como, por exemplo, a inspeção da coisa tombada, a avaliação da necessidade de obras destinadas à respectiva preservação, o acompanhamento da execução de tais intervenções, a avaliação de alterações no entorno de imóveis tombados e a imposição das sanções pecuniárias previstas no Decreto-lei 25 (arts. 13, §§ 1º, 2º e 3º; 15, §§ 1º e 2º; 16; 17; 18; 19, *caput*; 20; e 22, § 3º).

9.29 Também decorrem do tombamento, como efeitos instrumentais, os deveres de comunicar à Administração os seguintes eventos relacionados com a coisa tombada: (a) aquisição (arts. 11, parágrafo único, e 13, § 3º); (b) deslocação, extravio e furto de bens móveis (art. 16); e (c) ausência de recursos para custear as intervenções necessárias à sua preservação (art. 18).

9.30 Como o tombamento impõe restrições ao uso, à fruição e à disposição dos bens corpóreos sobre os quais recai, propõe-se a questão de saber se, não obstante a ausência de previsão legal expressa, dele decorre o dever de indenizar. Com esse objetivo, a doutrina discute a situação do tombamento no quadro das formas de intervenção estatal na propriedade, dividindo-se em duas vertentes principais, que o classificam ora como limitação administrativa, ora como servidão administrativa.

9.31 Alguns autores sustentam que o tombamento é espécie de limitação administrativa porque atinge o "caráter absoluto" da propriedade e porque se aplica a toda uma classe de bens, não ensejando, em regra, o dever de indenizar. Porém, não se pode postular no direito positivo brasileiro a existência de direito de propriedade revestido de caráter absoluto, já que seu titular somente dispõe dos poderes e faculdades de usar, gozar e dispor da coisa nos termos da lei que os confere. Por outro lado, não se encontra no tombamento a generalidade essencial à configuração das limitações administrativas, uma vez que (a) seu objeto não se inclui *a priori* em qualquer classe abstrata de bens e (b) seus efeitos típicos não alcançam todos os bens que compõem o patrimônio cultural brasileiro, classe que o bem tombado passa a integrar, por força da incidência do instituto sob exame.

9.32 Para outros autores o tombamento é espécie de servidão administrativa e, por isso, indenizável. Contudo, o tombamento não estabelece direito real sobre coisa alheia em todos os casos de sua incidência, traço que define fundamentalmente as servidões. Além disso, o tombamento não se extingue pela confusão, como ocorre com as servidões administrativas. Por fim, o dever de suportar, que é outra nota essencial das servidões, surge no tombamento apenas como um de seus efeitos instrumentais, sendo certo que seus efeitos principais abrangem apenas deveres de abstenção e prestações positivas.

9.33 Assim, o tombamento não pode ser considerado tipo de limitação nem de servidão administrativa. O impasse revela que tais espécies não correspondem a categorias gerais aptas à satisfatória compreensão do quadro das formas de intervenção estatal na propriedade no direito positivo brasileiro, as quais melhor se organizam no contraste entre limitações e sacrifícios de direito.

9.34 Para que se possa bem identificar as categorias das limitações e dos sacrifícios de direito, é preciso perceber a distinção existente entre propriedade e direito de propriedade. A propriedade (tal como a cultura) é um fenômeno social, que se manifesta no mundo fático. Ingressa no campo jurídico como direito de propriedade, o qual corresponde à tutela outorgada ao mencionado fato em cada ordenamento jurídico.

9.35 A Constituição Federal de 1988 consagra o direito de propriedade como um direito fundamental e determina que "a propriedade atenderá à sua função social" (art. 5º, XXII e XXIII). Além disso, arrola a propriedade privada e a função social da propriedade dentre os princípios da ordem econômica (art. 170, II e III).

9.36 No Brasil o direito de propriedade apresenta atualmente um conteúdo positivo demarcado pela imposição de deveres negativos. O primeiro consiste nas faculdades e nos poderes de usar, gozar e dispor da coisa, assim como de reavê-la de quem injustamente a possua ou detenha, além do dever de aproveitá-la de modo socialmente útil, consoante a função social da propriedade, sem embargo da satisfação das necessidades de seu proprietário. Os segundos correspondem às limitações impostas ao proprietário, a fim de preservar a harmonia nas relações sociais, resguardando sua coexistência com os demais direitos tutelados pela ordem jurídica.

9.37 As limitações, em sentido próprio, colhem a propriedade, enquanto os sacrifícios incidem sobre o direito de propriedade já definido pelo ordenamento jurídico. As primeiras, consequentemente, revestem-se do atributo da generalidade e não comportam indenização, porque, definindo o perfil do direito, não produzem dano *jurídico*. Os segundos caracterizam-se pela singularidade e acarretam o dever de indenizar prejuízos econômicos e certos, à medida que atingem direitos regularmente instituídos (isto é, produzem dano jurídico).

9.38 O tombamento é espécie de sacrifício de direito, porque seus efeitos comprimem direitos titularizados por sujeitos determinados ou determináveis, exercidos sobre bens devidamente identificados. Assim, é fonte de dano jurídico; e, por isso, acarreta o dever de indenizar sempre que esse dano se consubstanciar em prejuízos certos (não eventuais) e econômicos.

9.39 O tombamento é aplicado por ato administrativo individual, concreto, declaratório do valor cultural existente no seu objeto e constitutivo da incidência, sobre o mesmo, do regime jurídico definido de modo geral e abstrato no Decreto-lei 25.

9.40 A forma e o conteúdo são os elementos do ato de tombamento. Consoante seu padrão legal, o referido ato deve manifestar-se expressamente e por escrito, reconhecendo a qualidade cultural de determinado bem e impondo os deveres e proibições previstos no Decreto-lei 25.

9.41 O objeto do ato de tombamento, pressuposto de sua existência, é o bem corpóreo que se reveste de importância do ponto de vista da cultura, seja ele de origem brasileira ou estrangeira (observadas as exceções instituídas nos arts. 2º e 3º do Decreto-lei 25), móvel ou imóvel, natural ou diretamente produzido pela ação humana, singular ou coletivamente considerado, público ou particular.

9.42 O sujeito competente para editar o ato de tombamento no plano federal é o Conselho Consultivo do Patrimônio Nacional (arts. 7º e 9º, n. 3, do Decreto-lei 25).

9.43 O motivo ou pressuposto de fato que pode legitimamente ensejar o tombamento é o valor cultural presente em determinado bem, traduzido na "referência à identidade, à ação, à memória dos diferentes grupos formadores da sociedade brasileira" (art. 216 da CF de 1988). Os requisitos procedimentais do tombamento estão definidos na legislação que rege a aplicação do instituto em cada instância federativa. No âmbito federal, consoante o Decreto-lei 25, destacam-se a exigência de parecer técnico acerca da qualificação do objeto e a notificação de seu proprietário.

9.44 A finalidade específica do tombamento é a proteção de bens corpóreos portadores de valor cultural, como meio destinado a assegurar o acesso às fontes da cultura brasileira e o exercício do direito cultural de fruição.

9.45 A causa do ato de tombamento é a relação lógica que deve existir entre os correspondentes motivo e conteúdo, à luz de sua finalidade específica. Tal pressuposto afasta a possibilidade de aplicação da medida para a proteção de bens imateriais e de certos tipos de bens corpóreos, como é o caso das jazidas arqueológicas, por exemplo.

9.46 Dentre os requisitos formalísticos do tombamento destacam-se a motivação e o ato material de registro do bem no Livro do Tombo próprio.

9.47 Do ponto de vista normativo, a competência para a edição do ato administrativo de tombamento abrange aspectos vinculados e discricionários. A discricionariedade compreende o momento e a conveniência da utilização do instituto como forma de tutela, além da seleção do objeto sobre o qual será aplicado. Quanto aos demais aspectos, a legislação estabelece vinculação.

9.48 O Decreto-lei 25 regula o processo administrativo de tombamento a ser observado na instância federal. As demais entidades federativas devem regrar a matéria em suas jurisdições, atentas aos princípios constitucionais que regem a atuação estatal na tutela da cultura e às normas gerais que configuram o instituto.

9.49 O Decreto-lei 25 institui os ritos do tombamento voluntário e do tombamento compulsório, marcados, respectivamente, pela anuência e pela discordância do proprietário do bem. O tombamento de ofício, voltado para a aplicação da medida sobre bens públicos e caracterizado pela ausência de contraditório, não foi recepcionado pela Constituição Federal de 1988, eis que viola o princípio do devido processo legal.

9.50 O processo de tombamento inicia-se mediante requerimento do proprietário ou provocação de qualquer interessado, inclusive da Administração. Constatando-se a importância cultural atribuída ao bem, promove-se a notificação do proprietário. Sua concordância caracteriza o rito voluntário, que prossegue com a decisão do Conselho Consultivo do Patrimônio Cultural acerca da imposição da medida e, na sequência, com o controle de legalidade do processo, a cargo do Ministro de Estado da Cultura, a quem cabe homologar a mencionada decisão. O rito compulsório inclui, entre a notificação e a decisão, as etapas da impugnação apresentada pelo proprietário e da sustentação do tombamento pelo órgão proponente. Em ambos os procedimentos, uma vez aplicada a medida, segue-se a adoção das providências materiais pertinentes, como a inscrição do bem no Livro do Tombo e a escrituração do ato no ofício competente dos Registros Públicos. Por fim, segundo o Decreto-lei 3.866, de 29.11.1941, a decisão que determina a aplicação do tombamento desafia recurso hierárquico impróprio ao Presidente da República.

Ao fim deste trabalho, percebe-se de forma bastante clara que a Carta de 1988 estabeleceu paradigmas originais no tratamento da cultura, partindo de uma concepção antropológica para ampliar tanto o universo do objeto da tutela jurídica quanto o próprio conteúdo da ação estatal nesse campo, aperfeiçoando, enfim, o quadro dos meios de promoção e proteção da pluralidade dos bens culturais. Com isso, promoveu a descentralização do sistema, fazendo desaparecer, consequentemente, a figura do instrumento central, papel antes ocupado pelo tombamento.

Sem embargo, ainda que não mais constitua o núcleo da ordenação jurídica da cultura, o tombamento remanesce como importante meio de tutela de bens materiais portadores de valor cultural. Com o advento da Constituição Federal de 1988 o instituto assume a posição de instrumento específico, que, ao lado de outras formas de proteção, teve seu campo típico de aplicação redesenhado.

Em suma, o tombamento foi recepcionado pela ordem constitucional de 1988 com suas características essenciais, determinadas por sua natureza de instrumento de proteção de bens culturais e pela imposição dos efeitos previstos no Decreto-lei 25. Todavia, seu regime jurídico sofreu importantes transformações, as quais podem ser assim sistematizadas: (a) ao regular a atuação do Estado no domínio cultural, sobretudo por meio da adoção da competência legislativa concorrente limitada para dispor sobre a matéria, a Constituição Federal em vigor alterou o *status* da própria legislação que disciplina o instituto; (b) a partir dos novos conceitos fundamentais do sistema, a Carta de 1988 redefiniu o âmbito de incidência típico do tombamento, especialmente no que tange aos respectivos objeto, pressupostos de fato e processo de aplicação.

REFERÊNCIAS BIBLIOGRÁFICAS

AINIS, Michele, e FIORILLO, Mario. *L'Ordinamento della Cultura: Manuale di Legislazione dei Beni Culturali*. 2ª ed. Milão, Giuffrè, 2008.

ALBA, André, ISAAC, Jules, MICHAUD, Jean, e POUTHAS, Charles H. *L'Histoire: les Révolutions – 1789-1848*. Paris, Librairie Hachette, 1960.

ALESSI, Renato. *Principi di Diritto Amministrativo: I – I Soggetti Attivi e l'Esplicazione della Funzione Amministrativa*. 4ª ed. Milão, Giuffrè, 1978.

_____. *Principi di Diritto Amministrativo: II – I Soggetti Passivi e la Reazione*. 4ª ed. Milão, Giuffrè, 1978.

ALIBRANDI, Tommaso, e FERRI, Piergiorgio. *I Beni Culturali e Ambientali*. 4ª ed. Milão, Giuffrè, 2001.

ALMEIDA, Fernanda Dias Menezes de. *Competências na Constituição de 1988*. 3ª ed. São Paulo, Atlas, 2005.

_____, e MEDAUAR, Odete (coords.). *Estatuto da Cidade – Lei 10.257, de 10.7.2001: Comentários*. São Paulo, Ed. RT, 2002.

ALVES, Alaôr Caffé, e PHILIPPI JR., Arlindo. *Curso Interdisciplinar de Direito Ambiental*. Barueri/SP, Manole, 2005.

ALVES, J. A. Lindgren. *Os Direitos Humanos como Tema Global*. São Paulo, Perspectiva, 1994.

ANDRADE, Mário de. "Anteprojeto de lei federal". In: SECRETARIA DO PATRIMÔNIO HISTÓRICO E ARTÍSTICO NACIONAL (SPHAN)/FUNDAÇÃO NACIONAL PRÓ-MEMÓRIA (PRÓ-MEMÓRIA). *Proteção e Revitalização do Patrimônio Cultural no Brasil: uma Trajetória*. Brasília, 1980 (pp. 55-68). Disponível em *http://portal.iphan.gov.br/portal/montarDetalheConteudo.do?id=13 129&sigla=Institucional&retorno=detalheInstitucional* (acesso em 21.11.2009).

ASSEMBLEIA NACIONAL CONSTITUINTE, 1987, BRASÍLIA/COMISSÃO DA FAMÍLIA, DA EDUCAÇÃO, CULTURA E ESPORTES, DA CIÊNCIA E TECNOLOGIA E DA COMUNICAÇÃO. *Ata da 10ª Reunião Ordinária*. Brasília/DF, *DOU*, 1987, Suplemento 100. 21.7.1987.

_____, 1987, BRASÍLIA/COMISSÃO DE SISTEMATIZAÇÃO. *Primeiro Substitutivo ao Projeto de Constituição.* Disponível em *http://www.senado.gov.br/sf/legislacao/basesHist/asp/consultaDetalhamento.asp* (acesso em 21.11.2009).

_____. *Projeto de Constituição.* Disponível em *http://www.senado.gov.br/sf/legislacao/basesHist/asp/consultaDetalhamento.asp* (acesso em 21.11.2009).

BADY, Jean-Pierre. *Les Monuments Historiques en France.* Paris, Presses Universitaires de France/PUF, 1985.

BANDEIRA DE MELLO, Celso Antônio. "Apontamentos sobre o poder de polícia". *RDP* 9/55-68. São Paulo, Ed. RT, julho-setembro/1969.

_____. *Curso de Direito Administrativo.* 29ª ed. São Paulo, Malheiros Editores, 2012.

_____. *Discricionariedade e Controle Jurisdicional.* 2ª ed., 11ª tir. São Paulo, Malheiros Editores, 2012.

_____. "Discriminação constitucional de competências legislativas: a competência municipal". In: BANDEIRA DE MELLO, Celso Antônio (org.). *Estudos em Homenagem a Geraldo Ataliba 2 – Direito Administrativo e Constitucional.* São Paulo, Malheiros Editores, 1997 (pp. 271-280).

_____. "Novos aspectos da função social da propriedade". *RDP* 84/39-45. São Paulo, Ed. RT, outubro-dezembro/1987.

_____. *O Conteúdo Jurídico do Princípio da Igualdade.* 3ª ed., 21ª tir. São Paulo, Malheiros Editores, 2012.

_____. "Tombamento e dever de indenizar". *RDP* 81/65-73. São Paulo, Ed. RT, janeiro-março/1987.

BANDEIRA DE MELLO, Oswaldo Aranha. *Princípios Gerais de Direito Administrativo.* 3ª ed., 2ª tir., vol. I. São Paulo, Malheiros Editores, 2010.

BOBBIO, Norberto. *A Era dos Direitos.* Rio de Janeiro, Campus, 1992.

_____. *Teoria dell'Ordinamento Giuridico.* Turim, Giappichelli, 1960.

BONAVIDES, Paulo. *Curso de Direito Constitucional.* 27ª ed. São Paulo, Malheiros Editores, 2012.

_____, e PAES DE ANDRADE, Antônio. *História Constitucional do Brasil.* 4ª ed. Brasília, OAB Editora, 2002.

BOURDON, Jacques, PONTIER, Jean-Marie, e RICCI, Jean-Claude. *Droit de la Culture.* 2ª ed. Paris, Dalloz, 1996.

BRASIL. CÂMARA DOS DEPUTADOS. "Proposta de Emenda à Constituição n. 306, de 2000". *Diário do Senado Federal* 7.8.2003. Brasília/DF (pp. 22.448-22.449).

_____. PRESIDÊNCIA DA REPÚBLICA. "Despacho". *RDA* 82/341-342. Rio de Janeiro, outubro-dezembro/1965.

_____. SENADO FEDERAL. "Parecer n. 195, de 2004". *Diário do Senado Federal* 11.3.2004. Brasília/DF (p. 6.565).

CAMMAROSANO, Márcio. "Tombamento: realização de obra pública". *RDP* 81/191-193. São Paulo, Ed. RT, janeiro-março/1987.

CANTARINO, Carolina. "A consciência do valor". *Patrimônio: Revista Eletrônica do IPHAN* 3. Campinas, janeiro-fevereiro/2006. Disponível em *http://www.labjor. unicamp.br/patrimonio/materia.php?id=132* (acesso em 21.11.2009).

CARVALHO FILHO, José dos Santos. *Manual de Direito Administrativo*. 11ª ed. Rio de Janeiro, Lumen Juris, 2004.

CASALTA NABAIS, José. *Introdução ao Direito do Patrimônio Cultural*. Coimbra, Livraria Almedina, 2004.

CASTRO, Sônia Rabello de. *O Estado na Preservação de Bens Culturais: o Tombamento*. Rio de Janeiro, Renovar, 1991.

CAVALCANTI, Themístocles Brandão. "Parecer". *RDA* 119/428-434. Rio de Janeiro, janeiro-março/1975.

CEDRO, Luiz. "Projeto de lei". In: SECRETARIA DO PATRIMÔNIO HISTÓRICO E ARTÍSTICO NACIONAL (SPHAN)/FUNDAÇÃO NACIONAL PRÓ-MEMÓRIA (PRÓ-MEMÓRIA). *Proteção e Revitalização do Patrimônio Cultural no Brasil: uma Trajetória*. Brasília, 1980 (pp. 33-34). Disponível em *http://portal. iphan.gov.br/por tal/montarDetalheConteudo.do?id=13129&sigla=Institucional &retorno=detalheInstitucional* (acesso em 21.11.2009).

CHOAY, Françoise. *A Alegoria do Patrimônio*. Trad. de Luciano Vieira Machado. São Paulo, UNESP, 2001.

CIRNE LIMA, Ruy. *Princípios de Direito Administrativo*. 7ª ed., revista e reelaborada por Paulo Alberto Pasqualini. São Paulo, Malheiros Editores, 2007.

COMBY, Joseph, e RENARD, Vincent. *Évaluation du Droit de Préemption*. Disponível em *http://www.comby-foncier.com/preemption.pdf* (acesso em 21.11.2009).

CONSELHO DA EUROPA. *Recomendação Europa n. R (95) 9*. 1995. Disponível em *http://portal.iphan.gov.br/portal/baixaFcdAnexo.do?id=266* (acesso em 21.11.2009).

CONSELHO INTERNACIONAL DE MONUMENTOS E SÍTIOS/ICOMOS. *Carta de Veneza*. Veneza, 1964. Disponível em *http://portal.iphan.gov.br/portal/baixaFcd Anexo.do?id=236* (acesso em 21.11.2009).

_____. *Declaração do México*. México, 1985. Disponível em *http://portal. iphan.gov.br/portal/baixaFcdAnexo.do?id=255* (acesso em 21.11.2009).

COSTA, Adroaldo Mesquita da. "Parecer". *RDA* 82/342-346. Rio de Janeiro, outubro-dezembro/1965.

_____. "Parecer". *RDA* 93/379-381. Rio de Janeiro, outubro/1968.

COSTÓDIO FILHO, Ubirajara. *As Competências do Município na Constituição Federal de 1988*. São Paulo, Celso Bastos Editor/Instituto Brasileiro de Direito Constitucional, 1999.

CRETELLA JR., José. "Regime jurídico do tombamento". *RDA* 112/50-68. Rio de Janeiro, abril-junho/1973.

_____. "Tombamento I". In: FRANÇA, R. Limongi (coord.). *Enciclopédia Saraiva do Direito*. São Paulo, Saraiva, 1977 (pp. 1-14).

CUCHE, Denys. *A Noção de Cultura nas Ciências Sociais*. 2ª ed. Trad. de Viviane Ribeiro. Bauru/SP, EDUSC, 2002.

CUSTÓDIO, Helita Barreira. "Normas de proteção ao patrimônio cultural brasileiro em face da Constituição Federal e das normas ambientais". *Revista de Direito Ambiental* 6/17-39. São Paulo, abril-junho/1997.

CUTIPÉ CÁRDENAS, Rocío Silvia. *El Rol Social del Patrimonio: ¿nos Hemos Olvidado de la Gente?*. Disponível em *http://www.esicomos.org/Nueva_carpeta/ MADRIDACTAS_2002/seccion6.htm* (acesso em 21.11.2009).

DALLARI, Adilson Abreu. "Servidões administrativas". *RDP* 59-60/88-98. São Paulo, Ed. RT, julho-dezembro/1981.

_____. "Tombamento". In: DALLARI, Adilson Abreu, e FIGUEIREDO, Lúcia Valle (coords.). *Temas de Direito Urbanístico 2*. São Paulo, Ed. RT, 1991 (pp. 11-16).

_____, e FERRAZ, Sérgio. *Processo Administrativo*. 2ª ed. São Paulo, Malheiros Editores, 2007.

_____ (coords.). *Estatuto da Cidade (Comentários à Lei Federal 10.257/2001)*. 3ª ed. São Paulo, Malheiros Editores, 2010.

DALLARI, Adilson Abreu, e FIGUEIREDO, Lúcia Valle (coords.). *Temas de Direito Urbanístico 2*. São Paulo, Ed. RT, 1991.

DI PIETRO, Maria Sylvia Zanella. *Direito Administrativo*. 15ª ed. São Paulo, Atlas, 2003.

_____. *Servidão Administrativa*. São Paulo, Ed. RT, 1978.

DINIZ, Maria Helena. *Conceito de Norma Jurídica como um Problema de Essência*. 1ª ed., 3ª tir. São Paulo, Ed. RT, 1985.

DUGUIT, Léon. *Las Transformaciones del Derecho Público y Privado*. Granada, Editorial Comares, 2007.

FARIA, Edimur Ferreira de. *Curso de Direito Administrativo Positivo*. 4ª ed. Belo Horizonte, Del Rey, 2001.

FERRAZ, Sérgio, e DALLARI, Adilson Abreu. *Processo Administrativo*. 2ª ed. São Paulo, Malheiros Editores, 2007.

_____ (coords.). *Estatuto da Cidade (Comentários à Lei Federal 10.257/2001)*. 3ª ed. São Paulo, Malheiros Editores, 2010.

FERRAZ JR., Tércio Sampaio. *Introdução ao Estudo do Direito: Técnica, Decisão e Dominação*. 4ª ed. São Paulo, Atlas, 2003.

FERREIRA, Sérgio D'Andréa. "Limitações administrativas à propriedade". *RF* 300/11-20. Rio de Janeiro, Forense, outubro-dezembro/1987.

_____. "O tombamento e o devido processo legal". *RDA* 208/1-34. São Paulo, abril-junho/1997.

FERRI, Piergiorgio, e ALIBRANDI, Tommaso. *I Beni Culturali e Ambientali*. 4ª ed. Milão, Giuffrè, 2001.

FIGUEIREDO, Lúcia Valle. *Disciplina Urbanística da Propriedade*. 2ª ed. São Paulo, Malheiros Editores, 2005.

_____, e DALLARI, Adilson Abreu (coords.). *Temas de Direito Urbanístico 2*. São Paulo, Ed. RT, 1991.

FIORILLO, Mario, e AINIS, Michele. *L'Ordinamento della Cultura: Manuale di Legislazione dei Beni Culturali*. 2ª ed. Milão, Giuffrè, 2008.

GALLO, Max. *Revolução Francesa: o Povo e o Rei – 1774-1793*. Trad. de Júlia da Rosa Simões. Porto Alegre, L&PM, 2009.

GASPARINI, Audrey. *Tombamento e Direito de Construir*. Belo Horizonte, Fórum, 2005.

GASPARINI, Diógenes. *Direito Administrativo*. 7ª ed. São Paulo, Saraiva, 2002.

_____. "Direito de preempção". In: DALLARI, Adilson Abreu, e FERRAZ, Sérgio (coords.). *Estatuto da Cidade (Comentários à Lei Federal 10.257/2001)*. 3ª ed. São Paulo, Malheiros Editores, 2010 (pp. 192-221).

_____. "Tombamento II". In: FRANÇA, R. Limongi (coord.). *Enciclopédia Saraiva do Direito*. São Paulo, Saraiva, 1977 (pp. 14-30).

GORDILLO, Agustín A. *Introducción al Derecho de la Planificación*. Caracas, Editorial Jurídica Venezolana, 1981.

_____. *Tratado de Derecho Administrativo*. 5ª ed., t. I ("Parte General"). Buenos Aires, Fundación de Derecho Administrativo, 1998.

GRAU, Eros Roberto. *A Ordem Econômica na Constituição de 1988*. 15ª ed. São Paulo, Malheiros Editores, 2012.

GUIZOT, François. "Rapport au Roi". In: CHOAY, Françoise. *A Alegoria do Patrimônio*. Trad. de Luciano Vieira Machado. São Paulo, UNESP, 2001 (pp. 259-262).

HORBACH, Carlos Bastide. In: ALMEIDA, Fernando Dias Menezes de, e MEDAUAR, Odete (coords.). *Estatuto da Cidade – Lei 10.257, de 10.7.2001: Comentários*. São Paulo, Ed. RT, 2002 (pp. 127-136).

HOUAISS, Antônio, e VILLAR, Mauro de Salles. *Dicionário Houaiss da Língua Portuguesa*. Rio de Janeiro, Objetiva, 2001.

HUGO, Victor. "Guerre aux démolisseurs!". In: *Notre-Dame de Paris*. Paris, Gallimard, 2002 (pp. 648-661).

INSTITUTO BRASILEIRO DE GEOGRAFIA E ESTATÍSTICA/IBGE. *Sistema de Informações e Indicadores Culturais: 2003-2005*. Rio de Janeiro, 2007. Disponível em *http://www.cultura.gov.br/site/wp-content/uploads/2008/04/indic_culturais 2005.pdf* (acesso em 21.11.2009).

ISAAC, Jules, ALBA, André, MICHAUD, Jean, e POUTHAS, Charles H. *L'Histoire: les Révolutions – 1789-1848*. Paris, Librairie Hachette, 1960.

KELSEN, Hans. *Teoria Generale del Diritto e dello Stato*. Milão, Etas Libri, 1984.

_____. *Teoria Pura do Direito*. 3ª ed. Trad. de João Baptista Machado, revisão para a edição brasileira de Silvana Vieira. São Paulo, Martins Fontes, 1991.

LARAIA, Roque de Barros. *Cultura: um Conceito Antropológico*. 19ª ed. Rio de Janeiro, Jorge Zahar Editor, 2006.

LEAL, Victor Nunes. *Problemas de Direito Público*. Rio de Janeiro, Forense, 1960.

LIMONGI FRANÇA, R. (coord.). *Enciclopédia Saraiva do Direito*. São Paulo, Saraiva, 1977.

LINS, Jair. "Anteprojeto de lei federal". In: SECRETARIA DO PATRIMÔNIO HISTÓRICO E ARTÍSTICO NACIONAL(SPHAN)/FUNDAÇÃO NACIONAL PRÓ-MEMÓRIA (Pró-Memória). *Proteção e Revitalização do Patrimônio Cultural no Brasil: uma Trajetória*, Brasília, 1980 (pp. 35-45). Disponível em: *http:// portal.iphan.gov.br/portal/montarDetalheConteudo.do?id=13129&sigla=Institu cional&retorno=detalheInstitucional* (acesso em 21.11.2009).

MACHADO, Paulo Affonso Leme. *Direito Ambiental Brasileiro*. 20ª ed. São Paulo, Malheiros Editores, 2012.

MARIUZZO, Patrícia. "O centro em disputa". *Patrimônio: Revista Eletrônica do IPHAN* 2. Campinas, novembro-dezembro/2005. Disponível em *http://www.labjor. unicamp.br/patrimonio/materia.php?id=106* (acesso em 21.11.2009).

MARTORELL, Alberto. *Patrimonio Cultural: Políticas Contra el Tráfico Ilícito*. Lima, Fondo de Cultura Económica, 1998.

MAYER, Luiz Rafael. "Parecer L-052". *RDA* 120/403-413. Rio de Janeiro, abril-junho/1975.

MEDAUAR, Odete, e ALMEIDA, Fernando Dias Menezes de (coords.). *Estatuto da Cidade – Lei 10.257, de 10.7.2001: Comentários*. São Paulo, Ed. RT, 2002.

REFERÊNCIAS BIBLIOGRÁFICAS

MEIRELLES, Hely Lopes. *Direito Administrativo Brasileiro*. 38ª ed. São Paulo, Malheiros Editores, 2012.

_____. "Tombamento e indenização". *RDA* 161/1-6. Rio de Janeiro, julho-setembro/1985.

MICHAUD, Jean, ALBA, André, ISAAC, Jules, e POUTHAS, Charles H. *L'Histoire: les Révolutions – 1789-1848*. Paris, Librairie Hachette, 1960.

MIRANDA, Jorge. *Manual de Direito Constitucional*. 4ª ed., t. II. Coimbra, Coimbra Editora, 2000.

MOREIRA NETO, Diogo de Figueiredo. "Competência concorrente limitada: o problema da conceituação das normas gerais". *Revista de Informação Legislativa* 100/127-162. Brasília, outubro-dezembro/1988.

_____. *Curso de Direito Administrativo: Parte Introdutória, Parte Geral, Parte Especial*. 14ª ed. Rio de Janeiro, Forense, 2005.

NOVELLI, Flávio Bauer. "A eficácia do ato administrativo". *RDA* 60/16-26. Rio de Janeiro, abril-junho/1960.

_____. "A eficácia do ato administrativo". *RDA* 61/15-41. Rio de Janeiro, julho-setembro/1960.

OLIVEIRA, Fernando Andrade. *Limitações Administrativas à Propriedade Privada Imobiliária*. Rio de Janeiro, Forense, 1982.

ORGANIZAÇÃO DAS NAÇÕES UNIDAS/ONU. *Declaração Universal dos Direitos Humanos*. 1948. Disponível em *http://www.onu-brasil.org.br/documentos_ direitoshumanos.php* (acesso em 21.11.2009).

ORGANIZAÇÃO DAS NAÇÕES UNIDAS PARA A EDUCAÇÃO, A CIÊNCIA E A CULTURA/UNESCO. *Convenção Relativa à Proteção do Patrimônio Mundial, Cultural e Natural*. Paris, 1972. Disponível em *http://www6.senado.gov.br/ legislacao/ ListaPublicacoes.action?id=124088* (acesso em 21.11.2009).

_____. *Convention sur la Protection et la Promotion de la Diversité des Expressions Culturelles*. Paris, 2005. Disponível em *http://portal.unesco.org //fr/ ev.php-URL_ID=31038&URL_DO=DO_TOPIC&URL_SECTION=210.html* (acesso em 21.11.2009).

_____. *Recomendação*. Paris, 1964. Disponível em *http://portal.iphan.gov.br/ portal/baixaFcdAnexo.do?id=273* (acesso em 21.11.2009).

_____. *Recomendação Paris – Paisagens e Sítios*. 1962. Disponível em *http:// portal.iphan.gov.br/portal/baixaFcdAnexo.do?id=235* (acesso em 21.11.2009).

ORGANIZAÇÃO DOS ESTADOS AMERICANOS/OEA. *Normas de Quito*. Quito, 1967. Disponível em *http://portal.iphan.gov.br/portal/baixaFcdAnexo.do?id=238* (acesso em 21.11.2009).

PAES DE ANDRADE, Antônio, e BONAVIDES, Paulo. *História Constitucional do Brasil*. 4ª ed. Brasília, OAB Editora, 2002.

PEREIRA, Caio Mário da Silva. *Instituições de Direito Civil: Introdução ao Direito Civil, Teoria Geral de Direito Civil*. 22ª ed. (revista e atualizada de acordo com o Código Civil de 2002), vol. I. Rio de Janeiro, Forense, 2007.

PHILIPPI JR., Arlindo, e ALVES, Alaôr Caffé. *Curso Interdisciplinar de Direito Ambiental*. Barueri/SP, Manole, 2005.

PINHO, José Wanderley de Araújo. "Projeto de lei federal". In: SECRETARIA DO PATRIMÔNIO HISTÓRICO E ARTÍSTICO NACIONAL (SPHAN)/FUNDAÇÃO NACIONAL PRÓ-MEMÓRIA (PRÓ-MEMÓRIA). *Proteção e Revitalização do Patrimônio Cultural no Brasil: uma Trajetória*. Brasília, 1980 (pp. 46-53). Disponível em *http://portal.iphan.gov.br/portal/montarDetalheConteudo.do?id= 13129&sigla=Institucional&retorno=detalheInstitucional* (acesso em 21.11.2009).

PIRES, Maria Coeli Simões. *Da Proteção ao Patrimônio Cultural: o Tombamento como Principal Instituto*. Belo Horizonte, Del Rey, 1994.

PONTES DE MIRANDA, Francisco Cavalcanti. *Comentários à Constituição de 1967 com a Emenda n. 1 de 1969*. 2ª ed., vol. VI. São Paulo, Ed. RT, 1972.

PONTIER, Jean-Marie, BOURDON, Jacques, e RICCI, Jean-Claude. *Droit de la Culture*. 2ª ed. Paris, Dalloz, 1996.

POUTHAS, Charles H., ALBA, André, ISAAC, Jules, e MICHAUD, Jean. *L'Histoire: les Révolutions – 1789-1848*. Paris, Librairie Hachette, 1960.

PRIEUR, Michel. *Droit de l'Environnement*. 5ª ed. Paris, Dalloz, 2004.

QUEIRÓ, Afonso Rodrigues. "A teoria do 'desvio de poder' em direito administrativo". *RDA* 6/41-78. Rio de Janeiro, outubro-dezembro/1946.

REISEWITZ, Lúcia. *Direito Ambiental e Patrimônio Cultural: Direito à Preservação da Memória, Ação e Identidade do Povo Brasileiro*. São Paulo, ed. Juarez de Oliveira, 2004.

RENARD, Vincent, e COMBY, Joseph. *Évaluation du Droit de Préemption*. Disponível em *http://www.comby-foncier.com/preemption.pdf* (acesso em 21.11.2009).

RICCI, Jean-Claude, BOURDON, Jacques, e PONTIER, Jean-Marie. *Droit de la Culture*. 2ª ed. Paris, Dalloz, 1996.

ROCHA, Sílvio Luís Ferreira da. *Função Social da Propriedade Pública*. São Paulo, Malheiros Editores, 2005.

RODRIGUES, José Eduardo Ramos. "A evolução da proteção do patrimônio cultural: crimes contra o ordenamento urbano e o patrimônio cultural". *Revista de Direito Ambiental* 11/25-43. São Paulo, julho-setembro/1998.

_____. "Aspectos jurídicos da proteção ao patrimônio cultural, arqueológico e paleontológico". *Revista de Direito Ambiental* 6/116-119. São Paulo, abril-junho/1997.

_____. "Patrimônio cultural: análise de alguns aspectos polêmicos". *Revista de Direito Ambiental* 21/174-191. São Paulo, janeiro-março/2001.

_____. "Tutela do patrimônio ambiental cultural". In: ALVES, Alaôr Caffé, e PHILIPPI JR., Arlindo. *Curso Interdisciplinar de Direito Ambiental*. Barueri/SP, Manole, 2005.

SECRETARIA DO PATRIMÔNIO HISTÓRICO E ARTÍSTICO NACIONAL (SPHAN)/FUNDAÇÃO NACIONAL PRÓ-MEMÓRIA (PRÓ-MEMÓRIA). *Proteção e Revitalização do Patrimônio Cultural no Brasil: uma Trajetória*. Brasília, 1980. Disponível em *http://portal.iphan.gov.br/portal/montarDetalhe-Conteudo.do?id=13129&sigla=Institucional&retorno=detalheInstitucional* (acesso em 21.11.2009).

SÉGUIN, Elida. *Estatuto da Cidade*. 2ª ed. Rio de Janeiro, Forense, 2005.

SILVA, Carlos Medeiros. "Parecer". *RDA* 108/429-441. Rio de Janeiro, abril-junho/1972.

SILVA, José Afonso da. *Aplicabilidade das Normas Constitucionais*. 7ª ed., 3ª tir. São Paulo, Malheiros Editores, 2009.

_____. "Bens de interesse público e meio ambiente". *Interesse Público* 10/13-16. Sapucaia do Sul, abril-junho/2001.

_____. *Curso de Direito Constitucional Positivo*. 35ª ed. São Paulo, Malheiros Editores, 2012.

_____. *Direito Urbanístico Brasileiro*. 6ª ed. São Paulo, Malheiros Editores, 2010.

_____. *Ordenação Constitucional da Cultura*. São Paulo, Malheiros Editores, 2001.

SOUZA FILHO, Carlos Frederico Marés de. "A proteção jurídica dos bens culturais". *Cadernos de Direito Constitucional e Ciência Política* 2/19-35. São Paulo, janeiro-março/1993.

_____. *Bens Culturais e sua Proteção Jurídica*. 3ª ed. Curitiba, Juruá, 2005.

SUNDFELD, Carlos Ari. *Direito Administrativo Ordenador*. 1ª ed., 3ª tir. São Paulo, Malheiros Editores, 2003.

TEIXEIRA, Carlos Adérito. *Da Protecção do Património Cultural*. Lisboa, Centro de Estudos Judiciários, 1996 (pp. 61-107). Disponível em *http://www.diramb.gov.pt/data/basedoc/TXT_D_19879_1_0001.htm* (acesso em 24.7.2007).

TEIXEIRA COELHO NETO, José. *Dicionário Crítico de Política Cultural: Cultura e Imaginário*. 3ª ed. São Paulo, Iluminuras, 2004.

TELLES, Antônio A. Queiroz. *Tombamento e seu Regime Jurídico*. São Paulo, Ed. RT, 1992.

TEMER, Michel. *Elementos de Direito Constitucional*. 24ª ed. São Paulo, Malheiros Editores, 2012.

VILANOVA, Lourival. *As Estruturas Lógicas e o Sistema do Direito Positivo*. São Paulo, Max Limonad, 1997.

VILLAR, Mauro de Salles, e HOUAISS, Antônio. *Dicionário Houaiss da Língua Portuguesa*. Rio de Janeiro, Objetiva, 2001.

WILLIAMS, Raymond. *Cultura*. 2ª ed. Trad. de Lólio Lourenço de Oliveira. Rio de Janeiro, Paz e Terra, 1992.

ZANCANER, Weida. *Da Convalidação e da Invalidação dos Atos Administrativos*. 3ª ed. São Paulo, Malheiros Editores, 2008.

LEGISLAÇÃO

BRASIL. *Constituição (1824)*. *Constituição Política do Império do Brasil*. Disponível em *http://www.planalto.gov.br/ccivil_03/Constituicao/Constituiçao24.htm* (acesso em 21.11.2009).

_____. *Constituição (1891)*. *Constituição da República dos Estados Unidos do Brasil*. Disponível em *http://www.planalto.gov.br/ccivil_03/Constituicao/Constituiçao91.htm* (acesso em 21.11.2009).

_____. *Constituição (1934)*. *Constituição da República dos Estados Unidos do Brasil*. Disponível em *http://www.planalto.gov.br/ccivil_03/Constituicao/Constituiçao34.htm* (acesso em 21.11.2009).

_____. *Constituição (1937)*. *Constituição da República dos Estados Unidos do Brasil*. Disponível em *http://www.planalto.gov.br/ccivil_03/Constituicao/Constituiçao34.htm* (acesso em 21.11.2009).

_____. *Constituição (1946)*. *Constituição dos Estados Unidos do Brasil*. Disponível em *http://www.planalto.gov.br/ccivil_03/Constituicao/Constituiçao46.htm* (acesso em 21.11.2009).

_____. *Constituição (1967)*. *Constituição da República Federativa do Brasil*. Disponível em *http://www.planalto.gov.br/ccivil_03/Constituicao/Constituiçao67.htm* (acesso em 21.11.2009).

_____. *Constituição (1967)*. *Emenda Constitucional n. 1, de 30 de outubro de 1969. Edita o novo texto da Constituição Federal de 24 de janeiro de 1967*. Disponível em *http://www.planalto.gov.br/ccivil_03/Constituicao/Constituiçao67.htm* (acesso em 21.11.2009).

_____. *Constituição (1988)*. *Constituição da República Federativa do Brasil*. Disponível em *http://www.planalto.gov.br/ccivil_03/Constituicao/Constituiçao.htm* (acesso em 21.11.2009).

_____. *Constituição (1988)*. *Emenda Constitucional n. 45, de 8 de dezembro de 2004. Altera dispositivos dos arts. 5º, 36, 52, 92, 93, 95, 98, 99, 102, 103, 104, 105, 107, 109, 111, 112, 114, 115, 125, 126, 127, 128, 129, 134 e 168 da Constituição Federal, e acrescenta os arts. 103-A, 103-B, 111-A e 130-A, e dá outras providências.* Disponível em *http://www.planalto.gov.br/ccivil_03/Constituicao/ Emendas/Emc/emc45.htm* (acesso em 21.11.2009).

_____. *Constituição (1988). Emenda Constitucional n. 48, de 10 de agosto de 2005. Acrescenta o § 3º ao art. 215 da Constituição Federal, instituindo o Plano Nacional de Cultura.* Disponível em *http://www.planalto.gov.br/ccivil_03/Cons tituicao/Emendas/Emc/emc48.htm* (acesso em 21.11.2009).

_____. *Decreto n. 15.596, de 2 de agosto de 1922. Cria o Museu Histórico Nacional e aprova o seu regulamento.* Disponível em *http://www6.senado.gov.br/ sicon/Prepara PesquisaLegislacao.action* (acesso em 21.11.2009).

_____. *Decreto n. 19.398, de 11 de novembro de 1930. Institui o Governo Provisório da República dos Estados Unidos do Brasil, e dá outras providências.* Disponível em *http://www.planalto.gov.br/ccivil_03/decreto/1930-1949/D19398. htm* (acesso em 21.11.2009).

_____. *Decreto n. 22.928, de 12 de julho de 1933. Erige a cidade de Ouro Preto em monumento nacional.* Disponível em *http://www6.senado.gov.br/sicon/ PreparaPesquisaLegislacao.action* (acesso em 21.11.2009).

_____. *Decreto n. 24.643, de 10 de julho de 1934. Decreta o Código de Águas.* Disponível em *http://www6.senado.gov.br/sicon/PreparaPesquisaLegislacao. action* (acesso em 21.11.2009).

_____. *Decreto n. 24.735, de 14 de julho de 1934. Aprova, sem aumento de despesa, o novo Regulamento do "Museu Histórico Nacional".* Disponível em *http://www6.senado.gov.br/sicon/PreparaPesquisaLegislacao.action* (acesso em 21.11.2009).

_____. *Decreto n. 66.967, de 27 de julho de 1970. Dispõe sobre a organização administrativa do Ministério da Educação e Cultura.* Disponível em *http://www6. senado.gov.br/sicon/PreparaPesquisaLegislacao.action* (acesso em 21.11.2009).

_____. *Decreto n. 80.978, de 12 de dezembro de 1977. Promulga a Convenção Relativa à Proteção do Patrimônio Mundial, Cultural e Nacional, de 1972.* Disponível em *http://www6.senado.gov.br/sicon/PreparaPesquisaLegislacao.action* (acesso em 21.11.2009).

_____. *Decreto n. 84.198, de 13 de novembro de 1979. Cria, na estrutura do Ministério da Educação e Cultura, a Secretaria do Patrimônio Histórico e Artístico Nacional, por transformação do Instituto do Patrimônio Histórico e Artístico Nacional, e dá outras providências.* Disponível em *http://www6.senado.gov.br/ sicon/Prepara PesquisaLegislacao.action* (acesso em 21.11.2009).

_____. *Decreto n. 99.492, de 3 de setembro de 1990. Constitui as Fundações Instituto Brasileiro de Arte e Cultura (IBAC), Biblioteca Nacional (BN) e a Autarquia Federal Instituto Brasileiro do Patrimônio Cultural (IBPC).* Disponível em *http://www.planalto.gov.br/ccivil_03/decreto/1990-1994/D99492.htm* (acesso em 21.11.2009).

_____. *Decreto n. 591, de 6 de julho de 1992. Atos Internacionais. Pacto Internacional sobre Direitos Econômicos, Sociais e Culturais. Promulgação.* Disponível em *http://www.planalto.gov.br/ccivil_03/decreto/1990-1994/D591.htm* (acesso em 21.11.2009).

_____. *Decreto n. 3.166, de 14 de setembro de 1999. Promulga a Convenção da UNIDROIT sobre Bens Culturais Furtados ou Ilicitamente Exportados, concluída em Roma, em 24 de junho de 1995.* Disponível em *http://www.planalto. gov.br/ccivil_03/decreto/D3166.htm* (acesso em 21.11.2009).

_____. *Decreto 3.551, de 4 de agosto de 2000. Institui o registro de bens culturais de natureza imaterial que constituem patrimônio cultural brasileiro, cria o Programa Nacional do Patrimônio Imaterial e dá outras providências.* Disponível em *http://www6.senado.gov.br/sicon/ExecutaPesquisaLegislacao.action* (acesso em 21.11.2009).

_____. *Decreto n. 6.844, de 7 de maio de 2009. Aprova a Estrutura Regimental e o Quadro Demonstrativo dos Cargos em Comissão e das Funções Gratificadas do Instituto do Patrimônio Histórico e Artístico Nacional – IPHAN, e dá outras providências.* Disponível em *http://www.planalto.gov.br/ccivil_03/_Ato2007-2010/ 2009/Decreto/ D6844.htm* (acesso em 21.11.2009).

_____. *Decreto Legislativo n. 74, de 30 de junho de 1977. Aprova o texto da Convenção Relativa à Proteção do Patrimônio Mundial, Cultural e Nacional.* Disponível em *http://www6.senado.gov.br/sicon/PreparaPesquisaLegislacao.action* (acesso em 21.11.2009).

_____. *Decreto-lei n. 25, de 30 de novembro de 1937. Organiza a proteção do patrimônio histórico e artístico nacional.* Disponível em *http://www6.senado. gov.br/sicon/PreparaPesquisaLegislacao.action* (acesso em 21.11.2009).

_____. *Decreto-lei n. 2.848, de 7 de dezembro de 1940. Código Penal.* Disponível em *http://www.planalto.gov.br/ccivil_03/Decreto-Lei/Del2848compilado.htm* (acesso em 21.11.2009).

_____. *Decreto-lei n. 3.365, de 21 de junho de 1941. Dispõe sobre a desapropriação por utilidade pública.* Disponível em *http://www.planalto.gov.br/ ccivil_03/Decreto-Lei/Del3365compilado.htm* (acesso em 21.11.2009).

_____. *Decreto-lei n. 3.866, de 29 de novembro de 1941. Dispõe sobre o cancelamento de tombamento de bens no Serviço do Patrimônio Histórico e Artístico Nacional.* Disponível em *http://www.planalto.gov.br/ccivil_03/Decreto-Lei/ 1937-1946/Del3866.htm* (acesso em 21.11.2009).

_____. *Decreto-lei n. 8.534, de 2 de janeiro de 1946. Passa a Diretoria do Patrimônio Histórico e Artístico Nacional o Serviço do mesmo nome, criado pela Lei n. 378, de 13 de janeiro de 1937, e dá outras providências.* Disponível em *http://www6.senado.gov.br/sicon/PreparaPesquisaLegislacao.action* (acesso em 21.11.2009).

_____. *Decreto-lei n. 200, de 25 de fevereiro de 1967. Dispõe sobre a organização da Administração Federal, estabelece diretrizes para a Reforma Administrativa, e dá outras providências.* Disponível em *http://www.planalto.gov.br/ ccivil_03/Decreto-Lei/Del0200.htm* (acesso em 21.11.2009).

_____. Lei n. 3.071, de 1º de janeiro de 1916. Código Civil dos Estados Unidos do Brasil. Disponível em http://www6.senado.gov.br/sicon/PreparaPesquisaLegislacao.Action (acesso em 21.11.2009).

_____. Lei n. 378, de 13 de janeiro de 1937. Dá nova organização ao Ministério da Educação e Saúde Pública. Disponível em http://www6.senado.gov.br/sicon/PreparaPesquisaLegislacao.action (acesso em 21.11.2009).

_____. Lei n. 3.924, de 26 de julho de 1961. Dispõe sobre monumentos arqueológicos e pré-históricos. Disponível em http://www.planalto.gov.br/ccivil_03/Leis/1950-1969/L3924.htm (acesso em 21.11.2009).

_____. Lei n. 4.717, de 29 de junho de 1965. Regula a ação popular. Disponível em http://www.planalto.gov.br/ccivil_03/Leis/L4717.htm (acesso em 21.11.2009).

_____. Lei n. 4.737, de 15 de julho de 1965. Institui o Código Eleitoral. Disponível em http://www.planalto.gov.br/ccivil_03/Leis/L4737.htm (acesso em 21.11.2009).

_____. Lei n. 4.845, de 19 de novembro de 1965. Proíbe a saída, para o Exterior, de obras de arte e ofícios produzidos no País, até o fim do período monárquico. Disponível em http://www6.senado.gov.br/sicon/PreparaPesquisaLegislacao.action (acesso em 21.11.2009).

_____. Lei n. 5.471, de 9 de julho de 1968. Dispõe sobre a exportação de livros antigos e conjuntos bibliográficos brasileiros. Disponível em http://www.planalto.gov.br/ccivil_03/Leis/L5471.htm (acesso em 21.11.2009).

_____. Lei n. 5.869, de 11 de janeiro de 1973. Institui o Código de Processo Civil. Disponível em http://www.planalto.gov.br (acesso em 21.11.2009).

_____. Lei n. 6.015, de 31 de dezembro de 1973. Dispõe sobre os Registros Públicos e dá outras providências. Disponível em http://www.planalto.gov.br/ccivil_03/Leis/L6015.htm (acesso em 21.11.2009).

_____. Lei n. 6.292, de 15 de dezembro de 1975. Dispõe sobre o tombamento de bens no Instituto do Patrimônio Histórico e Artístico Nacional (IPHAN). Disponível em http://www6.senado.gov.br/legislacao/ListaPublicacoes.action?id=123157 (acesso em 21.11.2009).

_____. Lei n. 6.513, de 20 de dezembro de 1977. Dispõe sobre a criação de áreas especiais e de locais de interesse turístico; sobre o inventário com finalidades turísticas dos bens de valor cultural e natural; acrescenta inciso ao art. 2º da Lei n. 4.132, de 10 de setembro de 1962; altera a redação e acrescenta dispositivo à Lei n. 4.717, de 29 de junho de 1965; e dá outras providências. Disponível em http://www.planalto.gov.br/ccivil_03/Leis/L6513.htm (acesso em 21.11.2009).

_____. Lei n. 6.766, de 19 de dezembro de 1979. Dispõe sobre o parcelamento do solo urbano e dá outras providências. Disponível em http://www.planalto.gov.br/ccivil_03/Leis/L6766.htm (acesso em 21.11.2009).

_____. *Lei n. 6.902, de 27 de abril de 1981. Dispõe sobre a criação de Estações Ecológicas, Áreas de Proteção Ambiental e dá outras providências*. Disponível em *http://www.planalto.gov.br/ccivil_03/Leis/L6902.htm* (acesso em 21.11.2009).

_____. *Lei n. 8.028, de 12 de abril de 1990. Dispõe sobre a organização da Presidência da República e dos Ministérios e dá outras providências*. Disponível em *http://www.planalto.gov.br/ccivil_03/Leis/L8028.htm* (acesso em 21.11.2009).

_____. *Lei n. 8.029, de 12 de abril de 1990. Dispõe sobre a extinção e dissolução de entidades da Administração Pública Federal e dá outras providências*. Disponível em *http://www.planalto.gov.br/ccivil_03/Leis/L8029cons.htm* (acesso em 21.11.2009).

_____. *Lei n. 8.078, de 11 de setembro de 1990. Dispõe sobre a proteção do consumidor e dá outras providências*. Disponível em *http://www.planalto.gov.br/ccivil_03/Leis/L8078.htm* (acesso em 21.11.2009).

_____. *Lei n. 8.113, de 12 de dezembro de 1990. Dispõe sobre a natureza jurídica do Instituto Brasileiro do Patrimônio Cultural – IBPC e da Biblioteca Nacional*. Disponível em *http://www.planalto.gov.br/ccivil_03/LEIS/1989_1994/l8113.htm* (acesso em 21.11.2009).

_____. *Lei n. 9.605, de 12 de fevereiro de 1998. Dispõe sobre as sanções penais e administrativas derivadas de condutas e atividades lesivas ao meio ambiente, e dá outras providências*. Disponível em *http://www.planalto.gov.br/ccivil_03/Leis/L9605.htm* (acesso em 21.11.2009).

_____. *Lei n. 9.784, de 29 de janeiro de 1999. Regula o processo administrativo no âmbito da Administração Pública Federal*. Disponível em *http://www.planalto.gov.br/ccivil_03/Leis/L9784.htm* (acesso em 21.11.2009).

_____. *Lei n. 10.257, de 10 de julho de 2001. Regulamenta os arts. 182 e 183 da Constituição Federal, estabelece diretrizes gerais da política urbana e dá outras providências*. Disponível em *http://www.planalto.gov.br/ccivil_03/Leis/LEIS_2001/L10257.htm* (acesso em 21.11.2009).

_____. *Lei n. 10.406, de 10 de janeiro de 2002. Institui o Código Civil*. Disponível em *http://www.planalto.gov.br/ccivil_03/LEIS/2002/L10406.htm* (acesso em 21.11.2009).

_____. *Lei n. 11.382, de 6 de dezembro de 2006. Altera dispositivos da Lei n. 5.869, de 11 de janeiro de 1973 – Código de Processo Civil, relativos ao processo de execução e a outros assuntos*. Disponível em *http://www.planalto.gov.br/ccivil_03/_Ato2004-2006/2006/Lei/L11382.htm* (acesso em 21.11.2009).

_____. *Lei n. 11.428, de 22 de dezembro de 2006. Dispõe sobre a utilização e proteção da vegetação nativa do Bioma Mata Atlântica, e dá outras providências*. Disponível em *http://www.planalto.gov.br/ccivil_03/_Ato2004-2006/2006/Lei/L11428.htm* (acesso em 21.11.2009).

_____. *Lei Complementar n. 8, de 3 de dezembro de 1970. Institui o Programa de Formação do Patrimônio do Servidor Público, e dá outras providências.* Disponível em *http://www.planalto.gov.br/ccivil_03/Leis/LCP/Lcp08.htm* (acesso em 21.11.2009).

_____. *Lei Constitucional n. 5, de 10 de março de 1942. Emenda os arts. 122, 166 e 168 da Constituição.* Disponível em *http://www6.senado.gov.br/sicon/ PreparaPesquisaLegislacao.action* (acesso em 21.11.2009).

_____. *Medida Provisória n. 610, de 8 de setembro de 1994. Dispõe sobre a alteração da Lei n. 8.490, de 19 de novembro de 1992, na Lei n. 8.876, de 2 de maio de 1994, e dá outras providências.* Disponível em *http://www6.senado.gov.br/ sicon/ExecutaPesquisaLegislacao.action* (acesso em 21.11.2009).

FRANÇA. *Code du Patrimoine.* Disponível em *http://http://www.legifrance.gouv.fr/./ affichCode.do?dateTexte=20091120&cidTexte=LEGITEXT000006074236&fast ReqId=120356252&fastPos=1&oldAction=rechCodeArticle* (acesso em 21.11. 2009).

_____. *Lei de 31 de dezembro de 1913. Lei sobre Monumentos Históricos.* Disponível em *http://www.legifrance.gouv.fr* (acesso em 21.11.2009).

MINAS GERAIS. *Lei n. 5.775, de 30 de setembro de 1971. Autoriza o Poder Executivo a instituir, sob forma de Fundação, o Instituto Estadual do Patrimônio Histórico e Artístico (IEPHA/MG) e dá outras providências.* Disponível em *http:// www.almg.gov.br/index.asp?grupo=legislacao&diretorio=njmg&arquivo=legisl acao_mineira* (acesso em 21.11.2009).

PORTUGAL. *Decreto de 14 de agosto de 1721.* Disponível em *http://www.ippar.pt/ apresentacao/apresenta_legislacao_alvararegio.html* (acesso em 21.11.2009).

SÃO PAULO. *Decreto n. 13.426, de 16 de março de 1979. Cria a Secretaria de Estado da Cultura e dá outras providências.* Disponível em *http://www.jusbrasil. com.br/legislacao/207905/decreto-13426-79-são-paulo-sp* (acesso em 21.11.2009).

_____. *Lei n. 10.032, de 27 de dezembro de 1985. Dispõe sobre a criação de um Conselho Municipal de Preservação do Patrimônio Histórico, Cultural e Ambiental de São Paulo.* Disponível em *http://www.prefeitura.sp.gov.br/cidade/ upload/leis_10_032_85_e_10_236_86_1256746494.doc* (acesso em 21.11.2009).

* * *